新时代大学生劳动教育实践

主编 邓忠君 李 峤
参编 宋雅倩 王 中 周 雪
陈 静 牛志勇 张 楠

西南交通大学出版社
·成 都·

图书在版编目（CIP）数据

新时代大学生劳动教育实践 / 邓忠君，李峤主编
. —成都：西南交通大学出版社，2022.8（2024.7 重印）
ISBN 978-7-5643-8837-9

Ⅰ. ①新… Ⅱ. ①邓… ②李… Ⅲ. ①大学生－劳动教育－高等学校－教材 Ⅳ. ①G40-015

中国版本图书馆 CIP 数据核字（2022）第 142354 号

Xinshidai Daxuesheng Laodong Jiaoyu Shijian

新时代大学生劳动教育实践

主编 邓忠君 李 峤

责任编辑 黄淑文
封面设计 原创动力

出版发行 西南交通大学出版社
（四川省成都市金牛区二环路北一段 111 号
西南交通大学创新大厦 21 楼）
邮政编码 610031
发行部电话 028-87600564 028-87600533
网址 http://www.xnjdcbs.com
印刷 四川煤田地质制图印务有限责任公司

成品尺寸 185 mm × 260 mm
印张 13.75
字数 311 千
版次 2022 年 8 月第 1 版
印次 2024 年 7 月第 3 次
定价 39.00 元
书号 ISBN 978-7-5643-8837-9

课件咨询电话：028-81435775
图书如有印装质量问题 本社负责退换

劳动光荣　创造伟大

成都锦城学院党委书记、终身校长　邹广严 教授

一、劳动和劳动教育的重要意义

恩格斯曾说："劳动是整个人类生活的第一个基本条件……以致我们在某种意义上不得不说：劳动创造了人本身。"按照马克思主义的观点，劳动是创造物质财富和精神财富的过程。所以从宏观上讲，劳动对于整个人类的发展、文明的创造和维系，均起到了至关重要的作用。从微观层面来看，劳动既是个体生存和发展的必要手段和基本途径，又体现了人的力量和尊严。苏联著名教育家苏霍姆林斯基就曾说过："劳动能给人以欢乐，充实人的精神生活。因为劳动是一种创造，在劳动中能展示人的能力、禀赋和天才，从而能够确立人的尊严感。"对于劳动意义最精辟的阐释，莫过于习近平总书记"劳动最光荣、劳动最崇高、劳动最伟大、劳动最美丽"的论断，他还向全社会发出号召——"让诚实劳动、勤勉工作蔚然成风"！

教育是有目的地培养人的活动。要培养出合格的社会主义建设者和接班人，就必须坚持德、智、体、美、劳"五育并举"。我们一定要认识到：劳动教育对于促进人的全面发展有着不可或缺、不可替代的作用。近年来，社会上有些人不愿劳动、不会劳动，看轻劳动者，不珍惜劳动果实，生活上一屋不扫，工作上拈轻怕重……究其本质，就是劳动意识淡薄、劳动精神滑坡、劳动习惯不好。这些现象应该引起全社会、特别是教育工作者的高度警惕：劳动精神不能丢！劳动教育不能少！毛泽东同志在建国初期提倡"五爱"，其中就有"爱劳动"；邓小平同志也曾说："从青少年起教育他们热爱劳动有好处。"2020年，中共中央、国务院印发的《关于全面加强新时代大中小学劳动教育的意见》，旗帜鲜明地指出："劳动教育是国民教育体系的重要内容，是学生成长的必要途径，具有树德、增智、强体、育美的综合育人价值。"这是对劳动教育育人价值的重要论述，为新时代各级各类学校开展劳动教育提供了理论指引和行动指南。

二、锦城学院劳动教育的内容、渠道、发展历程

将劳动教育纳入人才培养体系，将劳动课程列为每一位学生的必修课，是锦城学院自建校以来，开创并坚持至今的一大办学传统。从劳动的形式上来看，我校劳动教育主要包括农耕劳动、社会实践、社会公益劳动（包括公益教室等公益项目）和工厂劳动，

学分安排为2个学分、共64个学时。从劳动的分类来看，我校的劳动主要包括体力劳动、脑力劳动和情感劳动。这里有必要解释一下什么叫作“情感劳动”，这个概念最早由美国社会学家霍赫希尔德提出，是指个人致力于情绪管理，以便在公众面前创造出一种公开可见的脸部表情或肢体语言。受此启发，锦城学院在全国首创教师情感劳动框架，引导教师从对学生的仁爱和对教育事业的热爱出发，做好面部表情、肢体动作、形象装扮、语言声调的管理，让教育有温度、教育工作者有风度，这项举措备受学生好评，也让学生获益良多，这既是教师的情感劳动，也是对学生的教育。

劳动教育的主要目标和作用有四：一曰以劳树德，主要是培养学生吃苦耐劳的精神、迎难而上的气魄、勤俭节约的美德、踏实苦干的作风，让“劳动光荣、创造伟大”的理念深入人心，使尊重劳动、尊重劳动人民、尊重劳动成果在师生中蔚然成风。二曰以劳增智，即使学生掌握劳动技能、劳动本领，并在劳动中实践体悟、增长智慧，即便在困难条件下也能求生存、图发展。我校农场成立了由学生负责管理和运营的农场公司，他们成功创造了“清水阳光”这个农产品品牌，在这个过程中，他们不仅掌握了较为完整的农业知识和技能，而且发展了管理、销售、品牌运营等能力；我校农场还有物联网、5G、人工智能等前沿科技赋能，孕育出了“中国国际‘互联网+’大学生创新创业大赛”的全国铜奖等项目。三曰以劳强体。不仅“强其筋骨”，而且“苦其心志”，让学生的身体和意志得到双重锤炼。四曰以劳育美。我校生机盎然的校园农场已经成为游人如织的“打卡”圣地，我校由班团、社团组织负责管理和使用的几百间公益教室不仅整洁明亮，而且富有文化创意之美，可谓绚烂多姿、一室一景，给师生以美的享受！

这里要特别说一说我校的农场劳动教育。早在2005年建校不久，学校就酝酿要在校园里开辟土地、建设农场。2006年，我校明确了“三大教育”的基本框架，劳动教育作为“三练三创实践教育”的重要内容，成为每一位学生的必修课，犹记得2006年的夏天，我校师生顶着接近40℃的高温开辟农场，挥汗如雨，但干劲十足。自此之后，锦城学院所有学生都有一门特别的必修课：就是在农场浇水锄草拔萝卜，读土地无字书。农场劳动教育由于开办时间早、对学生全覆盖，而且饶有特色，所以备受瞩目，获得了各方面的关注和好评。中央电视台、人民日报、CHINA DAILY、学习强国、中国教育报、中国青年报、共青团官方微信、四川日报等100多家中央省市主流媒体相继对我校劳动教育进行了报道。同时，我校劳动教育课程建设还获得了“教育部2020年高校思想政治工作精品项目”“四川省教学成果奖二等奖”“四川省教育体制机制改革试点重点项目”等十余项官方肯定。教育部、四川省委省政府领导、知名教育专家以及社会各界友人来我校参观时，均对我校劳动教育表示赞赏。

我校学生毕业后走向社会，其踏实工作、勤劳刻苦的品质受到了用人单位的普遍好评。我校曾对校友做了一个调研——“锦城教育给你留下深刻印象的内容有哪些？”排在统计结果第一位的就是农场劳动。

三、本书的特点和意义

本书作为我校劳动教育课程的教材，主要有如下特点：一是在卷首辑录了中外有代表性的思想家、教育家对劳动和劳动教育的相关论述，这对进一步提高广大师生对劳动的思想认识很有帮助；二是将我校农场劳动与我国历史悠久的农耕文化、耕读文化相结合（这也是我校校园文化的一个特色），既有对农耕文化与农时农具的介绍，又规划了许多种植和养殖项目，作为实践内容，从而实现了知识与文化的结合、理论与实践的结合。同时，该书也介绍了我校劳动教育的课程体系、保障体系和课程设计等内容。总体来看，本书体现了我校劳动教育在理论深化和实践提高上所做的努力，对推动我校劳动教育的深化具有重要意义。

最后，我衷心希望“劳动光荣，创造伟大”能够成为所有锦城师生的共识，衷心希望广大青年学子养成尊重劳动、热爱劳动、善于劳动的优良品格，把中华民族热爱劳动、善于创造的基因一代一代地传递下去！

是为序。

2022年8月

前言

2018年9月10日，习近平总书记在全国教育大会上强调：培养德智体美劳全面发展的社会主义建设者和接班人。要在学生中弘扬劳动精神，教育引导学生崇尚劳动、尊重劳动，懂得劳动最光荣、劳动最崇高、劳动最伟大、劳动最美丽的道理，长大后能够辛勤劳动、诚实劳动、创造性劳动。2020年3月20日，中共中央、国务院发布《关于全面加强新时代大中小学劳动教育的意见》，指出劳动教育是中国特色社会主义教育制度的重要内容。要全面贯彻党的教育方针，坚持立德树人，把劳动教育纳入人才培养全过程，贯通大中小各学段，贯穿家庭、学校、社会各方面，把握育人导向，遵循教育规律，创新体制机制，注重教育实效，实现知行合一，促进学生形成正确的世界观、人生观、价值观。为了深入学习习近平新时代中国特色社会主义思想，贯彻落实全国教育大会精神，切实加强大学生劳动教育新要求，我们结合成都锦城学院（原四川大学锦城学院）开设劳动教育课程的经验，组织教学团队编写了本教材。

成都锦城学院自肇建以来，一直致力于办最好的应用型大学，形成了“三讲三心明德教育”“一体两翼知识教育”“三练三创实践教育”等三大教育所构成的课程体系，培养学生认知、情感、行动三个领域的能力，强调“认知能力”和“非认知能力”并重的培养模式，努力造就会做人、能做事的应用型人才。“三练三创实践教育”是培养行动和实践能力的教育，是强化非认知能力教育的重要举措，其中的“三练”即吃苦耐劳意志训练、组织纪律与团队精神训练、职业素质能力训练，“三创”即创新思维、创造能力、创业精神。学校敢为人先，2005年就把劳动教育作为“三练三创实践教育”的一个重要内容，纳入整个人才培养体系中，将劳动教育列为必修课，安排2个学分，共64个学时，覆盖全体学生，劳动教育成为学校的育人理念和办学特色之一。17年来，成都锦城学院共7万余名学生1954个班级参与了劳动教育课程，累计完成劳动学时量多达526万个。

2021年1月4日，中共中央、国务院印发《关于全面推进乡村振兴加快农业农村现代化的意见》，将开展耕读教育作为大力实施乡村振兴建设行动的重要内容。耕读传家久，诗书继世长。耕读文化是中国优秀传统文化的主干成分，也是构建中华民族核心价值观的重要精神文化资源；耕读教育是修己达人、诚信友善、爱国爱家的社会主义核心价值观教育，具备技能训练和劳动实践的基础，以及对实践者勤奋、务实、创新、奉献的新时代劳动精神的要求，与高校劳动教育的目标高度契合。成都锦城学院开设劳动教育之初，在校内开辟100亩土地建立劳动教育实践基地，将耕读教育作为全校学生的必修内容，在全校学生中开展耕读教育。学校通过农耕劳动、志愿服务、社会实践、工厂劳动等劳动内容，将劳动教育与德育教育、专业教育、创新创业教育、高校文化活动相结合，多措并举、持续创新、因材施教，建立劳动教育体系，全力培育学生的劳动品质，把中华民族热爱劳动的基因代代相传。

本书主要依据我们所开展的大学生劳动教育实践课程的相关内容编写而成，是对学校17年来劳动教育课程建设的梳理和总结。全书共分五章，主要内容包括：劳动及劳动教育、农耕文化与农时农具、劳动教育课程体系、劳动教育保障体系、农耕劳动实践课程设计。该书具有一定的理论和实践知识，可作为高校劳动课教材使用，也可供广大师生阅读参考。本书得以出版，除了要感谢所有参编人员外，还要特别感谢成都锦城学院学生农场总公司和三练三创报社同学们的积极参与。

由于编者水平和时间所限，书中难免存在不足之处，恳请各位专家和同行不吝赐教，欢迎使用本书的师生批评指正并提出宝贵意见，以便更好地建设学校劳动教育实践基地，让更多学子在劳动教育中进行磨炼、得到成长。

编者

2022年8月

目录

第一章 劳动及劳动教育

第二章 农耕文化与农时农具

第三章 劳动教育课程体系

第四章 劳动教育保障体系

第五章 农耕劳动实践课程设计

附 录

第一章　劳动与劳动教育

第一节　马克思的劳动概念

马克思的劳动概念包含三个主要观点。一是区分劳动和生产，即衍生出“生产劳动”和“非生产性劳动”这两种类型的劳动。在一般情况下，劳动多指创造新价值的“生产”或“生产劳动”。二是异化劳动。它为马克思的理论研究树立了正确方向，奠定了马克思主义哲学产生的理论基础，对马克思主义的产生具有积极意义。三是自由劳动。从马克思思想本身的逻辑来看，它是马克思毕生一以贯之的主张，其实质就是人超越了外在力量强制性的、自我实现的劳动，表征了人的本真意义的生活方式。①

一、《1844年经济学哲学手稿》中的“劳动”

异化劳动：马克思视劳动为“人的本质的实现”，因而将劳动概念分为异化劳动和本真意义上的劳动（人的自由的有意识的活动）。②实际上马克思对异化劳动的批判以及对劳动之于人存在的根本重要性的阐述贯穿于他一生的理论研究和斗争实践之中。因而论述资本的实质，也是在批判异化劳动和雇佣劳动。

对象性的活动：基于经验常识，人们都不能否认劳动之于人之存在的重要性。自然界为人之劳动提供客观条件，人通过劳动能动地改造自然界的过程就是人有意识的本质力量对象化、现实化的过程，劳动产品是凝结了人的意识与本质力量的外在显现。也正是由于劳动，享有外在优先性的自然界现实地转化为人化的自然，人之社会得以创生，由此构成了世界历史的发展。作为类存在物，人必须通过劳动才能证实自己是人“类”，而非他“类”。对象性的活动有如下特征：一是自觉性，人在劳动中生发了精神意识能力，使自身生命活动成为有意识的活动。二是超越性，劳动固然与人自然相关联，但人可以通过劳动把自身的知识技能、理论修养及审美意趣对象化到自然对象中，使之构成人与自然的实践的、理论的和审美的等多重关系。三是创造性，人在劳动中既

① 熊来平．马克思的劳动概念及其当代价值[M]．北京：中国社会科学出版社，2019年，第10-11页．

② 马克思恩格斯文集（第1卷）[M]．北京：人民出版社，2009年，第157页．

能遵循物的尺度，又可以融入自己的活动范围，按自身内在需要自由地对待自己的产品，创造属于人的生活世界。[①]马克思还指出：劳动这种人的对象性活动一方面彰显了劳动者对象性的本质力量，另一方面也凸显了劳动者对象性的本质力量的主体性。

二、《德意志意识形态》中的“劳动”

现实中的个人：一是人改造自然界的劳动。自然界不会自动满足人的自然需要，人必须改造自然界以获取自身所需的物质生活资料。二是由新的需要引致的劳动。在人不断丰富的需要与劳动的相互作用中，推动劳动扩展的内在动力持续增长。人的需要驱使劳动不断扩展，劳动的不断扩展，也更能满足人的需要。

分工与劳动：分工以劳动工具的更新扩展为前提，工具越发展，分工就越细，劳动者的专业程度就越高。这就意味着分工使人们在同样多的时间内，能生产出更多的劳动产品，劳动效率更高。

三、《资本论》及其手稿中的“劳动”

二重性劳动：种种商品体，是自然物质和劳动这两种要素的结合。各种具体形式的有用劳动即具体劳动创造商品的使用价值，抽去各种具体形式的无差别的人类劳动即抽象劳动形成的商品价值。劳动作为使用价值的创造者，作为有用劳动，是不以一切社会形式为转移的人类生存条件，是人和自然之间的物质变换即人类生活得以实现的永恒的自然必然性。[②]

恩格斯在《反杜林论》中指出：“在社会主义社会中，劳动将和教育相结合，从而保证多方面的技术训练和科学教育的实践基础。”由此可知，马克思和恩格斯都主张通过综合技术教育的方式，一方面对劳动者进行劳动技能的培训，另一方面对劳动者进行劳动原理的教育。

四、实践，自然关系

马克思认为劳动是使人与动物本质地区别开来的活动，是以实践的方式对对象世界的改造或创造。因为人类的生产劳动都是有意识、有目的的活动，所以我们同程序化的动物是不一样的。一方面人“通过实践创造对象世界，改造无机界，人证明自己是有意识的类存在物”；另一方面，人又通过劳动创造着人自身，正如恩格斯所言：劳动是一切人类生活的第一个基本条件，而且达到这样的程度，以致我们在某种意义上不得

① 熊来平．马克思的劳动概念及其当代价值[M]．北京：中国社会科学出版社，2019年，第99页．

② 马克思恩格斯文集（第5卷）[M]．北京：人民出版社，2009年，第56页．

不说：劳动创造了人本身，因而是真正地将人理解为人自己劳动的结果。①生产劳动是实践的最基本形式和最根本的内容。劳动不仅是生产活动，亦是生活活动，劳动指人能动地改造自然，促成人和自然之间物质交换的活动。这表明，人类为了能够创造属于自己的历史，就必须能够生存，而为了能够生存，必须解决衣、食、住、行等物质需要的问题。在这个意义上，人的第一个历史活动就是生产满足这些需要的物质资料。离开人的劳动，人的永续发展则无从谈起。劳动并非单纯体力劳动的样式，而是既包括体力劳动又包括脑力劳动在内的多样形式。它们之间也并不是相互对立的关系，离开了体力劳动，仅有脑力劳动，只能是纸上谈兵，无法落到实处。而只有体力劳动没有脑力劳动，就是做无用功，缺乏劳动价值。两者在未来也必然呈现有机融合状态，发展成为自由而全面的劳动。

劳动既是人和自然之间的物质交换活动，又是人的存在方式。真正合乎人性的劳动意味着人能够摆脱外在谋生活动的强制性，成为自由的有意识的活动，因而马克思的劳动概念，可以呈现出三个不同的方面：一是人通过劳动改造自然，自然对人的生成，自然现实地转化为人化的自然；二是人在劳动中结成了人与人之间的关系，社会不断生成；三是人的自我生成，即人通过劳动体现自身价值和个性化。②

五、马克思劳动概念的当代价值

马克思的劳动概念，不仅是整个马克思理论体系的基础，而且在当今时代具有重要的理论与实践价值。在理论层面，它是人们审视分析以资本为核心的现代性状况及现代生活不可或缺的视角；在实践层面，它可以指引当代人构建和谐劳动关系，从而促进劳动正义与生态文明的建设。当教育与劳动相结合时，两者就产生了不一样的火花，这种相结合的方式更好地促进人的全面发展，将思想进一步深化，从而推动社会的发展。

六、劳动价值论新发展

马克思在关于“第一个彻底研究了劳动所具有的创造价值的特性”“第一次确定了什么样的劳动形成价值，为什么形成价值以及怎样形成价值”③等问题中，表明只有立足于生产劳动才能理解人类的历史发展，只有人民才是历史的创造者。通过劳动这个枢纽，人们将主观世界和客观世界联系起来，塑造历史，推动人类社会发展。

马克思关于科学劳动的理论是尚待发掘的科学知识宝库，它可以回答在科学技术迅速发展的市场经济条件下新价值创造等一系列问题，因此有必要进行深入研究。科学劳动、精神劳动、管理劳动都属于脑力劳动的范畴，都是在现代市场经济、科学技术高度发展的

---

① 马克思恩格斯文集（第1卷）[M]．北京：人民出版社，2009年，第162、205页．

② 熊来平．马克思的劳动概念及其当代价值[M]．北京：中国社会科学出版社，2019年，第113页．

③ 陈征．论现代科学劳动：马克思劳动价值论的新发展[M]．福州：福建人民出版社，2017年，第145页．

条件下，高级的或超高级的脑力劳动。这对传统的体力劳动来说，无疑是个冲击，但这并不影响人们对劳动本身的理解和看法，稍加引导，可实现人们对现代意义劳动的认识，深化人们对劳动的情感。要知道科学不能创造价值，但科学劳动能创造价值。

七、劳动—知识—劳动—价值的发展过程

知识本身是劳动的结晶，具有价值，但却不能创造价值。因此再好的知识，离开了人，离开了人的劳动，便成了一句空话，无法转化为现实的生产力，也无法创造出产品和价值。[①]因此，在这个循环往复的变换过程中，人们必须学会将知识运用在实践中。

第二节　苏霍姆林斯基谈劳动教育

苏联著名教育实践家和教育理论家苏霍姆林斯基曾经有过这样一段论述："劳动能给人以欢乐，充实人的精神生活。因为劳动是一种创造，在劳动中能展示人的能力、禀赋和天才，从而能够确立人的尊严感。"他对"劳动教育"进行过独到的研究。他认为，劳动是人全面发展的基础，具有强大的教育作用，因此，他提出"劳动的乐趣是一种巨大的教育力量""学校教育的使命就在于，使劳动进入个人的精神生活、进入集体的生活""劳动教育是对年轻一代参加社会生产的实际训练，同时也是德育、智育和美育的重要因素"。

苏霍姆林斯基的这些观点为我国的教育提供了重要的改革方向。

一、手脑结合，知行合一

苏霍姆林斯基所说的劳动大多都是建立在智力基础上的劳动。从以往的教学看来，大多都注重在理论知识上，不乏有些人的理论知识掌握得相当不错，但在实际操作中却无从下手，也让他们的未来更加迷茫。劳动教育不该被单纯地认为是到土地里去艰苦劳动，而是应该根据劳动的历史来考虑。所谓的脑力劳动与体力劳动的结合，并不是要在脑力劳动负担之上机械地增加体力劳动的负担，而是要在体力劳动中不断地运用智慧的力量[②]，在创造性的劳动中解决问题，这样不仅可以帮助学生锻炼意志，还可以帮助他们发展创造性思维。

---

① 陈征．论现代科学劳动：马克思劳动价值论的新发展[M]．福州：福建人民出版社，2017年，第225页．

② 苏霍姆林斯基．苏霍姆林斯基论劳动教育[M]．萧勇，杜殿坤译．北京：教育科学出版社，2019年，第73页．

二、强调集体劳动

苏霍姆林斯基曾说过，“学校教育的使命就在于，使劳动进入个人的精神生活、进入集体的生活”，只有劳动才能创造个人的荣誉和尊严，人正是通过劳动才能在集体中表现自己，劳动赋予人从道德上批判他人的权利。

不同的人聚集在一起，用不同的思维方式相互碰撞后并完成同一个项目，他们在合作中互相学习，不断提升自身的能力。在集体劳动中，大家分工合作，各司其职，这让那些思想懒惰的人在劳动中振奋自己的精神，不断拓展自己的能力。集体劳动也是一把双刃剑，让大家看到自己优点的同时又展现出自己的不足，进而指引自己去改正不足的地方，让自己变得更优秀。集体劳动也让大家产生一种极强的荣誉感和使命感，因为个人劳动都是与利益挂钩的，所以人们在遇到问题时需要花费许多时间才能发现。但在集体劳动中，大家可以一起交流问题，更快速地发现问题所在，当更好地完成劳动后，大家不仅会因为完成而收获喜悦，还会在过程中实现自我价值。

三、阶段教育

苏霍姆林斯基认为，“劳动教育是对年轻一代参加社会生产的实际训练，同时也是德育、智育和美育的重要因素”，能在学生身上培养一种共产主义道德重要特征，即坚信人只有在劳动中才能找到幸福，引导年轻一代投身于劳动人民的生活。

学生的生活体验感仅仅来源于生活的单一方面，基本上都站在单纯的消费角度看待生活，享受着社会带来的福利，却没有深入地去了解。并且一直以来人们都有一种错误的观点，认为既然学生掌握了一定的知识和技能，那么就能很自然地做好生活的准备，然而事实并不是这样的。小学阶段的劳动教育课程是学生全面素质培养的起点和重要组成部分。如今，多数学校在小学生的素质教育进程中，往往忽略劳动教育的重要性，导致学生对于劳动教育缺乏深刻的认知和出现动手能力差等问题，这也一直是社会关注的热点。教育不仅应该教授学生知识，也要让他们学会自己动手，亲自去体验，去感受。中学阶段的教育更多的是培养学生的劳动观念，磨炼意志品质，树立艰苦创业精神，对于促进学生全方位发展具有重要意义，老师更多的则是引导学生接触劳动人民的创造性生活。对一至四年级和五至七年级劳动课上所进行的教学、教育工作的分析，再一次使人们确信了下述结论的正确性：学生越早被吸引到多种多样的劳动活动中来，他们的个人爱好就会表现得越鲜明，发展个性和才能的基础也会越牢固。①

① 苏霍姆林斯基．苏霍姆林斯基论劳动教育[M]．萧勇，杜殿坤，译．北京：教育科学出版社，2019年，第119页．

四、劳动教育要考虑环境因素

苏霍姆林斯基曾说过，劳动教育的大纲应当考虑到学校周围环境的自然特点和经济特点，这有助于使教学和生活更密切地联系起来。例如，在谷物生产比较发达的乌克兰南部各州的学校里教生物学，就应与畜牧业占主导地位的北方地区有所区别，不同的环境对学生教育也是有一定影响的。苏霍姆林斯基认为，未来的学校应当把大自然所赋予和人所能做到的一切都尽可能充分地用于人的和谐发展，做到使大自然为人服务①。教育艺术在于，不仅要使人际关系、成人的榜样和言语以及集体里精心保持的种种传统能教育人，而且也要使器物——物质和精神财富——能起到教育作用。用环境、用学生自己创造的周围情景、用丰富集体精神生活的一切东西进行教育，这是教育过程中最微妙的领域之一②。

五、思想教育内化于心

苏霍姆林斯基提出“劳动的乐趣是一种巨大的教育力量”，认为良好的思想道德品质是做好劳动准备的第一步。苏霍姆林斯基所说的劳动准备是首先在道德上做好准备以及有热爱劳动的思想。在现实生活中，将实践与教学相结合，把劳动的意义传授到学生的意识中去，让他们自愿地参加劳动，享受劳动带来的物质上、精神上的成就，形成主动求知的渴望，而不是被迫接受的。在学习中，掌握一门专业知识固然是重要的，但这并不是唯一重要的。让学生们热爱劳动，积极地参加劳动，这样才能从道德上培养学生，也更能磨炼他们的意志力。

六、注重个性发展

苏霍姆林斯基认为应当注重学生个性与全面发展，培养学生有能力从事重要劳动的信念。

注重个性化发展，是一个求异的过程，它反映的不是对社会的适应，而是在继承基础上的发展、变革和创造。中国的传统文化中封闭保守的心理不利于学生开放和对创新思维的培养。因此，教育要促进个性的充分发展，形成人的独特性，开发人的创造性，促进个体价值的实现。富尔曼诺夫曾说过：每个人都有自己的特点，没有两个人一样的，因而人跟人各异。然而大家合在一起，就成了相互交织在一起的群英谱。学校应当尊重个性差异，因材施教，帮助不同的学生充分开发其内在潜能，形成他们自己的优势区域和特长，培育出合格有特长的人才。

---

① 苏霍姆林斯基．苏霍姆林斯基选集（五卷本）（第4卷）[M]．北京：教育科学出版社，2001年，第161页．

② 苏霍姆林斯基．苏霍姆林斯基选集（五卷本）（第4卷）[M]．北京：教育科学出版社，2001年，第157页．

第三节 陶行知谈劳动教育

中国伟大的教育家陶行知先生一生致力于生活教育的推行，提倡“教学做合一”，即在课堂教学的同时辅助以身体力行的生产劳动，为学生尝试塑造完整的教育模式。

陶行知认为，社会即学校、生活即教育、劳动即生活、教学做合一，在劳力上劳心才是真正的做，行是知之始。①劳动教育的目的，在谋手脑相长，以增进自立之能力，获得事务之真知及了解劳动者之甘苦。要想达到这个目的，非师生共同动手做事不可。②

一、学校生活与教育：教育改造

陶行知先生提出大学教育的两大要素中，“其一：先生与学生应当养成密切的关系”③。在我们现行的劳动教育课中，就很好地体现了这一要素，不仅教师和学生都参与进来拉近了距离，还在实践中帮助学生养成一种自己动手的能力。这对于大学生树立正确的世界观、人生观和价值观都提供了合理的契机。在学校中学生的全部并不只有学习，这当中，若能利用空闲时间发展劳动教育，就能在一定程度上填补教育的一大空缺。

在中国教育政策之商榷中，政策二十二提到：鼓励专家研究符合本国国情适应生活需要的各种学校教育的实验，以作学校化学校之根据。④借助这个机缘，可以说很符合当前劳动教育的实施，我们借此发展新兴教育，丰富了教育的本质，更重要的是拓展了学生的社会实践知识面和动手能力。

环境是陶行知先生认为较为重要的，它既是助力也是阻力。通过了解劳动的过程，将学校与自然生活、社会生活联为一气。既然作物能够适应环境，那么我们当代大学生更应学会适应环境的生活，然后改造环境的生活。就像陶行知先生所说的以前的教育都是传统政策，单教劳心者，不教劳力者。故在《孟子》上有说：“劳心者治人，劳力者治于人”。从这个观点出发，就要求我们现代人不能只做“书呆子”或“田呆子”。唯有二者合一才符合目前的中国教育。

陶行知先生强调创造的教育是以生活为教育，就是生活中才可求到教育。我们知道大部分的教育其实都来源于生活中，通过一点一点历史的积累，才有了现在的成就，不过，光靠这些是远远不够的，目前更需要的是大学生自己创造的过程。

① 顾明远，边守正．陶行知选集（三卷本）（第3卷）[M]．北京：教育科学出版社，2011年，第487页．

② 顾明远，边守正．陶行知选集（三卷本）（第1卷）[M]．北京：教育科学出版社，2011年，第357页．

③ 顾明远，边守正．陶行知选集（三卷本）（第1卷）[M]．北京：教育科学出版社，2011年，第85页．

④ 顾明远，边守正．陶行知选集（三卷本）（第1卷）[M]．北京：教育科学出版社，2011年，第136页．

二、学校生活与教育：乡村教育

陶行知在《我们的信条》中说："我们要向着农民'烧心香'，我们心里要充满那农民的甘苦"。[①]现在不少大学生可能不太愿意参与这样的劳动，但殊不知这却是培养一个人最好的方式，在磨炼吃苦耐劳意志当中也增长其才干。农人的刻苦勤俭，都是我们应学习的美德。培养学生的创造力要像园丁一样，首先认识它们，然后发现它们的特点，最后才能有所成。且谈以后看学校的标准，不是校舍如何，设备如何，乃是学生生活力丰富不丰富，这样活的教育，才是我们追求的。这也并不只有乡村学校才可以开办，城市当中的各类大学更显得尤为重要。陶行知先生说教育没有农业，便成为空洞的教育，分利的教育，消耗的教育。[②]之所以要将农业和教育合起来，不仅仅是丰富学生的课余生活，更重要的是培养学生的实践能力和自理能力，也同时全面发展人的德、智、体、美、劳。

深化劳动教育不仅是为了维持旧的力量，也同样是为了产生新的力量，再优秀再好的传统文化，若不经过传承，终究会落得消亡的场景。所以在这样的基础上，我们更是要大力弘扬和宣传劳动的本质，做到人人都了解人人齐参与。

三、学校生活与教育：生活教育

生活教育是生活所原有、生活所自营、生活所必需的教育。[③]同时，生活教育早已普及，自有人类以来，便使人人过生活，人人受教育。自然而然地，生活是普及在人间，即是教育普及在人间。教育的根本意义是生活之变化。生活无时不变，即生活无时不含有教育的意义。因此，我们可以说："生活即教育"。到处是生活，即到处是教育；整个的社会是生活的场所，亦是教育之场所。因此，我们又可以说："社会即学校"。

时代是继续不断地前进，我们必得参加在现代生活里边，与时代俱进，才能做一个长久的现代人，否则再过几年又要成为时代的落伍者了。生活与生活摩擦，才能起到教育的作用。我们把自己放在教育的生活里及社会的磁力线里转动，便能通出教育的电流，射出光、放出热、发出力。

四、学校生活与教育：大众教育

在对比了其他国家的耕地人口表后，我们发现中国几十年来工业之所以不发达，其一就在于科学教育重讲不重做，目前却是少有学校能有普及劳动教育的。故要教后起青年运用双手与大脑去做新文明的创造者，不教他们袖起手来去做旧文明的安享者。[④]

---

① 顾明远，边守正．陶行知选集（三卷本）（第1卷）[M]．北京：教育科学出版社，2011年，第338页．
② 顾明远，边守正．陶行知选集（三卷本）（第1卷）[M]．北京：教育科学出版社，2011年，第230页．
③ 顾明远，边守正．陶行知选集（三卷本）（第2卷）[M]．北京：教育科学出版社，2011年，第16页．
④ 顾明远，边守正．陶行知选集（三卷本）（第1卷）[M]．北京：教育科学出版社，2011年，第534页．

陶行知主张的大众教育，是要冲破学校的墙围而以整个社会为教育的场所，而且由文字知识的教育，扩大为超文字行动的教育。[①]中国经济的发展中，把劳心者与劳力者分了开来。劳力者被压了数千年，劳心者优哉游哉。在争取“六大解放”其中有两点是我们关注的重点。一是我们要解放人民的“双手”，做到手脑并用。二是解放“空间”，要让青年人接触社会、了解社会以改造社会。[②]

五、劳动教育诗歌

改作黄金时代歌[③]

拔茅草，搬石块，
自己的学校自己开。
互相教导，互相信赖，
读书不做读书呆。
分析过去，
抓住现在，
创造未来。

教育过程[④]

观察世界，
说明世界，
变化世界。

感觉困难，
迎接困难，
解决困难。

① 顾明远，边守正．陶行知选集（三卷本）（第2卷）[M]．北京：教育科学出版社，2011年，第123页．
② 顾明远，边守正．陶行知选集（三卷本）（第2卷）[M]．北京：教育科学出版社，2011年，第156页．
③ 顾明远，边守正．陶行知选集（三卷本）（第3卷）[M]．北京：教育科学出版社，2011年，原载1935年1月16日《生活教育》第1卷第23期，系作者手书的该期封面题诗．
④ 顾明远，边守正．陶行知选集（三卷本）（第3卷）：选自手稿。题为编者拟．

第二章　农耕文化与农时农具

第一节　农耕文化的内涵

一、农耕文化概述

农耕文化，也称农耕文明，是建立在传统农业经济基础上的一种原生态文化形式，其内容具有鲜明而独立的特点。农耕文化是指由农业劳动者在长期不断演变的社会中进行农耕生产而形成的特有的风俗文化，是生产关系、社会关系、典章制度以及与之相适应的道德、风俗、习惯等意识形态的总和。①

学术界对农耕文化的界定并不统一，存在多种不同的观点和见解。部分学者将农耕文化等同于农业文化，认为两者基本同义，是区别于游牧文化、海洋文化、工业文化，以农业生产为中心的文化总称。还有学者认为农耕文化是农业文化的一个分支，将农耕文化定义为人类在农业耕作实践活动中形成的、与农业社会有关的物质财富和精神财富总和。国内学者，彭金山②认为，农耕文化是中国优秀传统文化的主干成分，也是构建中华民族核心价值观的重要精神文化资源。农耕文化的内涵，可以概括为“应时、取宜、守则、和谐”八个字。罗建军③认为，农耕文化就是农业社会文化，是通过农业耕种所创造和积累的，与农业社会有关的物质、文化、精神的总和。陈丽军④等在前人的基础上对农耕文化进行了更深层次的剖析。广义角度，农耕文化是对农业社会人们生产和生活中的生产关系、社会关系的总称，不仅包含物质上的法律、法规和规则，也包含意识上的社会习惯、神话传说、语言风俗和价值形态等。狭义角度，农耕文化也常常被称为小农思想，主要包括农业社会人们的思想意识、文化传统、风俗习惯和价值观念等。

---

① 王德芳．高等农职院校学生对中国农耕文化的态度研究——北京农业职业学院学生问卷调查与分析[J]．北京农业职业学院学报．2014，28（01）：103-107.

② 彭金山．农耕文化的内涵及对现代农业之意义[J]．西北民族研究，2011（01）：145-150. DOI:10.16486/j.cnki.62-1035/d.2011.01.011.

③ 罗建军，雷锦霞．山西省农耕文化及观光休闲农业发展浅析[J]．山西农业科学，2009，37（11）：74-76+82.

④ 陈丽军，夏庆利，王庆．农耕文化旅游资源开发的模式分析[J]．湖北农业科学，2012，51（04）：862-864．DOI:10.14088/j.cnki.issn0439-8114.2012.04.005.

国外学者，荷兰文化历史学家Joep leerssen认为，农耕文化指的是民族主义者的博学性和创造性及政治传播者对于语言、民间故事、历史、神话传说、谚语、古代部落、古代法律、古董和传家宝等的关系。它存在于特定的历史时刻，是对现代需求和价值的再语境化和工具化，作为新国家的象征意义和地位而被投资。①

二、农耕文化分类

我国作为农业大国，农耕文化是中华大地上存在历史悠久又最为广泛的一种文化类型，具有丰富而独特的内涵。

从思想层面上看，农耕文化强调“春耕、夏耘、秋收、冬藏”，要“顺天时、量地利、应人心”，这包含着“应时、取宜、守则、和谐”的哲学思想，形成了“天人合一、以人为本、家国一体、和谐向善、诚信包容、勤劳进取”等精神本质。

从内容层面上看，农耕文化包括有吃苦耐劳、勤俭节约等品德修养内容；奋斗、向上、和谐、奉献等励志精神内容；春耕、夏耘、秋收、冬藏等礼仪秩序养成内容；诗歌、舞蹈、绘画等艺术创作内容；先贤躬耕等典型文史人物内容；尊重自然规律等环保观念内容；应时、合作、守则等纪律规范内容；工具进步、技术发展等创新创造内容等多种文化内容，是农民在长期的生产实践中进行的经验总结，是华夏先民的智慧结晶。

从形式特征上看，农耕文化包含着农事活动、节气物候、农耕器具、农学思想、仪式制度等多样文化形式。

优秀农耕文化连绵不断，铸就了中华民族自强不息的精神，使中华民族历经磨难而不断发展壮大，对中国人的价值观念、伦理道德、思维习惯以及生活方式有着深远影响。

第二节　农耕文化与劳动教育的关系

一、将农耕文化融入劳动教育的必要性

随着劳动教育的推进和发展被进一步重视，其影响力不断增强，而如何更好地开展劳动教育，达到树德、增智、强体、育美的综合育人价值也成为教育界关注的焦点。学者裴文波等②以上海H高校为研究对象，采用定量研究和定性研究相结合的方法，进行了深入的调查和分析，结果显示当代大学生劳动观的思想主流是积极向上的，但部分大学

① Leerssen J. The rhetoric of national character : A programmatic survey[J]. Poetics today, 2000, 21（2）: 267-292.

② 裴文波，岳海洋，潘聪聪．高校大学生劳动教育的多维透视[J]．学校党建与思想教育，2019（04）: 87-89.

生主观上劳动意识淡薄、劳动习惯缺乏，思想上不尊重劳动者和劳动成果，行动上不具备合作精神。同时，较多数高校劳动教育存在结构性失调、“重智育轻德育”的问题，没有把德智体美劳作为一个整体予以考虑，在育人理念、师资保障、课程体系、评价体系等方面忽视了对学生的劳动教育。

可见，虽然近年来加强劳动教育的观念深入人心，但随着社会工业化程度的进一步提高，劳动教育观念被淡化和弱化的趋势并未减弱。现有劳动教育体系仍存在不完善、教育形式单一、地位边缘化、缺失教育内涵等问题。如何有效地开展劳动教育，如何真正意义上弘扬劳动精神，成为亟待解决的问题。

从劳动教育的目标来看，为培养中华民族伟大复兴的社会主义接班人，需要对青少年进行价值观和优秀传统文化的培育和引导。我国传统文化是由人们生产生活方式的变化而不断发展得来的，主要包括游牧文化、农耕文化和商业文化。中华民族有着五千年的文明历史和传统文化，同时又是农业大国，孕育了悠久而厚重的古代农耕文化。2018年中央一号文件《中共中央国务院关于实施乡村振兴战略的意见》指出：“切实保护好优秀农耕文化遗产，推动优秀农耕文化遗产合理适度利用。深入挖掘农耕文化蕴含的优秀思想观念、人文精神、道德规范，充分发挥其在凝聚人心、教化群众、淳化民风中的重要作用”。[①]由此可见，在教育过程中，传承优秀农耕文化也具有重要的意义。

因此，开展新时代劳动教育可以从中国优秀传统农耕文化中吸取营养，而农耕文化以其与劳动教育天然的关联性和契合度，势将成为借以解决目前劳动教育面临问题的良方之一。

二、优秀农耕文化在劳动教育应用中的重要价值

习近平总书记2013年12月23日在中央农村工作会议上指出：“农耕文化是我国农业的宝贵财富，是中华文化的重要组成部分，不仅不能丢，而且要不断发扬光大。”经历了几千年积淀和发展的农耕文化，已经成为中华民族核心价值观的重要精神源泉，是我国优秀传统文化的根。因此，农耕文化对于开展劳动教育具有非常重要的价值。

1. 养成劳动习惯，树立劳动意识

“民生在勤，勤则不匮”。从采集、渔猎，到农耕种植，华夏先民在漫长的农耕时代所开展的农业劳动，无不体现着人们对劳动美、奋斗美的追求。中华农耕文化是中华民族在长期的农业生产劳作中所形成的一种文化形态，蕴含着劳动的奋斗之美、和谐之美、创造之美。尊重劳动、尊重劳动人民是唯物史观的基本立场，在马克思主义看来，劳动创造世界、劳动创造历史、劳动创造人本身。劳动，是奋斗永远不变的底色。习近平总书记也曾多次强调“空谈误国，实干兴邦”“幸福都是奋斗出来的”。强调幸福与奋斗的必然联系，激励广大青年和人民群众要通过辛勤劳动，来实现个人幸福和民族幸福。

在劳动教育中要让学生感知劳动乐趣，学习日常生活自理，做好个人清洁卫生，主

① 李云才.如何在乡村振兴中保护优秀农耕文化[J].潇湘晨报，2019-03-04.

动分担家务，知道人人都要劳动，注重养成劳动习惯。同时，让学生适当参加校内外公益劳动，学会与他人合作劳动，体会到劳动光荣。青年大学生正处于人生的黄金时期，在劳动教育中让广大青年理解奋斗的意义，让奋斗成为青春最亮丽的底色，才能推动个人梦想和民族梦想的实现。

2. 端正劳动态度，提高精神品质

农耕文化作为中国传统文化的根基，蕴含着“以农为本、以和为贵、以德为荣、以礼为重”等许多优秀的品格。同时，我国的农耕文化还包含着丰富的农学思想，无论是强调天、地、人和谐相处，顺应规律、尊重自然的“三才观”，还是“不违农时”的“农事观”，以及“物质循环，能量流动”的“生态循环观”，都饱含着中华人民的劳动智慧。农耕文化是中国传统文化的重要源头，对中华民族坚忍不拔、崇尚和谐、顺应自然、因地制宜、勇于创新等优良品质的养成起到了重要作用，是中华民族绵延不绝、生生不息、发展壮大的精神厚土。

在劳动教育中需结合专业人才培养，增强学生职业荣誉感，提高职业技能水平，培育学生精益求精的工匠精神和爱岗敬业的劳动态度。同时，要注重围绕增加劳动知识、技能，加强家政学习，开展社区服务，适当参加生产劳动，使学生初步养成认真负责、吃苦耐劳的品质和职业意识。

3. 增强文化自信，培育家国情怀

农耕文化中具有丰富的农耕知识、多彩的农耕民俗、先进的自然观念、朴素的道德教育、深邃的哲学思想，是帮助大学生增强文化自信，提升民族自豪感的有效途径。在长期的农业生产中，华夏先民有着热爱国土、保护家园的强烈意识，有着心怀天下、心系故土的家国情怀，孕育了“以农为本、以和为贵、以礼为重”的和谐仁爱友善的价值伦理。[①]中国的农耕文化连绵不断，铸就了中华民族爱国、和谐、仁爱、友善和自强不息的精神，使中华民族历经磨难而不断发展壮大，也是我国社会主义核心价值观的历史体现。

在劳动教育中要注重围绕丰富职业体验，开展服务性劳动和参加生产劳动，使学生熟练掌握一定劳动技能，理解劳动创造价值，具有劳动自立意识和主动服务他人、服务社会的情怀。

4. 弘扬奉献精神，提升就业创业能力

《论衡》曾言：“神农之桡木为耒，教民耕耨，民始食谷，谷始播种。”[②]创造是一种典型的人类自主行为，它的最大特点是有意识地对世界进行探索性实践。中华农耕文化所散发的创造能力数不胜数。其一，新作物的培育、新农具的发明创造推动了精耕细作农耕模式的形成。我国长江流域一带大约在7000年前就已经驯化和种植了水稻，后又将其传播到世界各地；农耕劳作中发明和使用了耒耜、铲、锄、镰等农具，由此推动农业有了真正意义上的“耕”和耕播农业。其二，对气候、物候变化规律的经验总结影

① 赵建军，赵若玺．农耕文化的伦理价值与绿色发展[J]．自然辩证法研究，2019，35（01），61-65.

② 《论衡》卷五《感虚》．清乾隆五十六年全豁王氏刻增订汉魏丛书本。

响到千家万户的衣食住行。“二十四节气”、农谚等是农民在长期的生产实践中进行的经验总结，也是农耕时代社会生产、生活的时间指南。在当时不具备科学测绘仪器的条件下，在生产生活中对自然规律所形成的系统化认识，彰显出华夏先民的创新创造能力和智慧。其三，数量众多的大型灌溉工程的修建调和了水资源和自然环境的矛盾。截至2021年，我国已有26项水利工程入选世界灌溉工程遗产名录。

在劳动教育中要注重围绕创新创业，结合学科和专业积极开展实习实训、专业服务、社会实践、勤工助学等，重视新知识、新技术、新工艺、新方法应用，创造性地解决实际问题，使学生积累职业经验，提升就业创业能力，树立正确择业观，懂得空谈误国、实干兴邦的深刻道理；注重培育公共服务意识，使学生具有面对重大疫情、灾害等危机主动作为的奉献精神。

三、耕读结合，劳动教育强化课程思政

中华农耕文化是我国劳动人民在长期农业劳动中积淀的一种特殊文化形态，是新时代大学生劳动教育的重要资源，它体现了农业劳动中的奋斗精神、和谐思维和创新精神。我们要在习近平新时代中国特色社会主义思想的指导下，推动中华农耕文化有效融入大学生劳动教育，将农耕文化融入课堂教学、校园文化、社会实践等教育教学活动全过程，引导培养学生的家国情怀、使命担当，将劳动创业的基因代代相传。

1. 农耕文化高度契合劳动教育的目标

劳动教育以提升学生劳动素养为目的，着眼于劳动品质教育、劳动技能培育、劳动实践锻炼，并以引导大学生在劳动创造中追求幸福感、获得创新灵感，以为国家建设培养具有社会责任感、创新精神和实践能力的高级专门人才为最终目标。劳动教育是国民教育体系的重要内容，是学生成长的必要途径，具有树德、增智、强体、育美的综合育人价值。实施劳动教育重点是在系统的文化知识学习之外，有目的、有计划地组织学生参加日常生活劳动、生产劳动和服务性劳动，让学生动手实践、出力流汗，接受锻炼、磨炼意志，培养学生正确劳动价值观和良好劳动品质。

农耕文明作为中华民族传统文化的底色，蕴含着优秀传统文化基因，最能代表中国社会的发展特征，是中国传统的哲学思想和理想中的生活方式的根源，是中国社会发展的原动力。其中蕴含着劳动的奋斗之美、和谐之美、创造之美，是新时代开展劳动教育的重要资源宝库。同时，农耕文化符合社会主义核心价值观的要求，具备技能训练和劳动实践的基础，以及对劳动者勤奋、务实、创新的要求，与劳动教育的目标高度契合。

2. 农耕文化为劳动教育赋予了更加丰富的内涵

随着工业化的不断加深，劳动意识被逐渐异化和“偏离”，学校中的劳动教育出现了缺位现象，逐渐变得形式化、边际化，育人内涵存在不足。农耕文化作为中国重要的传统文化遗产，其中蕴含了丰富的文化内涵，包括有吃苦耐劳、勤俭节约等品德修养内容；奋斗、向上、和谐、奉献等励志精神内容；春耕、夏耘、秋收、冬藏等礼仪秩序养成内容；诗歌、舞蹈、绘画等艺术创作内容；先贤躬耕等典型文史人物内容；尊重自然规律等环保

观念内容；应时、合作、守则等纪律规范内容；工具进步、技术发展等创新创造内容。

开展劳动教育不仅是全面建成小康社会、实现中华民族伟大复兴的应有之义，同时也是当前思政教育工作的重要任务。而农耕文化中的优秀资源，包括自然观、哲学观、道德观、伦理观等将对劳动教育内涵进行有益的补充，凸显其以民为本的价值取向、自强不息的奋斗精神、自然和谐的人生态度、绿色循环的伦理观念，丰富新时代劳动教育的文化内涵和育人功能。可见，将优秀农耕文化融入新时代劳动教育过程中，不仅能增强学生热爱国家、热爱劳动的朴实情感，还可以提升学生动手能力和生存能力，促进学生实现更好的发展。

3. 农耕文化为劳动教育提供了多样的活动形式

农耕文化饱含深邃的哲学思想、朴素的道德教育、先进的自然观念、优秀的农耕知识、传统的农事活动、多彩的农耕民俗等文化内容。农耕文化中的特有活动可为开展劳动教育提供多样的形式选择。深邃的农耕哲学思想是思政育人的资源宝库，传统的农事活动是实践育人的重要途径，多彩的节日民俗可为劳动教育增添经典的文化元素，优秀农耕知识的传承与创新可促进学生创造性思维发展。同时，在多样的农耕文化基础上，学校还可以主动搭建劳动教育的社会桥梁，从职业生涯发展视角，以人职匹配的理念引领学生主动适应社会和职业发展，促进学生参与到义工服务、志愿服务、就业实习等多元化和常态化的实践载体中。同时，农耕文化新颖多彩的形式也易于被广大学生所接受，对培养学生劳动价值观、端正劳动情感态度、彰显劳动品德、养成劳动习惯和提升劳动知识技能有极大的帮助。

总之，优秀农耕文化中丰富的育人资源可为完善新时代劳动教育体系提供重要价值和参考，其主流价值观可巩固劳动教育的地位，其哲学思想和伦理价值可丰富劳动教育的内涵，其多样的活动可拓展劳动教育以劳树德、以劳增智、以劳强体、以劳育美、以劳创新的形式。学校应有意识地将优秀农耕文化融入新时代劳动教育中去，这不仅有助于青年增强文化自信、促进人格塑造、提升人文素养、促进实践和创造，还能传承和弘扬传统优秀农耕文化的精髓，解决劳动意识淡化问题，提高国民综合素质，培养担当民族复兴大任的时代新人。

第三节 二十四节气

二十四节气，是干支历中表示季节变迁的24个特定节令，包含着我国在一个回归年内的天文、季节、气候、物候、农事活动等方面的规律和特征。早在春秋时期，人们就确定出仲春、仲夏、仲秋和仲冬四个节气，并在之后不断改进和完善。因而在劳动人民的不断发明和研究下，二十四节气逐渐确立和完整起来，在秦汉年间完全确立。

二十四节气是根据太阳在黄道（即地球绕太阳公转的轨道）上的位置来划分的，视太阳从春分点（黄经零度，此刻太阳垂直照射赤道）出发，每前进15度为一个节气。每个月都有两个节气，即立春、雨水、惊蛰、春分、清明、谷雨、立夏、小满、芒种、夏至、小暑、大暑、立秋、处暑、白露、秋分、寒露、霜降、立冬、小雪、大雪、冬至、小寒、大寒。

“春雨惊春清谷天，夏满芒夏暑相连。秋处露秋寒霜降，冬雪雪冬小大寒。”这是中国人熟知的“节气歌”，实际上却暗含了二十四节气的先后顺序，概括了一年中不同时节的变化规律，体现着劳动人民的劳动智慧。直到现在，也一直为广大人民群众所喜爱和运用。

二十四节气是我国先民通过观察太阳周年运动形成的时间知识体系及其实践，是中国民族文化认同的重要载体，体现着中国文明的博大精深，彰显着人与自然和谐共生的哲学思想、文化精神和智慧创造。①

时至今日，我们仍十分感慨二十四节气的发明，它不仅为当今农业发展奠定了广泛基础，也弘扬着中华文化的博大精深。在2022年北京冬奥会上，以二十四节气作为时间倒数，用“中国式浪漫”美学惊艳了世界，也让全世界领略了这一中国古老历法的独特文化魅力。

二十四节气的对照时间表见表2-1。

表2-1　二十四节气中英文对照时间表

（按公元月日计算）

春季 Spring	立春 Beginning of Spring 2月3—5日交节	雨水 Rain Water 2月18—20日交节	惊蛰 Awakening of Insects 3月5—6日交节
	春分 Sping Equinox 3月20—22日交节	清明 Pure Brightness 4月4—6日交节	谷雨 Grain Rain 4月19—21日交节
夏季 Summer	立夏 Beginning of Summer 5月5—7日交节	小满 Grain Buds 5月20—22日交节	芒种 Grain in Ear 6月5—7日交节
	夏至 Summer Solstice 6月21—22日交节	小暑 Minor Heat 7月6—8日交节	大暑 Major Heat 7月22—24日交节

① 中国农业博物馆．二十四节气国际学术研讨会论文集[M]．北京：中国农业出版社，2021．

续表

秋季 Autumn	立秋 Beginning of Autumn 8月7—9日交节	处暑 End of Heat 8月22—24日交节	白露 White Dew 9月7—9日交节
	秋分 Autumn Equinox 9月22—24日交节	寒露 Cold Dew 10月8—9日交节	霜降 Frost' s Descent 10月23—24日交节
冬季 Winter	立冬 Beginning of Winter 11月7—8日交节	小雪 Minor Snow 11月22—23日交节	大雪 Major Snow 12月6—8日交节
	冬至 Winter Solstice 12月21—23日交节	小寒 Minor Cold 1月5—7日交节	大寒 Major Cold 1月20—21日交节

注：表中英文来源于第二十四届冬季奥林匹克运动会开幕式。

二十四节气歌[①]

春雨惊春清谷天，夏满芒夏暑相连，
秋处露秋寒霜降，冬雪雪冬小大寒。
每月两节不变更，最多相差一两天，
上半年来六、廿一，下半年是八、廿三。

一、春：春雨惊春清谷天

（一）立春

立春，作为二十四节气之首，是四季的起点，因此又称“打春”，于每年公历2月3—5日交节。站在春天的入口，我们感受到气候回暖，大地呈现万物复苏景象。立，乃“开始”之意；春，代表着温暖、生长。中华民族几千年以农业立国，对立春的到来寄予厚望，因而有“一年之计在于春”之说。

1. 立春气象和农事

立春是作为一年农事开始的节气，立春后白昼变长，气温回升，降雨增加，草木最先感知到春的气息，开始萌动生长，农人在这时开始备耕，小春作物生长加快，因而需要及时浇灌和施肥，促进其更好地生长。

在这万物复苏之际，做好万全准备显得尤为重要，对大棚的蔬果瓜菜要注意保温防冻，防止出现较大的寒流影响收成。这时也要注意做好病虫害的防治工作，合理控制温度，做好通风透气的管理条件。

① 《新华字典》，第11版，附录.

2. 立春文化

节气诗词：

立　春

唐·杜甫

春日春盘细生菜，忽忆两京梅发时。
盘出高门行白玉，菜传纤手送青丝。
巫峡寒江那对眼，杜陵远客不胜悲。
此身未知归定处，呼儿觅纸一题诗。

奉和圣制立春日侍宴内殿出剪彩花应制

唐·赵彦昭

剪彩迎初候，攀条故写真。
花随红意发，叶就绿情新。
嫩色惊衔燕，轻香误采人。
应为熏风拂，能令芳树春。

咏　柳

唐·贺知章

碧玉妆成一树高，万条垂下绿丝绦。
不知细叶谁裁出，二月春风似剪刀。

节气谚语：

春风不刮，草芽不发。
春捂秋冻，百病难碰。
立春一年端，种地早盘算。
立春一日，百草回芽。

（二）雨水

雨水，是二十四节气之第二个节气，意味着降雨的开始，于每年公历2月18—20日交节。此时适宜的降水对农作物的生长很重要，因而有“春雨贵如油”的说法，它是农耕文化对于节令的反映。雨水也是一个包含着对自然事物和农耕文明无比热爱和尊崇的词语。

1. 雨水气象和农事

雨水节气是降雨的开始，但降雨量多以小雨或毛毛细雨为主。此时，大地已渐渐呈现出一派欣欣向荣的景象。

进入雨水节气，气候回暖、冰雪融化，降水由降雪转为降雨，越冬作物逐渐增多，因而要抓紧作物的田间管理，做好选种、春耕、施肥等准备工作，以实现“春种一粒粟，秋收万颗子”。

雨水前后，冬小麦、油菜普遍返青开始生长，对水分的需求量极大，因而适当的降水对作物的生长非常有利。此时也是最佳的春灌时期，要及时满足作物对水肥的需求，既不能过早也不能过晚，否则得不到应有的效果。

2. 雨水文化

节气诗词：

早春呈水部张十八员外（其一）

唐・韩愈

天街小雨润如酥，草色遥看近却无。
最是一年春好处，绝胜烟柳满皇都。

春夜喜雨

唐・杜甫

好雨知时节，当春乃发生。
随风潜入夜，润物细无声。
野径云俱黑，江船火独明。
晓看红湿处，花重锦官城。

赋得古原草送别

唐・白居易

离离原上草，一岁一枯荣。
野火烧不尽，春风吹又生。
远芳侵古道，晴翠接荒城。
又送王孙去，萋萋满别情。

节气谚语：

雨水阴，夏至晴。
一场春雨一场暖，十场春雨穿单衣。

（三）惊蛰

惊蛰，是一年中的第三个节气，于每年公历3月5—6日交节。这时春雷开始响动，惊动自然界之万物，冬眠动物慢慢复苏，纷纷开始出土、出穴活动，农村开始进入繁忙的春耕春种季节。

1. 惊蛰气象和农事

惊蛰时节，气温开始回升，雨水也多了起来，正是大好的“九九”艳阳天，需重视由气温波动带来的影响，及时对各种作物进行处理。

此时温暖适宜的气候条件不仅有利于农作物生长，也使得各种病虫害增加，防治病虫和春耕除草工作是当务之急。要合理用药，适时进行化学防治，还需要关注田间管理的特殊时期，及时清沟埋墒。

2. 惊蛰文化

节气诗词：

观田家

唐·韦应物

微雨众卉新，一雷惊蛰始。
田家几日闲，耕种从此起。
丁壮俱在野，场圃亦就理。
归来景常晏，饮犊西涧水。
饥劬不自苦，膏泽且为喜。
仓廪无宿储，徭役犹未已。
方惭不耕者，禄食出闾里。

拟古（其三）

东晋·陶渊明

仲春遘时雨，始雷发东隅。
众蛰各潜骇，草木纵横舒。
翩翩新来燕，双双入我庐。
先巢故尚在，相将还旧居。
自从分别来，门庭日荒芜。
我心固匪石，君情定何如？

悯　农

唐·李绅

锄禾日当午，汗滴禾下土。
谁知盘中餐，粒粒皆辛苦。

节气谚语：

春雷响，万物长。
惊蛰前打雷，四十九天云不开。

（四）春分

春分，是二十四节气之第四个节气，于每年公历3月20—22日交节。春分这一天不仅标志着春季刚好过了一半，同时春分这一天也是昼夜等分，农村从此开始进入春播大忙季节。

1. 春分气象和农事

春分这一天阳光直射赤道，昼夜几乎相等，这时，我国大部分地区都进入了比较温暖的春天。

春分时节，在辽阔的大地上，杨柳青青、草长莺飞、小麦拔节、油菜花香。此时需注意加强对春旱、冻害的防御和控制，如选用抗寒良种、小麦播种深度要合理、增施钾肥、灌水或喷雾等。由于部分地区进入“桃花汛”期，因此也要注意清沟沥水、排涝防洪。

2. 春分文化

节气诗词：

咏春风

唐・崔涯

动地经天物不伤，高情逸韵住何方。
扶持燕雀连天去，断送杨花尽日狂。
绕桂月明过万户，弄帆晴晚渡三湘。
孤云虽是无心物，借便吹教到帝乡。

春　风

清・袁枚

春风如贵客，一到便繁华。
来扫千山雪，归留万国花。

节气谚语：

春分秋分，昼夜平分。
春分雨多，有利春播。

（五）清明

清明，于每年公历4月4—6日交节。此时天气清和明朗，气候温暖，正是春耕春种的大忙季节，民谚有“清明前后，种瓜点豆”之说。

1. 清明气象和农事

清明时节，气温转暖，草木萌动，天气清澈明朗，万物欣欣向荣。但天气仍然会忽冷忽热，乍暖还寒，时有冷空气入侵，因此需注意防御低温和晚霜冻天气对春播作物造成的危害，避免暖尾冷头。此时，除东北和西北地区外，大江南北、长城内外，到处已是一片春耕大忙的景象。

在该时节，应抓紧搞好后期的肥水管理和病虫害防治工作。对于旱地作物和中稻要及时抢晴早播。由于天气总是时阴时晴，因而不能忽视水分的重要性。

2. 清明文化

清明节，是中华民族最隆重盛大的祭祖大节，不仅凝聚着民族精神，还传承了中华文明的祭祀文化，抒发着人们尊祖敬宗、继志述事的道德情怀。

节气诗词：

清　明

唐・杜牧

清明时节雨纷纷，路上行人欲断魂。
借问酒家何处有？牧童遥指杏花村。

节气谚语：

清明前后，种瓜点豆。

清明雨星星，一棵高粱打一升。

麦怕清明霜，谷要秋来旱。

清明有霜梅雨少。

清明南风，夏水较多；清明北风，夏水较少。

（六）谷雨

谷雨，是二十四节气之第六个节气，也是春季的最后一个节气，于每年公历4月19—21日交节。谷雨取“雨生百谷”之意，此时降水明显增多，田中秧苗初插、农作物新种，是最需要雨水滋润的时候，充足而及时的降雨，对谷类作物的生长非常有利。但谷雨也意味着寒潮天气基本画上句号，气温攀升的速度不断加快。

1. 谷雨气象和农事

谷雨时节，华南暖湿气团逐渐活跃起来，冷空气大举南侵的情况比较少了，绝大部分地区的平均气温开始回升，空气湿度也随之加大。谷雨时节正是农村风风火火忙碌的时候，广大劳动者正在田野上播种着自己的“希望”。

谷雨节气后降雨增多，空气中的湿度逐渐加大，不仅有利于谷物生长发育和越冬作物拔节，而且对春天播下的种子出苗也非常有利，所以有“雨生百谷”之说。谷雨天气最主要的特点是多雨，此时的雨水不仅多且下得急，但过量的雨水也会产生一定的危害，影响作物后期产量。

2. 谷雨文化

节气诗词：

题牡丹画

明·唐寅

谷雨花枝号鼠姑，戏拈彤管画成图。

平康脂粉知多少，可有相同颜色无。

见二十弟倡和花字漫兴五首·其一

宋·黄庭坚

落絮游丝三月候，风吹雨洗一城花。

未知东郭清明酒，何似西窗谷雨茶。

节气谚语：

谷雨麦挑旗，立夏麦头齐。

谷雨前后栽地瓜，最好不要过立夏。

谷锄马耳豆锄瓣，苗未出土就锄棉。

谷雨是旺汛，一刻值千金。

二、夏：夏满芒夏暑相连

（一）立夏

立夏，是二十四节气之第七个节气，也是夏季的第一个节气，于每年公历5月5—7日交节。这时温度明显攀升，酷暑将至，雷雨也开始增多，农作物进入旺盛生长的重要时期。

1. 立夏气象和农事

立夏标志着春天结束，夏天正式开始。从此，正式进入雨季，雨量和雨日均明显增多。夏季充足的阳光、适宜的温度以及充沛的雨水给植物提供了生长所需的必备条件，是许多农作物茁壮生长的最好时期。

立夏前后是大江南北早稻插秧的季节。夏收作物进入了生长后期，古有“立夏看夏”之说，可见这个时候是农作物生长的关键时期。这时的杂草生长很快，及时中耕除草有利于抗旱防渍，提高地温，加速土壤养分分解，对促进棉花、玉米、高粱、花生等作物生长具有十分重要的意义。

2. 立夏文化

节气诗词：

夏日南亭怀辛大

唐·孟浩然

山光忽西落，池月渐东上。
散发乘夕凉，开轩卧闲敞。
荷风送香气，竹露滴清响。
欲取鸣琴弹，恨无知音赏。
感此怀故人，中宵劳梦想。

节气谚语：

立夏不下，小满不满，芒种不管。
立夏到夏至，热必有暴雨。
立夏小满青蛙叫，雨水也将到。

（二）小满

小满，夏季的第二个节气，于每年公历5月20—22日交节。从此开始，全国各地逐渐进入夏季，南北温差进一步缩小，降水进一步增多，夏熟作物的籽粒开始灌浆饱满，但还未成熟。

1. 小满气象和农事

从小满开始，北方大麦、冬小麦等夏熟作物籽粒逐渐饱满，夏作物已经结果，但尚未成熟。此时南方地区降雨多、雨量大，是防汛的紧张阶段；而长江中下游地区由于副热带高压势力较弱，在这个阶段雨水偏少；黄河中下游地区在此时则非常容易遭受干热风的侵害。[①]

① 东篱子．二十四节气全鉴[M]．北京：中国纺织出版社，2018年，第92页．

这个时期正适宜水稻栽插，素有“立夏小满正栽秧”“秧奔小满谷奔秋”的说法。为了抗御干旱，需抓好蓄水保水工作。如果出现连续阴雨天气，应考虑在晴天及时进行夏熟作物的收打和晾晒。

部分冬小麦已进入产量成型的关键阶段，应加强后期的施肥管理，防止根、叶早衰，促进冬小麦充分灌浆，提高籽粒重。此时虽总体温度较低，但南方还是有出现高温天气的可能，应注意做好防暑工作。

2. 小满文化

节气诗词：

遣兴·长沙漕治

宋·王之道

步屧随儿辈，临池得凭栏。
久阴东虹断，小满北风寒。
点水荷三叠，依墙竹数竿。
乍晴何所喜，云际远山攒。

节气谚语：

小满大满江河满。
小满无雨，芒种无水。
小满不满，麦有一险。
物至于此，小得盈满。

（三）芒种

芒种，是夏季的第三个节气，于每年公历6月5—7日交节。芒种的“芒”字，指麦类等有芒植物的收获；“种”字，指谷黍类作物的播种。[①]“春争日，夏争时”，芒种时节，是劳动人民播种、下地最为繁忙的时候。

1. 芒种气象和农事

芒种时节雨量充沛，气温显著升高。这时易出现龙卷风、冰雹、大风、暴雨、干旱等气象灾害。随着高温频发，湿度大且闷热，南北方都有出现高温天气的可能。

芒种是一个典型的反映农业物候现象的节气。在这个时候，夏熟作物要收获，夏播秋收作物要下地，春种的庄稼要管理，是一年中最忙的季节。因而有“栽秧割麦两头忙”和“收麦种豆不让晌”的说法。

在这个时节，要抓紧一切有利时机收小麦，抢割、抢运、抢脱粒，否则撞上不良天气时，将造成各种不必要的损失和浪费。时至芒种，四川盆地麦收季节已经过去，中稻、红苕移栽接近尾声。

① 东篱子．二十四节气全鉴[M]．北京：中国纺织出版社，2018年，第103页．

2. 芒种文化

节气诗词：

北固晚眺

唐·窦常

水国芒种后，梅天风雨凉。
露蚕开晚簇，江燕绕危樯。
山趾北来固，潮头西去长。
年年此登眺，人事几销亡。

时　雨

宋·陆游

时雨及芒种，四野皆插秧。
家家麦饭美，处处菱歌长。
老我成惰农，永日付竹床。
衰发短不栉，爱此一雨凉。
庭木集奇声，架藤发幽香。
莺衣湿不去，劝我持一觞。
即今幸无事，际海皆农桑；
野老固不穷，击壤歌虞唐。

节气谚语：

芒种火烧天，夏至雨涟涟。
芒种火烧天，夏至水满田。
芒种火烧天，夏至雨淋头。

（四）夏至

夏至，是二十四节气之第十个节气，也是最早被确定的节气之一，于每年公历6月21—22日交节。“夏”是季节，“至”是到来，“夏至”意味着最炎热的夏季已经到来。这时天气湿热，农作物生长旺盛，此时的农活主要是田间管理。

1. 夏至气象和农事

“夏至”是盛夏的起点。虽然还没有到一年中最热的日子，但离“入伏”也不远了。盛夏多雷阵雨，这种雨来得快，去得快，范围并不算广，但还是应注意防雷、防暴雨和防汛工作同时进行。

夏至时节气温较高，日照充足，作物生长较快，生理和生态需水均较多。部分地区此时处于“梅雨”季节，空气潮湿，冷暖空气交汇，必须合理安排时间对作物进行保护，适当改良土壤结构，减轻湿害。

2. 夏至文化

节气诗词：

和梦得夏至忆苏州呈卢宾客

唐·白居易

忆在苏州日，常语夏至筵。
粽香筒竹嫩，炙脆子鹅鲜。
水国多台榭，吴风尚管弦。
每家皆有酒，无处不过船。
交印君相次，褰帷我在前。
此乡俱老矣，东望共依然。
洛下麦秋月，江南梅雨天。
齐云楼上事，已上十三年。

夏至避暑北池

唐·韦应物

昼晷已云极，宵漏自此长。
未及施政教，所忧变炎凉。
公门日多暇，是月农稍忙。
高居念田里，苦热安可当。
亭午息群物，独游爱方塘。
门闭阴寂寂，城高树苍苍。
绿筠尚含粉，圆荷始散芳。
于焉洒烦抱，可以对华觞。

节气谚语：

夏至大烂，梅雨当饭。
芒种不下雨，夏至有雨十八河。
夏至落大雨，八月涨大水。
夏至无响雷，大水十几回。

（五）小暑

小暑，是夏天的第五个节气，于每年公历7月7—9日交节。天气从此开始炎热，但还没到最热的时候，全国农作物都已进入了茂盛生长阶段，这一气候特征全国大部分地区都基本相符。民间有“小暑大暑，上蒸下煮”之说，我国多地自小暑起进入雷暴最多的时节。

1. 小暑气象和农事

小暑前后，在地势起伏较大的地方，常有山洪暴发，受副热带高压控制，多连晴高温天气，进入伏旱期。因而必须及早采取抗旱、防洪措施，尽量减轻危害。[①]

这个时期的早稻处于灌浆后期，早熟品种大暑前就需成熟收获，并保持田间干湿。

① 杨楠，唐心怡，田明鑫．二十四节气那些事[M]．天津：天津科学技术出版社，2018年，第158页．

中稻也已拔节，进入孕穗期，应时常根据长势追施穗肥，促穗大粒多。农谚说“伏天的雨，锅里的米”，这时出现的雷雨、热带风暴或台风带来的降水对水稻等作物的生长有利，但也会给棉花、大豆等旱作物及蔬菜造成不利影响。①

2. 小暑文化

节气诗词：

赠别王侍御赴上都

唐·韩翃

翩翩马上郎，执简佩银章。
西向洛阳归鄠杜，回头结念莲花府。
朝辞芳草万岁街，暮宿春山一泉坞。
青青树色傍行衣，乳燕流莺相间飞。
远过三峰临八水，幽寻佳赏偏如此。
残花片片细柳风，落日疏钟小槐雨。
相思掩泣复何如，公子门前人渐疏。
幸有心期当小暑，葛衣纱帽望回车。

夏日南亭怀辛大

唐·孟浩然

山光忽西落，池月渐东上。
散发乘夕凉，开轩卧闲敞。
荷风送香气，竹露滴清响。
欲取鸣琴弹，恨无知音赏。
感此怀故人，中宵劳梦想。

节气谚语：

小暑不见日头，大暑晒开石头。
小暑热得透，大暑凉飕飕。
小暑凉飕飕，大暑热熬熬。

（六）大暑

大暑，正值中伏前后，于每年公历7月22—24日交节。这一时期是我国广大地区一年中最炎热的时期，同时也是喜温作物生长最快的时期。这一时期旱、涝、台风等自然灾害频发，对它们的管理显得尤为重要。

1. 大暑气象和农事

大暑是一年中日照最充足、也是最炎热的时候，高温与多雨时期基本一致，表现为雨热同期，而一年当中最艰苦、最紧张、顶烈日战高温的“双抢”季节也正式开始了。

① 东篱子．二十四节气全鉴[M]．北京：中国纺织出版社，2018年，第126页．

实时收获早稻，不仅能够减少后期风雨对其造成的危害，而且还能够使双晚适时栽插，争取更多的生长期。

高温是这一时期常见的气候现象，对于连续出现的高温天气，要进行灵活安排，避免出现旱象。尽管天气炎热，人们也不能松懈，更应好好把握温度的规律，了解作物相应的特征。

2. 大暑文化

节气诗词：

登殊亭作

唐·元结

时节方大暑，试来登殊亭。
凭轩未及息，忽若秋气生。
主人既多闲，有酒共我倾。
坐中不相异，岂恨醉与醒。
漫歌无人听，浪语无人惊。
时复一回望，心目出四溟。
谁能守缨佩，日与灾患并。
请君诵此意，令彼惑者听。

大暑六月中

唐·元稹

大暑三秋近，林钟九夏移。
桂轮开子夜，萤火照空时。
菰果邀儒客，菰蒲长墨池。
绛纱浑卷上，经史待风吹。

节气谚语：

大暑热不透，大热在秋后。
大暑不暑，五谷不鼓。
大暑热，田头歇；大暑凉，水满塘。

三、秋：秋处露秋寒霜降

（一）立秋

立秋，是秋天的第一个节气，于每年公历8月7—9日交节。立秋一到，传统意义上的秋天就开始了。“秋”有禾谷成熟之意，田间农事活动也在不断增多。古人把立秋当作夏秋之交的重要时刻，一直很重视这个节气。

1. 立秋气象和农事

进入秋季，大部分地区气温仍然较高，农作物生长旺盛。正因为如此，各种作物对水分的需求都还很迫切，此时受旱将带来难以弥补的损失。双季晚稻生长在气温由高到低的环境里，必须抓紧当前温度较高的有利时机，追肥耘田加强管理。

随着季节转换，南北方降雨量、风暴、干湿度变化不一。这时可抓紧时间播种大白菜，以充分利用温度适宜的有利因素；若播种过迟，会使大白菜生长期缩短，菜棵生长小且包心不坚实。

2. 立秋文化

节气诗词：

立秋日登乐游园

唐・白居易

独行独语曲江头，回马迟迟上乐游。
萧飒凉风与衰鬓，谁教计会一时秋？

秋　夕

唐・杜牧

银烛秋光冷画屏，轻罗小扇扑流萤。
天阶夜色凉如水，卧看牵牛织女星。

节气谚语：

六月六秋，早收晚丢。
六月秋，提前冷；七月秋，推迟冷。
立秋节日雾，长河做大路。

（二）处暑

处暑，是二十四节气之中的第14个节气，于每年公历8月22—24日交节。“处”意味着炎热的暑天结束，天气将变得凉爽，此时正值秋收之际，降水变得十分宝贵。

1. 处暑气象和农事

处暑节气意味着进入气象意义的秋天，当温度开始下降，就要做好冬春农田用水的准备，落实这段时间的蓄水工作。

处暑之后，大部分地区昼夜温差增大，由于昼暖夜凉，对作物内干物质的制造和积累十分有利，因而庄稼成熟很快。民间有“处暑禾田连夜变”之说，也说明处暑节气后，作物很快要收获了。华北、东北和西北地区更应注意及时蓄水保墒，以防秋种期间出现干旱而延误冬作物的播种期。

2. 处暑文化

节气诗词：

处暑后风雨

元・仇远

疾风驱急雨，残暑扫除空。
因识炎凉态，都来顷刻中。

纸窗嫌有隙，纨扇笑无功。
儿读秋声赋，令人忆醉翁。

悯　农

唐·李绅

春种一粒粟，秋收万颗子。
四海无闲田，农夫犹饿死。

节气谚语：

处暑落了雨，秋季雨水多。
处暑雷唱歌，阴雨天气多。
处暑若逢天下雨，纵然结实也难留。

（三）白露

白露，是九月的第一个节气，于每年公历9月7—9日交节。此时太阳直射点明显南移，各地气温下降很快，天气凉爽，标志着孟秋时节的结束和仲秋时节的开始。

1. 白露气象和农事

经过一个春夏的辛勤劳作，经历风风雨雨，送走了高温酷暑，终于迎来了气候宜人的收获季节，但同时又再次迎来了播种的季节。随着冬小麦的播种，送肥、耕地、防治地下害虫等准备工作在同步进行中。要充分认识白露的特点，学会采取相应的农技措施，减轻或避免秋雨危害。

2. 白露文化

节气诗词：

玉阶怨

唐·李白

玉阶生白露，夜久侵罗袜。
却下水晶帘，玲珑望秋月。

月夜忆舍弟

唐·杜甫

戍鼓断人行，边秋一雁声。
露从今夜白，月是故乡明。
有弟皆分散，无家问死生。
寄书长不达，况乃未休兵。

节气谚语：

白露身不露，寒露脚不露。
一候鸿雁来；二候元鸟归；三候群鸟养羞。
白露早，寒露迟，秋分种麦正当时。

（四）秋分

秋分，于每年公历9月22—24日交节。古书记载："斗指已为秋分，南北两半球昼夜均分，又适当秋之半，故名也。"①秋分到，气温逐日下降，开始步入深秋时节。

1. 秋分气象和农事

秋分是美好宜人的时节，同时也是农业生产上重要的节气。由于降温特别快，幅度也很大，这就使得秋收、秋耕、秋种的"三秋"大忙显得格外紧张。

"三秋"大忙，贵在"早"字。及时抢收秋收作物可避免早霜冻和连阴雨的不良影响，适时早播冬作物还可争取到冬前的热量资源，培育壮苗安全过冬，为来年奠定下丰产的基础。②

2. 秋分文化

节气诗词：

秋词二首

唐・刘禹锡

其一

自古逢秋悲寂寥，我言秋日胜春朝。
晴空一鹤排云上，便引诗情到碧霄。

其二

山明水净夜来霜，数树深红出浅黄。
试上高楼清入骨，岂如春色嗾人狂。

点绛唇

宋・谢逸

金气秋分，风清露冷秋期半。
凉蟾光满。
桂子飘香远。
素练宽衣，仙仗明飞观。
霓裳乱。
银桥人散。
吹彻昭华管。

节气谚语：

秋分天气白云来，处处好歌好稻栽。
秋分只怕雷电闪，多来米价贵如何。
秋分天晴必久旱，秋分有雨来年丰。

① 杨楠，唐心怡，田明鑫．二十四节气那些事[M]．天津：天津科学技术出版社，第215页．
② 东篱子．二十四节气全鉴[M]．北京：中国纺织出版社，2018年，第189页．

秋分日晴，万物不生。
秋分有雨来年丰。

（五）寒露

寒露，是秋季的第5个节气，于每年公历10月8—9日交节。这个时节的气温比白露时更低，地面的露水更冷，已经快凝结成霜了。我国传统将露作为天气转凉变冷的表征。

1. 寒露气象和农事

寒露后，我国大部分地区在冷高压的控制之下，雨季结束。天气常是昼暖夜凉，晴空万里，对秋收十分有利。

华北地区要在此时抓紧播种小麦，避开干旱或少雨天气，同时也要保证在霜降前后播种完毕，千万不能被动等雨导致早茬种晚麦。寒露期间，华南地区绵雨甚频，成为我国南方大部分地区的一种灾害性天气，不仅影响“三秋”生产，还直接影响着生产的进度与质量。

2. 寒露文化

节气诗词：

池　上

唐・白居易

袅袅凉风动，凄凄寒露零。
兰衰花始白，荷破叶犹青。
独立栖沙鹤，双飞照水萤。
若为寥落境，仍值酒初醒。

月夜梧桐叶上见寒露

唐・戴察

萧疏桐叶上，月白露初团。
滴沥清光满，荧煌素彩寒。
风摇愁玉坠，枝动惜珠干。
气冷疑秋晚，声微觉夜阑。
凝空流欲遍，润物净宜看。
莫厌窥临倦，将晞聚更难。

节气谚语：

寒露过三朝，过水要寻桥。
寒露十月已秋深，田里种麦要当心。
过了重阳节，一怕霜来二怕雪。

（六）霜降

霜降，是秋季的最后一个节气，于每年公历10月23—24日交节，是秋季到冬季的过渡节气。天气渐冷，开始降霜，北方沃野一片银色，树叶枯黄，纷纷落下，冬天即将开始。

1. 霜降气象和农事

民间有“霜降杀百草”的说法，被寒霜打过的植物一般都会发生枯蔫的现象。霜是天冷的表现，冻是杀害庄稼的敌人。此时，在农业生产方面，北方大部分地区已进入扫尾阶段，即便是耐寒的菠菜，也停止了生长。等到黄河流域一带出现初霜，大部分地区便开始忙于播种三麦等作物。

在南方，此时却正值“三秋”大忙季节，同时需要加强后期管理，及时收回收获以后的庄稼地里的秸秆、根茬，避免污染土地。

2. 霜降文化

节气诗词：

雁门太守行

唐·李贺

黑云压城城欲摧，甲光向日金鳞开。
角声满天秋色里，塞上燕脂凝夜紫。
半卷红旗临易水，霜重鼓寒声不起。
报君黄金台上意，提携玉龙为君死。

舟中杂纪·其十

元·王冕

老树转斜晖，人家水竹围。露深花气冷，霜降蟹膏肥。
沽酒心何壮，看山思欲飞。操舟有吴女，双桨唱歌归。

节气谚语：

霜降无霜，来年吃糠。霜降见霜，米谷满仓。
霜降不见霜，来年闹饥荒。
霜降露凝霜，树叶飘地层，蛰虫归屋去，准备过一冬。

四、冬：冬雪雪冬小大寒

（一）立冬

立冬，代表冬天的开始，于每年公历11月7—8日交节，是二十四节气之第19个节气。“冬，终也，万物收藏也”，意思是在说秋季作物全部收晒完毕，收藏入库，动物也藏起来准备冬眠。

1. 立冬气象

立冬前后，我国大部分地区降水显著减少。东北地区开始封冻，农林作物进入越冬期。此时的江淮地区“三秋”已接近尾声，但华南地区却是“立冬种麦正当时”的最佳时期。[①]

① 东篱子. 二十四节气全鉴[M]. 北京：中国纺织出版社，2018年，第227页.

这个时期水分条件与农作物的苗期生长及越冬都有十分密切的关系，因而要特别注意田间气候环境，防止“旱助寒威”，减轻或避免冻害的发生。此时空气逐渐干燥，土壤含水较少，要注意做好林区的防火工作。

2. 立冬文化

节气诗词：

立冬即事二首·其一

元·仇远

细雨生寒未有霜，庭前木叶半青黄。
小春此去无多日，何处梅花一绽香。

节气谚语：

雷打冬，十个牛栏九个空。
立冬之日起大雾，冬水田里点萝卜。
立冬北风冰雪多，立冬南风无雨雪。
立冬那天冷，一年冷气多。

（二）小雪

小雪，是二十四节气之第20个节气，也是冬季第二个节气，于每年公历11月22—23日交节。表示降雪的起始时间与程度，进入该节气意味着气温持续走低，天气寒冷，降水状态由雨变成雪。

1. 小雪气象和农事

进入该节气，西北风开始成为常客，万物失去生机，天地闭塞而转入严冬。小雪前后，大部分地区农业生产开始进入冬季管理和农田水利基础建设。此时下雪可冻死一些病菌和害虫，减轻来年病虫害的发生，同时积雪还有保暖的效果，有利于土壤有机物的分解，增强土壤肥力。

2. 小雪文化

节气诗词：

小雪日戏题绝句

唐·张登

甲子徒推小雪天，刺梧犹绿槿花然。
融和长养无时歇，却是炎洲雨露偏。

小　雪

唐·戴叔伦

花雪随风不厌看，更多还肯失林峦。
愁人正在书窗下，一片飞来一片寒。

和萧郎中小雪日作

唐·徐铉

征西府里日西斜，独试新炉自煮茶。
篱菊尽来低覆水，塞鸿飞去远连霞。
寂寥小雪闲中过，斑驳轻霜鬓上加。
算得流年无奈处，莫将诗句祝苍华。

节气谚语：

立冬小雪，抓紧冬耕。
结合复播，增加收成。
土地深翻，加厚土层。
压沙换土，冻死害虫。
立冬小雪北风寒，棉粮油料快收完。
油菜定植麦续播，贮足饲料莫迟延。

（三）大雪

大雪，是二十四节气中的第21个节气，于每年公历12月6—8日交节。大雪，顾名思义，雪量大。古人云："大者，盛也，至此而雪盛也。"到了这个时段，雪往往下得大、范围也广，故名大雪。①

1. 大雪气象和农事

随着天气更加严寒，雪量增大，我国大部分地区都已进入寒冷的冬季。但在广州及珠三角一带，仍与北方的气候相差很大，依旧是树木茂盛，干燥的感觉还很明显。此时各地冬小麦已停止生长，但在此期间，农事活动仍然不能放松。

所谓"瑞雪兆丰年"。厚厚的积雪覆盖大地，可保持地表温度不会因寒流的入侵而降得很低，为冬作物生长创造了良好的越冬环境。积雪融化不仅可以增加土壤的水分含量，还可以供作物春季生长需要。这时天气虽然严寒，但储藏物要勤加检查，避免烂窖。

2. 大雪文化

节气诗词：

大　雪

宋·陆游

大雪江南见未曾，今年方始是严凝。
巧穿帘罅如相觅，重压林梢欲不胜。
毡幄掷卢忘夜睡，金羁立马怯晨兴。
此生自笑功名晚，空想黄河彻底冰。

① 杨楠，唐心怡，田明鑫．二十四节气那些事[M]．天津：天津科学技术出版社，2018年，第271页．

白雪歌送武判官归京

唐·岑参

北风卷地白草折，胡天八月即飞雪。
忽如一夜春风来，千树万树梨花开。
散入珠帘湿罗幕，狐裘不暖锦衾薄。
将军角弓不得控，都护铁衣冷难着。
瀚海阑干百丈冰，愁云惨淡万里凝。
中军置酒饮归客，胡琴琵琶与羌笛。
纷纷暮雪下辕门，风掣红旗冻不翻。
轮台东门送君去，去时雪满天山路。
山回路转不见君，雪上空留马行处。

节气谚语：

大雪河封住，冬至不行船。
冬季雪满天，来岁是丰年。
冬在头，冷在节气前；冬在中，冷在节气中；冬在尾，冷在节气尾。

（四）冬至

冬至，又称“冬节”“贺冬”，是八大天象类节气之一，与夏至相对，于每年公历12月21—23日交节。冬至不仅是一个非常重要的节气，也是一个传统节日。这一天正午的太阳高度最低，各地气候开始进入一个最寒冷的阶段，是“数九”的第一天。

1. 冬至气象

我国幅员辽阔，冬至时，各地气候景观差异较大。在农业生产方面，冬至时节是兴修农田基本建设、积肥造肥的大好时机，因而要施好腊肥，做好防冻工作。

江南地区更应加强冬作物的管理，做好清沟排水的工作，对尚未犁翻的冬板田要抓紧耕翻，以疏松土壤，增强蓄水保水能力，并及时消灭越冬害虫。已经开始春种的南部沿海地区，则需认真做好水稻秧苗的防寒工作。①

2. 冬至文化

节气诗词：

冬　至

当代·吴藕汀

又逢数九耐寒中，菜菔充庖同晚菘。
冬至女红添一线，暖炉常用忆张铜。

① 东篱子．二十四节气全鉴[M]．北京：中国纺织出版社，2018年，第266页．

冬 至

唐·杜甫

年年至日长为客，忽忽穷愁泥杀人。
江上形容吾独老，天边风俗自相亲。
杖藜雪后临丹壑，鸣玉朝来散紫宸。
心折此时无一寸，路迷何处见三秦。

冬至日独游吉祥寺

宋·苏轼

井底微阳回未回，萧萧寒雨湿枯荄。
何人更似苏夫子，不是花时肯独来。

冬 至

宋·朱淑真

黄钟应律好风催，阴伏阳升淑气回。
葵影便移长至日，梅花先趁小寒开。
八神表日占和岁，六管飞葭动细灰。
已有岸旁迎腊柳，参差又欲领春来。

节气谚语：

冬至晴，正月雨；冬至雨，正月晴。
冬至西北风，来年干一春。

（五）小寒

小寒节气，是二十四节气中的第23个节气，于每年公历1月5—7日交节，标志着季冬时节正式开始，会有雪霜。由于气温很低，小麦、果树、瓜菜等易遭受冻寒。

1. 小寒气象

小寒节气时地表获得的光照、热量少，但还有土壤深层的热量补充，所以还未到全年最冷的时候。

小寒过后，除了南方地区要注意给小麦、油菜等作物追施冬肥，华南地区更要注意做好防寒防冻、积肥造肥和兴修水利等工作，在冬前浇好冬水、施足冬肥等。[①]大棚蔬菜要尽量多照阳光，否则会影响光合作用，造成营养缺乏，导致植株死亡。雪后要及时清理积雪，避免大风来临造成枝干断裂。

2. 小寒文化

节气诗词：

① 东篱子．二十四节气全鉴[M]．北京：中国纺织出版社，2018年，第284页．

望梅·小寒时节

宋·无名氏

小寒时节，正同云暮惨，劲风朝烈。
信早梅、偏占阳和，向日暖临溪，一枝先发。
时有香来，望明艳、瑶枝非雪。
想玲珑嫩蕊，绰约横斜，旖旎清绝。
仙姿更谁并列。
有幽香映水，疏影笼月。
且大家、留倚阑干，对绿醑飞觥，锦笺吟阅。
桃李繁华，奈比此、芬芳俱别。
等和羹大用，休把翠条谩折。

小寒食舟中作

唐·杜甫

佳辰强饭食犹寒，隐几萧条带鹖冠。
春水船如天上坐，老年花似雾中看。
娟娟戏蝶过闲幔，片片轻鸥下急湍。
云白山青万余里，愁看直北是长安。

小寒十二月

唐·元稹

小寒连大吕，欢鹊垒新巢。
拾食寻河曲，衔紫绕树梢。
霜鹰近北首，雊雉隐丛茅。
莫怪严凝切，春冬正月交。

节气谚语：

腊月三场白，来年收小麦。
腊月三场白，家家都有麦。
腊月三白，适宜麦菜。
腊月大雪半尺厚，麦子还嫌被不够。
小寒时处二三九，天寒地冻北风吼。
林木果树看管好，腊月栽桑好时候。
小寒鱼塘冰封严，大雪纷飞不稀罕，冰上积雪要扫除，保持冰面好光线。

（六）大寒

大寒，是二十四节气中的最后一个节气，于每年公历1月20—21日交节。大寒同小寒一样，也是表示天气寒冷程度的节气。该节气常伴大风、低温，地面积雪不化，呈现出一派冰天雪地、天寒地冻的严冬景象。

1. 大寒气象和农事

大寒节气里，各地农活依旧很少。但寒潮南下活动频繁，需要提前采取预防大风、降温、大雪等灾害性天气的措施。在雨雪稀少的情况下，不同地区还需按照不同的耕作规律和情况实施相应浇灌。

各地区应根据不同的需要，为来年开春做准备，同时也要做好越冬作物的防寒防冻工作，加强田间管理，根据大寒气候的变化预测来年雨水及粮食丰歉情况，以便及早安排农事。

2. 大寒文化

节气诗词：

大寒吟

宋・邵雍

旧雪未及消，新雪又拥户。
阶前冻银床，檐头冰钟乳。
清日无光辉，烈风正号怒。
人口各有舌，言语不能吐。

大　寒

明末清初・屈大均

大寒偏易暖，寒向小寒时。
亦有空林雪，梅花似不知。
病烦春色早，贫恐水仙迟。
多谢萋萋草，穿冰已作丝。

节气谚语：

小寒不如大寒寒，大寒之后天渐暖。
五九、六九，沿河看柳。
冻不死的蒜，干不死的葱。
欢欢喜喜过新年，莫忘护林看果园。
春节前后闹嚷嚷，大棚瓜菜不能忘。
禽舍猪圈牲口棚，加强护理莫放松。
春节前后少农活，莫忘鱼塘常巡逻。

第四节　传统农耕工具

一、传统农耕农具的发展过程

古语云："工欲善其事，必先利其器。"在农业生产中，"器"指各种各样的农业工具。纵观我国的发展历史，无不与农业发展有着密切关系。农业生产工具的升级促进农业生产的发展，又必然引起社会经济条件的新变化，经济条件的变化必然导致社会制度的演变。这就是农业生产工具的发展对社会制度所形成的巨大推动作用。从旧石器到新石器，从石器到青铜器、铁器，从简单的工具到运用自然伟力的工具，最后到自动化复合机器，农具的产生、演变、发展，清晰地印证了我国农业历史的发展轨迹，有力地推动了社会生产力的发展和社会历史的进步。

农具的发展由最初的粗放逐渐精细到现代社会的机械化，标志着农业生产的不断进步。根据不同时代农具的发展特点，将我国传统农具发展历史分为五个阶段。

第一个阶段是原始农业时期（新石器时代）。这个时期的农业生产粗放，农具的材料以石、骨、蚌、木为主；种类可分为农耕用、收割用和加工用三类。典型代表是耒耜（lěi sì）和石犁。耒耜是中国古代的一种翻土农具，形如木叉，上有曲柄，下面是犁头，用以松土，可看作犁的前身。耒是最原始的挖土工具，由挖掘植物的尖木棍发展而来。耒耜的发明开创了中国农耕文化。

第二个阶段是铜石农业时期（夏商，西周）。这个时期所用材料仍以石、木、骨等为主，但由于青铜的产生，使得其少量地被运用于农业生产。这个时期的青铜大部分仍用于兵器、食器、礼器，少量用于农具，农具虽然种类增加不多，效率也不高，但是为后来铁制农具的发展奠定了基础。典型代表是青铜农具。

第三个阶段是精耕细作农业萌发时期（春秋，战国）。这个时期冶铁业的兴起，使得农具出现了一大变革时期，铁制农具代替了石、木材料农具，促进了生产力的提高。典型代表为铁制农具。

第四个阶段是精耕细作时期（秦、汉、魏、晋、南北朝、隋、唐、宋、辽、金、元）。由于冶铁业的大发展，铁制农具被广泛使用，同时种类样式大大增加，质量也大为提高，铁制农具成为"民之大用"。到了元代，我国的传统农具种类已有180种以上。典型代表是曲辕犁、水田耙、耖等。

第五个阶段是精耕细作持续发展时期（明、清）。到了明清时代，虽较之元代无大变化，但是其精耕细作程度越来越高。同时，由于钢铁冶铸技术的发展，农具的种类和质量都有大幅提高，在农具部件的创造改进方面也有较大进步。典型代表是露锄、塍（chéng）铲、塍刀等。至此，我国传统农具的形制已经定型，其种类齐全，品种繁多，南北方交融互补。

展开来讲，由石质农具开始，受到自然条件的束缚和人类自身发展的限制，远古社会生活在山林洞穴中的人类，群居杂处，以简单粗糙的打制石器及棍棒为工具，从事采集和狩猎相结合的活动，并逐渐掌握用火的经验，艰难开拓，休养生息，生产力极其低下。距今1万年左右，生产工具由打制过渡到磨制，陶器也应运而生，人类进入新石器时代，石头、骨头、木头等材质做成的农具是这一时期生产力的标志。在生产工具上，完成了由“刀耕火种”向发达锄耕的进化。在青铜农具时期，传统农业形成。从夏商西周一直到春秋，我国黄河流域农业体系一直是以沟洫（xù）为主要标志的。在沟洫农业的形式下，耕地整治、土壤改良、作物布局、良种选育、农时掌握、除虫除草等技术都有初步发展，精耕细作技术已经萌芽。铁农具与牛耕作为传统农业的第一个高潮，在春秋战国时代发明并已获得初步的推广。这些农具的发明及其耕作技术的配套与完善，奠定了中国传统农业的技术体系。随着冶铁业的迅速发展和冶铁工艺水平的提高，秦汉时期铁农具的种类大为增加，质量也有较大提高，基本实现了铁器化。旱作农业体系形成，精耕细作日益完善。在黄河流域形成了以“耕—耙—耱（耢）”为中心、以抗旱保墒为目的的旱地耕作技术体系，作物品种更加丰富，龙骨水车应用到农田灌溉，还出现了轮作倒茬、种植绿肥、选育良种等多项技术措施，加之一批大型水利工程相继兴建，使得农业生产各部门均获得长足进步。隋唐宋元时期，在原有农具改进的基础上，旱作地区农具得到进一步发展和完善。一些原有的农具，由于水稻生产的需要，得到了进一步的推广运用。南方水田农具至此配套定型，促进了耕作技术的发展，逐渐形成了耕、耙、耖、耘、耥相结合的水田精耕细作技术体系。随着生产工具的不断完善和更新，现目前已定型，促进了各方的相互交流。

二、传统农耕农具的分类和功能

我国传统农具具有简而不陋、轻巧灵便、就地取材、一具多用、形制多变等特点。常用农具根据用途不同可分为：（1）耕种工具，包括耕地整地工具、播种移栽工具；（2）田间管理工具，包括中耕除草工具、灌溉工具；（3）收割加工工具，包括收获工具、运输工具、脱粒工具、加工工具、称量工具等。

（一）耕种工具

耕地整地工具用于破土碎土、平整田地、耕翻土地等作业。我国最早的农耕工具耒耜，相传是神农发明，是原始社会用于耕种的主要劳动工具。随着农业发展，传统农耕工具不断变化，北方保留了一套旱地精耕细作技术体系，出现了耕、耙、耱等耕地整地工具，南方则创造出了耕、耙、耖等水田耕地工具。通过耕地整地改善土壤耕层状况，为作物生长发育提供良好环境，提高作物产量。播种移栽工具用于撒播、条播、穴播以及作物移栽等作业。主要有耧、窍瓠（qiào hù）、挞等工具。

1. 耒耜

耒耜是古代一种翻土农具，形状像木叉。它是传说中由神农氏炎帝发明的我国最早的两种翻土播种农具，也是原始社会中期主要的农耕工具。传说生活在中原的姜姓神农氏部落，受到姬姓轩辕氏部落的打击，被迫大量南迁，部分迁到湖南各地，神农氏在此也因误尝断肠草而亡，崩于长沙葬于茶陵。所以湖南就和神农氏结下了不解之缘。传说神农制作耒耜于郴州，因耒山、耒阳等而得名。传说不能作为立论的依据，但可以说神农氏部落把中原先进的农业技术带到湖南，促进了这里农业的发展。

最初，耒是由用于挖掘植物的尖木棍发展而来，广泛用于松土、划沟、挖掘块根等方面，是最古老的挖土工具。耜用于起土，缚于耒上，两者通称为耒耜。耒耜的发明使用，不仅提高了耕作效率，改善了地力，更重要的是，由于耒耜的使用，种植方式由穴播改变为条播，使谷物产量大大增加，自此才有了真正意义上的“耕”和耕播农业。

2. 犁

犁是用畜力牵引的耕地农具，大约出现于新石器时期，在春秋战国时期已逐渐普及。它由一根横梁端部的厚重的刃构成（见图2-1），通过整地将土壤翻松、破碎土块，利于作物生长。犁是我国传统农具中具有代表性的生产工具，它的出现从根本上改变了我国的耕地方式，大大提高了耕地效率，成为最主要的耕具。将铁犁和牛耕相结合，是耕作技术上的一次重要改革，标志着人类社会生产力的发展进入了一个新的历史阶段。

图2-1　犁

铁犁是铁制农具的代表，它的作业是水平连续性的，在一定程度上使工作效率大大提高，且农民的劳动强度也大大降低了。商代出现了青铜犁铧，战国出现了V形铁铧冠，汉代创造了具有翻土功能的犁壁。汉代的耕犁为二牛抬杠直辕式[见图2-2（a）]，唐代直辕改进为曲辕[见图2-2（b）]，犁体变得短小，耕深可以调节，操作和回转更加方便、灵活。

（a）直辕犁　　（b）曲辕犁

图2-2　铁犁牛耕

3. 耙

耙有铁齿，耙齿锋利似钉，攻击性强，也兼有兵器的作用。耙的使用主要在魏晋南北朝时期，甘肃嘉峪关魏晋墓中有表现耙地的壁画可以证明。它一般在犁耕后、播种前或早春保墒时使用，不仅能用于破碎土块、压实土层、平整土地，还为播种创造了良好的土壤条件，有疏松土壤、保水蓄水的作用。

4. 耖

南方水田耖最早的记载在唐代，《齐民要术》就出现了耖的记载，在元代程棨的《耕织图》中有耖田图。耖是具有直列尖齿，上部有横把的整田工具。耖田是整田的最后一项流程（耕田→耙田→耖田），利用耖细土和碎土将高低不平的泥土匀平，使水均匀渗透到土壤中。由于在耙过田之后，土已经很细了，因此有些耖是带有钉的，有些则没有，不带钉的作用就是把地弄平。

5. 枷担

枷担，又叫“曲木”，是农耕文化中农具的重要组成部分。枷担是由两根木头做成的V形工具（见图2-3），是犁和耙的配套木制工具，到春秋战国时期普及。牛犁地时须将枷担和犁两者结合使用，枷担套在牛肩上，可以对牛有一个保护作用。现代耕田基本被机械取代，部分山区农田机械无法满足的情况下还保留着牲畜耕种。

6. 耧车

耧车是畜力牵引的播种工具，又称耩子、耧犁、种莳。西汉武帝时搜粟都尉赵过最早推广这种工具。它将开沟、下种、覆土三道工序合而为一，简化了劳动程序；一次可播三行，提高了效率；下种均匀，节约了种子。可播种大麦、小麦、大豆和高粱等作物。常见的耧车由三只耧脚组成，即三脚耧车（见图2-4），操作时由蓄力牵引，耧脚在平整好的土地上开沟，种子从耧斗顺着耧腿播进沟里，并同时进行覆盖埋压。

耧车的出现对提高播种的效率与质量、保证农业增产起到了重要的作用，并为近代播种机的发明奠定了基础。

图2-3 枷担

图2-4 三脚耧车

7. 窍瓠

窍瓠（见图2-5）是中国古代播种农具，始见于《齐民要术》。北魏贾思勰《齐民要术·种葱》中记载：“两耧重耩，窍瓠下之，以批契系腰曳之。”它用瓠瓜（葫芦）硬壳制成，中间穿一中空木棍，壳内装种子，手扶入地用以点播，比单纯手播要均匀、轻便，功效也较高。既适用于分散小块土地的播种，又可以点播或行播。

图2-5 窍瓠

8. 秧马

秧马是农业生产劳动中使用的辅助器具，是在南方水田种植水稻拔秧移栽时乘坐的器具。秧马大约出现于北宋中期，最初是由家用四足凳演化而来，基本结构是下部为一块稍大的两端翘起的木板，上面是固定在木板上的四足凳，绝大多数为木结构。使用时，人状如骑马，又是在秧田中，所以人们形象地称为秧马。

宋代苏东坡《秧马歌》形象地记载了秧马的结构和使用方法，“予昔游武昌，见农夫皆骑秧马，以榆枣为腹，欲其滑；以楸梧为背，欲其轻，腹如小舟，昂其首尾，背如覆瓦，以便两髀雀跃于泥中，系束藁其首以缚秧，日行千畦，较之伛偻而作者，劳佚相绝矣。”秧马的使用和推广，提高了工作效率，降低了劳动强度。

（二）田间管理工具

除基本的各种木制、铁制农用工具外，在进行田间劳作时还需一些辅助工具，帮助农业工作更方便更顺利进行，如遮风避雨的斗笠蓑衣、帮助运输的扁担竹篓等。

中耕除草可以疏松土壤，改善土壤透气性，通过破坏土表板结层，减少水分蒸发，减少旱害与盐害，提高土壤中养分的有效性转化，提高肥力。同时避免杂草对肥水的争夺，为作物根系生长和吸收创造良好环境。

1. 锄

最早的铜锄出土于湖北蕲春的西周遗址中，是一件“凹”字形的青铜锄。锄，是横装木柄的一种农具。从石锄到青铜锄再到铁锄，是中国农具材料演变的一种过程，一次比一次坚韧耐用，一次比一次轻巧合理。[①]锄已有数千年的历史，至今仍然是我国农村最常见的农具。

在新石器时代就已经有石头做的锄头，后在汉代改用铁锄头，是田间管理的主要工具。根据功用不同分为大锄、小锄、薅锄。大锄用于作物行株间松土、碎土保墒、中耕除草；小锄用于开苗、间苗、除草；薅锄又称挖地勺子，短把，用于薅草。漏锄或曰露锄，是一种适应于北方旱作地区的中耕除草工具。锄由锄板、锄钩、锄把等几个主要部分构成，用于松土、除草、整地、种植作物。锄是我国农村最常见的农具，在庄稼生长过程中，锄头可以进行除草、作陇、碎土、培土等表土作业。

① 赵农．中国艺术设计简史[M]．北京：人民美术出版社，2012年，第35页。

2. 铲

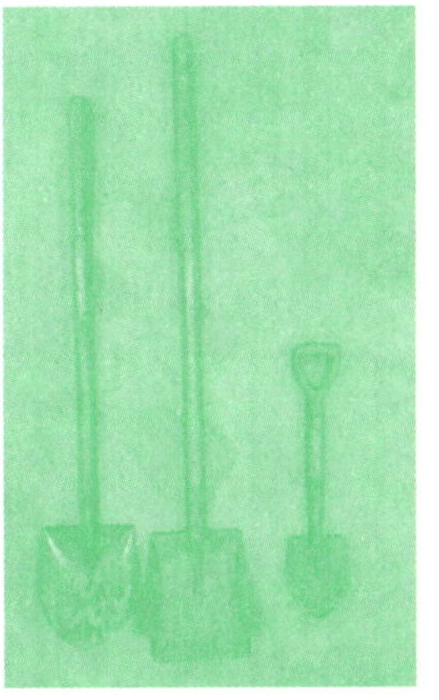

图2-6　铲

铲（见图2-6）是一种直插式的整地农具。铲和耜是同类农具，在原始农业的生产工具中并无明显区别。现在一般将器身较宽而扁平、刃部平直或微呈弧形的称为铲，而将器身较狭长、刃部较尖锐的称为耜。[①]铲在丘陵地区使用较多，山区使用较少，其主要用途是铲草和堆肥、整田基等。铁铲的式样有多种，有的铲口为方形，有的铲口是半圆形。

3. 桔槔（jié gāo）

桔槔发明于春秋之前，先秦文献已多有记载。桔槔在汉代已相当普及，形制多次见于汉画像石。唐代有不少文人咏唱桔槔，王维《辋川闲居》曰："青菰临水映，白鸟向山翻，寂寞於陵子，桔槔方灌园。"

桔槔是一种井上打水的工具，利用杠杆原理制作而成。它由一根直木、一根横木、一个盛水木头、一块重石头和一根长绳组成。它的发明，巧妙地解决了打水的问题，对解除干旱威胁、扩大灌溉面积、提高作物单位面积产量发挥了重要作用。[②]

4. 戽（hù）斗

戽斗是仫佬族传统手工提水灌溉工具，分三脚架戽斗和手提戽斗两种。手提戽斗用一节圆木凿成前部宽深、后部窄浅的凹槽，略呈三角弧形，也有的用竹片编织成半圆桶形。长70~80 cm，口部宽约30 cm，在口部两侧上方各凿一个对称的小圆孔，将一根绳索的两端各穿入圆孔后打结绑牢，作戽斗提把。戽水时，人站立水中，一手提起绳索，另一手持戽斗尾端，将戽斗沉入水中后提起绳索，顺势前推，戽斗凹槽里盛满水并被提到高处田间。[③]

三脚架戽斗由戽斗、戽把、戽架组成。使用时，将三脚架支立于田边水沟上，人手持戽把的后端，凭借吊绳的摆动作用将戽口沉入水中，然后双手顺势前推，将水送上高坎沟渠或稻田。这种戽斗可把低处的水提高1 m左右。

5. 辘轳（lù lu）

据《物原》记载："史佚始作辘轳"。早在公元前一千多年就发明了辘轳，流行于春秋时期。远古以来，除了挖渠引水之外，人们还手抱汲水陶瓶，到河边汲水去浇灌农田，方法很原始，效率自然很低。随着秦汉至南北朝时期，人们开始对灌溉技术重视起来，辘轳问世了。

辘轳（见图2-7）是由木料或其他坚固材料做成的圆形构架，有三只脚，三点构成平面，能更加稳固地立在井口，主要是提取井水的升降装置。上装可用手柄摇转的轴，轴上绕绳索，通过摇动手柄转动绞绳而提桶取水。

---

① 沈瀚，秦贵．耕整地机械[M]．北京：中国大地出版社，2009年，第46页．

② 杜新民，杜岩卿．世界100项重大发明[M]．石家庄：河北科学技术出版社，1997年，第7页．

③ 龙殿宝．中国少数民族大辞典[M]．昆明：云南民族出版社，2014年，第211页．

图2-7　辘轳

6. 翻车

据文献记载，翻车最初产生于东汉时期，《后汉书·张让传》载："灵帝于中平三年（公元186年），又使掖庭令毕岚……作翻车渴乌施于桥西，用洒南北郊路，以省百姓洒道之费。"这是翻车出现的最早记载，不过从内容看，此时翻车尚未用于农业生产。后来毕岚创造了人工提水机械——翻车，经过马钧的改进，开始广泛用于农业上。

据裴松之（南朝·宋）所注的《三国志·魏书·杜夔传》显示：当时魏国都城洛阳城内，有一地势较高的坡地，无法引水灌溉，于是马钧造翻车用于这一高地的灌溉，效率很高，又相当省力，即便是儿童，亦可运转自如。①

7. 筒车

筒车是用竹或木制成一个大型立轮，由一个横轴架起，可以自由转动。轮的周围斜装上许多小竹筒或小木筒，把这个轮安置在溪流上，使它下面一部分浸入水中，受水流冲击，轮自行旋转。轮上的小筒没入水中，盛满溪水，随轮旋转上升，至立轮的最高处，水即由高处泄入淌水槽，流入岸上农田。这种筒车轮径的大小、筒管的多少取决于河岸的高度和水流缓急。

8. 龙骨水车

龙骨水车（见图2-8）是一种提汲湖泊、江河水的灌溉工具，又叫翻车、水车、水蜈蚣，是我国古代最著名的农业灌溉机械之一。它利用齿轮带动链上的许多刮水板将水刮入车槽，以人力或畜力驱动，用于提水灌溉和排涝，效率远胜于过去的灌溉器具。因为其形状犹如龙骨，故名龙骨水车。由于其提水功效高，一直是我国农村中最重要的灌溉机具。龙骨水车结构合理，可汲水也可排涝，被广泛应用于农田生产，在农田灌溉、抗旱排涝中发挥了巨大作用，成为粮食丰收的有力保障。

① 中国农业博物馆农史研究室．中国古代农业科技史图说[M]．北京：中国农业出版社，1989年，第211页．

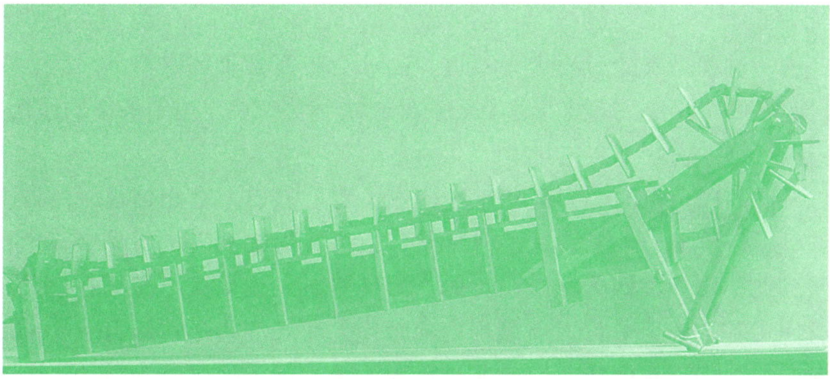

图2-8　龙骨水车

9. 抽水龙杆

抽水龙杆是清末民初，巴蜀地区农民从低处往高处取水灌溉的常用工具。通过人力来回抽动，从而使水从低处流向高处灌溉水稻。用竹子扣空中间竹节，底部有进水口和皮垫，先灌满水再抽，原理类似活塞式抽水机。

10. 斗笠、蓑衣

斗笠（见图2-9）是完全的手工制品，具体说是篾匠活儿。它全身的材料是竹，春天竹笋脱下的厚厚的皮——笋壳是它的内胎，细篾片儿编成网格是它的骨骼。网格网住笋壳，制成草帽形状。除此之外，斗笠还可以用竹篾、夹油纸或竹叶棕丝等编织而成。现代社会在乡间还可见斗笠，也有改进版将斗笠作为一种实用又美观的工艺品。

蓑衣（见图2-10）多用竹叶、龙须草缝制或棕丝制成。蓑衣厚实，能像衣服一样穿在身上用以遮雨，既有形同披风一样一整块的，也有制成上衣和下裙两部分的，通常与斗笠配合使用。

11. 草帽

草帽（见图2-11）早在明朝前就开始流行，一般是利用水草、席草、麦秸、竹篾、棕绳等编制的帽子，帽檐较宽，轻巧透气，可以用于遮阳。现在也是人们用于防晒或者装饰的工具。

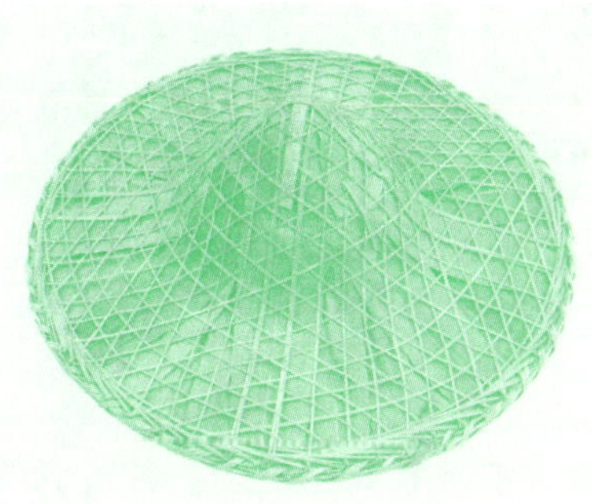

图2-9　斗笠

图2-10　蓑衣

图2-11　草帽

（三）收割加工工具

再加工这一过程是农业过程中必不可少的一个步骤，收获农产品之后，部分产品需要再加工，如晾晒、脱壳、修剪、除杂等获得或储存农产品，达到最终的使用目的。

1. 镰刀

镰刀（见图2-12）由曲形刀片和木把构成，有的刀口上有小锯齿，为农业收割庄稼和割草的农具，俗称割刀。其刀片呈月牙状，刀口有斜细锯齿，尾端装有木柄。20世纪50年代，受苏北、山东大镰刀影响，刀体、刀柄略有加长。镰刀至今在巴蜀地区的农村里都还广泛使用着，其历史可以追溯到史前时代，河姆渡人早在一万多年前就发明了镰刀，那时候的镰刀用石头做成，因此又被称为石镰。到了战国时期，铁的大量出现与应用，衍生出铁质镰刀。

2. 箩筐、扁担

箩筐（见图2-13）是由竹篾编制的圆形中空装置工具，一般用于盛装从田地里收获的庄稼或晾晒的粮食。扁担是用硬杂木或半边毛竹制作的长而扁、中间宽两端窄的工具，用于肩膀担重物。在使用时可将物件系在两端或者在扁担两端挂两个竹筐，将物品放在竹筐中。箩筐一般与扁担一起运输物品。箩筐实际发明时间不详，在巴蜀地区作为一种农产品收集工具仍广泛使用。在所有竹篾制品中，箩筐是装得最多的，在如今现实生活中人们也常以箩筐来形容数量居多，如“笑话一箩筐”“糗事一箩筐”。

3. 背篓

背篓（见图2-14）是利用竹条、藤、柳条等编制的框状背具，根据用途、材料、编法的不同，主要分为大篾丝背篓、小篾丝背篼、大花篮背篼、小花篮背篼。背篓制作简单、形态多样、使用方便，可以背米、面、谷子、麦子、杂物等。背篓的发明创造年代不详，因为其使用方便，简单适用，目前很多地方仍然在使用。

图2-12　镰刀

图2-13　箩筐、扁担

图2-14　背篓

4. 碌碡

碌碡（liù zhou），最古老的脱粒机，又称磙子、石磙，中国农业生产中一种古老的用具，是农村院落常见的一种用以碾压的畜力农具。碌碡总体类似圆柱体，中间略大，两端略小，宜于绕着一个中心旋转，北方多用石材制作，南方多用木材制作。碌碡用来轧谷物、碾平场地等，一般采用人力或者畜力拉动碌碡，人力允许的情况下多选择人力拉动，避免因为牲畜在劳作过程中拉粪便或者将粮食吃掉。碌碡是农耕文明的代表工具之一，数千年来都扮演着脱粒的重要角色，随着机械脱粒机、拖拉机、联合收割机等出现才渐渐退出大众视野。

5. 连枷

连枷主要用于油菜籽、小麦、豆子等作物的脱粒。连枷早在唐代就是重要的军事工具，连枷通过加重改造，用于守城，后又用于马上骑兵。连枷一般由竹制作而成，由一根长竹竿，顶上连接一个并排的竹条块或木块，通过高举下落的力量拍打脱粒。现在农村少量谷物等脱粒还在采用连枷脱粒。

6. 风扇车

风扇车（见图2-15）又叫风簸，用人力转动扇轮，产生风力，清除谷物中谷壳、糠秕等杂物。我国古代风扇车有多种形式制，根据叶轮装置方式、驱动方式的不同，有立扇式、卧扇式、手摇式、足踏式，其中手摇驱动的卧扇式风扇车使用最为普遍。大多数风扇车为圆柱体形风箱，里面装有用薄木板（或糊竹）制成的叶轮，在风箱两侧各有一个圆形进风口。两根立木杆把叶轮的轴安装在风箱两侧进风口中心处，叶轮轴的一端安一个曲柄摇把，以便手摇驱动。风扇车前面的开口是出风口，前上部有一个盛粮漏斗（即高槛），其下面有一条启门口。使用时，将带糠秕的谷粒装入漏斗，谷粒从漏斗下面的启门口漏出。谷粒由上向下流的时候，人摇动摇把，叶轮转动，扇出气流，把谷粒中比较轻的皮壳杂物从前部的出风口吹出，较重的谷粒则沿下面的出粮槽流出。风扇车的使用不仅大大提高了清选效率和质量，而且使清选不再受空间和天气的影响。

风扇车在古代农业生产中有两种用途，即用于“舂碾之际”或是在“蹂打麦禾等庄稼”后，也就是清选加工谷物的两道工序。第一道工序是进行脱粒加工，清选谷粒中夹杂的秸秆、糠壳、尘土等杂物；第二道工序是将加工清选后的稻谷籽粒去壳加工，清出谷壳而得到净米。在同等风力下，风扇车可以根据质量不同的物体被风吹得远近不同的惯性原理，达到去粗取精的目的。

图2-15　风扇车

7. 拌桶

拌桶（见图2-16）是呈四方形的木制工具，四角上各有一块拉手，也叫罐桶、罐盆，是一种传统的脱粒工具。拌桶发明创造时间不详，在打谷机出现之前一直使用，是传统农业必备的收割稻谷的专用工具。在传统农业时期用人力将稻穗打在架子上，谷粒脱离稻草落进拌桶内。用拌桶脱粒净谷多、稻叶少，但是效率低，劳动强度大。拌桶见证着农民们年复一年的辛勤劳作以及丰收的喜悦。而在现代有电动打谷机，极大程度提高了劳动效率，基本已取代人力打谷。

图2-16　拌桶

拌桶外形为正方形，由厚约5 cm的若干块木板采用榫卯结构组合而成。桶高约80 cm，上边长约180 cm，下边长约160 cm，上大下小呈斗状。四角上方各留有一个20 cm左右的榫头，如长出的4只耳朵，作为移动的把手。收获成熟的稻谷时，人们把拌桶搬进稻田里，用一张竹编的大晒席，从里面将其中三方围起来，以防止谷粒四处乱飞，敞开的一方则用来打谷。

8. 晒垫

晒垫是用竹篾编制的大片晒席，用于晾晒谷物等农产品，收谷物时更为方便。晒垫具体出现时间不详，如今只有少数偏远地区使用，大部分地区被水泥坝子代替。但由于晒垫摊晾的茶品色香味更为出色，因此现在仍有很多茗茶厂在使用。

9. 筛子

筛子（见图2-17）是竹片编制的圆形漏型工具，根据编制的密度不同，主要用于筛选不同直径的农作物颗粒或者分离杂物，多用于粮食加工筛选。筛子种类繁多，有灰筛、米筛、箩筛、竹筛等，根据不同的用途底面留着各种孔径的小孔。筛子具体发明创造时间不详，早于公元1590年明朝，沈榜的史志书《宛署杂记》中有记载“竹筛十三个，赁脚价一钱四厘”。现多地农村仍使用筛子筛选农作物。

图2-17　筛子

10. 碓（duì）

碓（见图2-18）早在我国西汉时期便开始使用，标志着我国传统农业工具的快速发展进入成熟时期。碓分为脚碓和水碓。脚碓主要由木制的碓杆、石头碓窝、碓架石组成，通过脚踩的方式带动碓杆上圆柱形的杵，杵尖为了耐用通常采用石头或者钢皮镶嵌。水碓是一种借助水力运转的工具，脚碓机械化后就成为水碓。水碓的动力来源于立式的水轮，河流江边都可以安装水碓，根据水势大小还可以同时设置多个水碓，称为连机碓。脚碓、水碓在动力转导作用下，碓杆上的杵抬高后砸下去将碓窝中的稻壳除去，糙米去皮变成精米，或者将物品研磨为粉状。碓曾经是农村生活必不可少的器物，安装在专门的碓房中。碓在发展过程中被电动脱粒机、粉碎机所取代，但现代人为了追求健康、环保，又开始采用一些古老的方法进行研磨、加工。

图2-18　碓

11. *石磨*

石磨（见图2-19）主要用于大米、小麦、豆类等作物的加工，研磨成米粉、面粉、豆浆等，是用硬度较高的上下两块圆石凿制而成，圆石圆心处采用木轴进行连接，下盘上凿有磨槽，上盘中凿有一个圆形放料口。石磨通过人力推动或者水力推动，分别称为手磨和水磨。随着科技发展，石磨逐渐被电动粉碎机所取代。近年来，在追求健康、生态的观念影响下，人们又开始使用石磨研磨，但更多地采用电作为动力。

图2-19　石磨

12. *方斗*

方斗（见图2-20）也称斗，是一种木质方形容器，上大下小，上方中间有横梁作为提手。斗作为民间称量粮食的器具，也是中国古代的市制容量单位，制作时长宽高均有固定的尺寸。十升为一斗，十斗为一石，一斗约为40市斤。斗现在已经基本除去了计量的功用，被秤所取代，少数农村地区仅用来盛装物品。

图2-20　方斗

13. 升子

升子（见图2-21）是旧时一种用于盛装粮食（如装大米、玉米、小麦、面粉等）的容器，由坚硬质地的木料制作而成，底部一块正方形木块，与四块梯形木块采用榫卯（sǔn mǎo）连接，构成一个上大下小的上开口（开口面也是一个正方形）容器。升子的作用相当于一种简单的衡器，10升为1斗，1升约4斤。如今已经很少能见到升子的踪迹。歇后语“升不离斗，秤不离砣，筛子不离筐和箩——各有各的搭档”，也表达了斗、升要相互配合使用。

图2-21　升子

14. 秤

秤，也称为称，是一种常见的称量工具。秤由“禾”“平”构成，字义五谷的重量。秤有着悠久历史，公元前700年前出土文物中便有各种精致的砝码、秤杆、秤盘、系秤盘的丝线和提绳等。秤主要由秤杆、秤砣、秤钩、提绳构成，秤杆一般采用木杆或者金属杆，杆上有均匀的刻度。秤钩（秤盘）固定在秤杆的一端，用以盛放被称物品，秤砣由挂绳拴住后可以在秤杆的另一端来回移动，秤钩和秤砣之间固定有提绳，这样就构成了一个等臂杠杆，变成了称重量的衡器。秤的制作原理清晰，工艺简单，根据称重物品的大小也加工了各种不同规格的秤，便于携带，在物品交易中起到了非常重要的作用，广泛流传。日常生活中出现了台秤、案秤、天平、粮食秤、吊秤、地秤等。随着时代的发展，秤在现代社会中还有一定的场景保留使用，但更多的是被电子秤所替代。秤的出现，展示了公平公正。秤也具有丰富的文化内涵，例如“天地之间有杆秤”“心中有杆秤”，强调做事需要凭良心，有公平、公正、善良、正直和无私的含义。

第五节　农业机械分类

农业机械是指在农业生产过程中使用到的各种农用机器和简单农具，是现代农业发展的重要物质基础。新中国成立以来，我国农业机械化程度经历了“低→停→缓→快”的发展过程。国家出台了一系列促进农业机械化发展的政策，全面实施农机购置补贴政策，目前我国在农业机械化方面已取得了多方面的成就和历史性进步，在现代农业发展过程中开辟了一条具有中国特色的农业机械化发展道路。

2021年5月7日，中华人民共和国农业农村部公告第424号发布了《有机肥料》等153项农业行业标准目录，其中含《农业机械分类》（NY/T 1640—2021）标准。

《农业机械分类》（NY/T 1640—2021）标准含耕整地机械、种植施肥机械、田间管理机械、灌溉机械、收获机械、设施种植机械、田间监测及作业监控设备、种植业废弃物处理设备、其他种植业机械、饲料（草）收获加工运输设备、畜禽养殖机械、畜禽产品采集贮运设备、畜禽养殖废弃物及病死畜禽处理设备、其他畜牧业机械、水产养殖机械、捕捞机械设备、其他渔业机械、种子初加工机械、粮油糖初加工机械、棉麻蚕初加工机械、果菜茶初加工机械、草药／香料／烟草初加工机械、天然橡胶初加工机械、畜禽／水产品初加工机械、其他农产品初加工业机械、农用动力机械、农用搬运机械、农用水泵、设施环境控制设备、农田基本建设机械、其他农用动力等通用机械、其他农业机械等32个大类，分72个小类、404个品目（不含“其他”）。具体标准品目见下表2-2。

表2-2　《农业机械分类》标准品目对照表

<table>
<tr><th colspan="2" rowspan="2">大类</th><th colspan="2" rowspan="2">小类</th><th colspan="3">NY/T 1640—2021</th></tr>
<tr><th colspan="3">品目</th></tr>
<tr><th>代码</th><th>名称</th><th>代码</th><th>名称</th><th>代码</th><th>名称</th><th>备注</th></tr>
<tr><td rowspan="7">11</td><td rowspan="7">耕整地机械</td><td rowspan="7">1101</td><td rowspan="7">耕地机械</td><td>110101</td><td>犁</td><td>含铧式犁、圆盘犁、无墒沟犁</td></tr>
<tr><td>110102</td><td>旋耕机</td><td>含粉垄机（深耕粉碎松土机）、自走式旋耕机</td></tr>
<tr><td>110103</td><td>微型耕耘机</td><td></td></tr>
<tr><td>110104</td><td>耕整机</td><td></td></tr>
<tr><td>110105</td><td>深松机</td><td></td></tr>
<tr><td>110106</td><td>开沟机</td><td></td></tr>
<tr><td>110107</td><td>合墒机</td><td></td></tr>
</table>

续表

大类		小类		NY/T 1640—2021		
				品目		
代码	名称	代码	名称	代码	名称	备注
11	耕整地机械	1101	耕地机械	110108	挖坑（成穴）机	
				110109	机耕（滚）船	
				110150	其他耕地机械	
		1102	整地机械	110201	耙	含钉齿耙、圆盘耙、驱动耙、水田耙
				110202	埋茬起浆机	
				110203	起垄机	
				110204	筑埂机	
				110205	镇压器	
				110206	灭茬机	含宿根整理机
				110207	铺膜机	
				110250	其他整地机械	
		1103	耕整地联合作业机械（可含施肥功能）	110301	耕耙犁	
				110302	联合整地机	
				110303	秸秆还田联合整地机	
				110304	深松整地联合作业机	含条耕整地机
				110305	起垄铺膜（带）机	
				110350	其他耕整地联合作业机械（可含施肥功能）	
		1150	其他耕整地机械	115050	其他耕整地机械	
12	种植施肥机械	1201	种子播前处理和育苗机械设备	120101	种子催芽机	
				120102	块（根）茎种子分切机	
				120103	苗床用土粉碎机	
				120104	床土输送机	
				120105	育秧（苗）播种设备	含秧盘播种成套设备（含床土处理）
				120106	营养钵压制机	

续表

大类		小类		NY/T 1640—2021		
				品目		
代码	名称	代码	名称	代码	名称	备注
12	种植施肥机械	1201	种子播前处理和育苗机械设备	120107	育秧（苗）设备	
				120108	起苗机	
				120109	运苗机	
				120150	其他种子播前处理和育苗机械设备	
		1202	播种机械（可含施肥功能）	120201	撒播机	
				120202	条播机	含免耕播种机、水稻直播机、小区播种机
				120203	穴播机	含免耕播种机、水稻直播机、小区播种机
				120204	单粒（精密）播种机	含免耕播种机、水稻直播机、小区播种机
				120205	根（块）茎种子播种机	含甘蔗种植机、大蒜播种机
				120206	播种无人驾驶航空器	
				120250	其他播种机械（可含施肥功能）	
		1203	耕整地播种作业机械（可含施肥功能）	120301	旋耕播种机	
				120302	深松旋耕播种机	
				120303	铺膜（带）播种机	含起垄铺膜（带）播种机
				120304	秸秆还田整地播种机	含全秸硬茬地洁区播种机
				120350	其他耕整地播种作业机械（可含施肥功能）	
		1204	栽植机械	120401	插秧机	
				120402	抛秧机	
				120403	分苗机	
				120404	移栽机	含摆秧机、移栽打孔机、联合移栽机

续表

大类		小类		NY/T 1640—2021		
				品目		
代码	名称	代码	名称	代码	名称	备注
12	种植施肥机械	1204	栽植机械	120405	幼苗扦插设备	
				120406	嫁接机	
				120450	其他栽植机械	
		1205	施肥机械	120501	施肥机	含穴施肥机
				120502	撒（抛）肥机	
				120503	侧深施肥装置	含平田深施肥机
				120550	其他施肥机械	
		1250	其他种植施肥机械	125050	其他种植施肥机械	
13	田间管理机械	1301	中耕机械	130101	中耕机	含追肥机、培土机、水田除草机
				130102	间苗机	
				130103	水田开沟机	
				130104	田园管理机	
				130105	草地潜松犁	
				130106	草原切根改良机	
				130150	其他中耕机械	
		1302	植保机械	130201	喷雾器	含超低量喷雾器
				130202	喷雾机	含喷杆喷雾机、风送喷雾机
				130203	喷粉机	含喷雾喷粉机
				130204	烟雾机	
				130205	杀虫灯	含粘虫板
				130206	火焰灭活机	
				130207	植保无人驾驶航空器	
				130208	植保有人驾驶航空器	
				130209	毒饵撒布机	
				130210	草原灭蝗设备	
				130250	其他植保机械	

续表

大类		小类		NY/T 1640—2021		
				品目		
代码	名称	代码	名称	代码	名称	备注
13	田间管理机械	1303	修剪防护管理机械	130301	修剪机	
				130302	割灌机	
				130303	枝条切碎机	
				130304	授粉（赶粉）机	
				130305	去雄机	
				130306	打顶机	
				130307	绑枝（蔓）机	
				130308	果实套袋机	
				130309	埋藤机	
				130310	挖藤机	
				130311	防霜机	
				130312	农用升降作业平台	含采摘平台
				130313	接种灭菌机	
				130350	其他修剪防护管理机械	
		1350	其他田间管理机械	135050	其他田间管理机械	
14	灌溉机械	1401	喷灌机械	140101	喷灌机	
				140150	其他喷灌机械	
		1402	微灌设备	140201	微喷灌设备	
				140202	滴（渗）灌设备	
				140203	灌溉首部	
				140204	水肥一体化设备	
				140250	其他微灌设备	
		1450	其他灌溉机械	145050	其他灌溉机械	
15	收获机械	1501	粮食作物收获机械	150101	割晒机	
				150102	割捆机	
				150103	玉米剥皮机	

续表

大类		小类		NY/T 1640—2021		
				品目		
代码	名称	代码	名称	代码	名称	备注
15	收获机械	1501	粮食作物收获机械	150104	脱粒机	
				150105	谷物联合收割机	
				150106	玉米收获机	含鲜食玉米收获机
				150107	薯类打（杀）秧机	
				150108	薯类收获机	
				150150	其他粮食作物收获机械	
		1502	棉麻作物收获机械	150201	棉花收获机	
				150202	籽棉打膜（打包）机	
				150203	棉模运输配套装置	
				150204	麻类作物收获机	
				150250	其他棉麻作物收获机械	
		1503	油料作物收获机械	150301	大豆收获机	
				150302	花生收获机	含花生摘果机
				150303	油菜籽收获机	
				150304	油沙豆收获机	
				150305	葵花籽收获机	
				150306	麻类籽粒收获机	
				150350	其他油料作物收获机械	
		1504	糖料作物收获机械	150401	甘蔗割铺（集条、集堆）机	
				150402	甘蔗收集搬运机	
				150403	甘蔗联合收获机	
				150404	甜菜割叶切顶机	
				150405	甜菜收获机	
				150450	其他糖料作物收获机械	
		1505	果菜茶烟草药收获机械	150501	花类采收机	
				150502	叶类采收机	含采茶机、烟叶收获机
				150503	果类收获机	含番茄收获机、辣椒收获机、花椒收获机

续表

大类		小类		NY/T 1640—2021		
				品目		
代码	名称	代码	名称	代码	名称	备注
15	收获机械	1505	果菜茶烟草药收获机械	150504	瓜类采收机	含籽瓜取籽机
				150505	根（茎）类收获机	含大葱收获机、大蒜收获机
				150506	果蔬采摘机器人	
				150550	其他果菜茶烟草药收获机械	
		1506	天然橡胶收获机械	150601	割胶刀	
				150650	其他天然橡胶收获机械	
		1507	秸秆收集处理机械	150701	秸秆粉碎还田机	
				150702	拔秆机	
				150703	拉秧机	
				150704	灌木收集机	
				150750	其他秸秆收集处理机械	
		1508	收获割台	150801	拾禾台	
				150802	大豆收获专用割台	
				150803	玉米收获专用割台	
				150804	油菜籽收获专用割台	
				150850	其他收获割台	
		1550	其他收获机械	155050	其他收获机械	
16	设施种植机械	1601	设施栽培设备	160101	温室苗架	
				160102	苗床（架）	
				160103	苗床（架）自动化输送装备	
				160104	基质混合处理设备	
				160105	穴盘清洗机	
				160106	二氧化碳发生（补施）设备	
				160107	轨道喷（微）灌系统	

续表

大类		小类		NY/T 1640—2021		
				品目		
代码	名称	代码	名称	代码	名称	备注
16	设施种植机械	1601	设施栽培设备	160108	设施轨道作业平台	
				160109	空间电场除雾防病设备（系统）	
				160110	温室屋面清洗机	
				160111	水培蔬菜成套设备	
				160150	其他设施栽培设备	
		1602	食用菌生产设备	160201	菌料制备设备	含菌料压块机
				160202	菌料混合机	
				160203	菌料灭菌设备	
				160204	菌料装瓶（袋）机	
				160205	食用菌培养基加工成套设备	
				160206	食用菌接种设备	
				160207	食用菌采收机	
				160208	菌棒注水机	
				160209	菌袋分离机	
				160210	菌棒粉碎机	
				160250	其他食用菌生产设备	
		1650	其他设施种植机械	165050	其他设施种植机械	
17	田间监测及作业监控设备	1701	田间监测设备	170101	土壤养分监测设备	
				170102	土壤水分监测设备	
				170103	农作物生长状态监测设备	
				170150	其他田间监测设备	
		1702	田间作业监控设备	170201	耕整地作业监控设备	
				170202	播种作业监控设备	
				170203	田间管理作业监控设备	
				170204	收获作业监控设备	
				170205	辅助驾驶（系统）设备	

续表

大类		小类		NY/T 1640—2021		
				品目		
代码	名称	代码	名称	代码	名称	备注
17	田间监测及作业监控设备	1702	田间作业监控设备	170206	自动驾驶（系统）设备	
				170250	其他田间作业监控设备	
		1750	其他田间监测及作业监控设备	175050	其他田间监测及作业监控设备	
18	种植业废弃物处理设备	1801	农田废弃物收集设备	180101	残膜回收机	
				180150	其他农田废弃物收集设备	
		1802	农作物废弃物处理设备	180201	秸秆发酵制肥机	
				180202	生物质气化设备	含沼气发生设备
				180203	秸秆炭化设备	
				180204	秸秆压块（粒、棒）机	
				180205	农作物湿垃圾处理机	
				180250	其他农作物废弃物处理设备	
		1850	其他种植业废弃物处理设备	185050	其他种植业废弃物处理设备	
19	其他种植业机械	1950	其他种植业机械	195050	其他种植业机械	
21	饲料（草）收获加工运输设备	2101	饲料（草）收获机械	210101	割草（压扁）机	含割草压扁机
				210102	搂草机	
				210103	翻晒机	
				210104	打（压）捆机	
				210105	草捆包膜机	
				210106	青（黄）饲料收获机	含秸秆收割（集）机
				210107	青饲料收获专用割台	
				210108	草本桑收割机	
				210109	打捆包膜机	
				210110	草籽收获机	
				210150	其他饲料（草）收获机械	

续表

大类		小类		NY/T 1640—2021		
				品目		
代码	名称	代码	名称	代码	名称	备注
21	饲料（草）收获加工运输设备	2102	饲料（草）加工机械	210201	铡草机	
				210202	青贮切碎机	
				210203	饲料（草）粉碎机	含饲草揉碎机、饲草揉丝机等
				210204	颗粒饲料压制机	
				210205	饲草（捆）干燥设备	
				210206	饲草除杂设备	
				210207	草捆散捆机	
				210208	草捆拆包机	
				210209	饲料混合机	
				210210	饲料破碎机	
				210211	饲料干燥机	
				210212	饲料膨化机	含秸秆膨化机
				210213	饲料打浆机	
				210214	饲料分级机	
				210215	全混合日粮制备机	
				210216	饲料加工成套设备	
				210250	其他饲料（草）加工机械	
		2103	饲料（草）搬运机械	210301	散草捡拾（压垛）设备	
				210302	饲草捆收集机	含抓草机、草捆集垛机
				210303	青饲料运输配套装置	
				210350	其他饲料（草）搬运机械	
		2150	其他饲料（草）收获加工运输设备	215050	其他饲料（草）收获加工运输设备	
22	畜禽养殖机械	2201	畜禽养殖成套设备	220101	生猪养殖成套设备	
				220102	牛（羊）养殖成套设备	
				220103	蛋（肉）鸡养殖成套设备	

续表

大类		小类		NY/T 1640—2021		
				品目		
代码	名称	代码	名称	代码	名称	备注
22	畜禽养殖机械	2201	畜禽养殖成套设备	220104	兔养殖成套设备	
				220105	水禽养殖成套设备	
				220106	蜜蜂养殖设备	含养蜂平台
				220150	其他畜禽养殖成套设备	
		2202	畜禽养殖消杀防疫机械	220201	机械式牲畜药浴池	
				220202	药浴机	
				220203	车辆洗消成套设备	
				220204	养殖场（舍）清洗设备	
				220205	养殖场（舍）消毒设备	
				220206	养殖场（舍）病媒生物消防设备	
				220207	疫病防控成套设备	
				220250	其他畜禽养殖消杀防疫机械	
		2203	畜禽繁育设备	220301	种蛋处理设备	
				220302	照蛋落盘设备	
				220303	孵化机	
				220304	出雏机	
		2203	畜禽繁育设备	220305	断喙机	
				220306	禽雏处理设备	
				220307	种猪背膘测定仪	
				220308	精液罐装设备	
				220350	其他畜禽繁育设备	
		2204	饲养设备	220401	幼畜哺乳饲喂设备	
				220402	养殖场料塔（仓）设备	
				220403	青贮饲料取料机	
				220404	喂（送）料机	
				220405	料槽	
				220406	撒料机	

续表

大类		小类		NY/T 1640—2021		
				品目		
代码	名称	代码	名称	代码	名称	备注
22	畜禽养殖机械	2204	饲养设备	220407	畜禽饮水设备	
				220408	畜禽精准饲喂设备	
				220409	饲料收集整理机	
				220410	桑蚕饲育设备	
				220450	其他饲养设备	
		2205	饲养管理设备	220501	分群设备	
				220502	修蹄（去角）机	
				220503	牛体刷	
				220504	喷淋设备	
				220505	垫料抛撒机	
				220506	卧床疏松机	
				220507	犊牛岛	
				220550	其他饲养管理设备	
		2206	养殖监控设备	220601	畜禽识别（定位）监控设备	含电子围栏管理系统
				220602	畜禽行为（体征）监测设备	
				220603	养殖场巡检设备	含巡检机器人
				220604	挤奶监测管理设备（系统）	
				220650	其他养殖监控设备	
		2250	其他畜禽养殖机械	225050	其他畜禽养殖机械	
23	畜禽产品采集贮运设备	2301	畜禽产品采集设备	230101	剪毛机	
				230102	抓绒机	
				230103	挤奶机	含挤奶机器人
				230104	生鲜乳速冷设备	
				230105	散装乳冷藏罐	
				230106	集蛋机	
				230107	禽蛋分选机	
				230108	禽蛋清洗干燥机	

续表

大类		小类		NY/T 1640—2021		
				品目		
代码	名称	代码	名称	代码	名称	备注
23	畜禽产品采集贮运设备	2301	畜禽产品采集设备	230109	禽蛋包装机	
				230110	采茧机	
				230111	王浆蜂蜜采集机	
				230150	其他畜禽产品采集设备	
		2302	畜禽产品贮运设备	230201	贮奶罐	
				230202	畜禽运输配套装置	
				230250	其他畜禽产品贮运设备	
		2350	其他畜禽产品采集贮运设备	235050	其他畜禽产品采集贮运设备	
24	畜禽养殖废弃物及病死畜禽处理设备	2401	畜禽粪污资源化利用设备	240101	清粪机	
				240102	贮粪设备	
				240103	畜禽粪污固液分离机	
				240104	畜禽粪便发酵处理设备	
				240105	畜禽粪便干燥设备	
				240106	畜禽粪便翻堆设备	
				240107	粪污水处理设备	
				240108	沼液沼渣抽排设备	
				240109	废弃物处理成套设备	
				240150	其他畜禽粪污资源化利用设备	
		2402	病死畜禽贮运及处理设备	240201	病死畜禽贮运配套装置	
				240202	病死畜禽处理设备	
				240250	其他病死畜禽贮运及处理设备	
		2450	其他畜禽养殖废弃物及病死畜禽处理设备	245050	其他畜禽养殖废弃物及病死畜禽处理设备	
29	其他畜牧业机械	2950	其他畜牧业机械	295050	其他畜牧业机械	

续表

<table>
<tr><th colspan="2" rowspan="2">大类</th><th colspan="2" rowspan="2">小类</th><th colspan="3">NY/T 1640—2021</th></tr>
<tr><th colspan="3">品目</th></tr>
<tr><th>代码</th><th>名称</th><th>代码</th><th>名称</th><th>代码</th><th>名称</th><th>备注</th></tr>
<tr><td rowspan="27">31</td><td rowspan="27">水产养殖机械</td><td rowspan="6">3101</td><td rowspan="6">水产养殖成套设备</td><td>310101</td><td>工厂化养殖设备</td><td></td></tr>
<tr><td>310102</td><td>跑道养殖设备</td><td></td></tr>
<tr><td>310103</td><td>箱式养殖设备</td><td></td></tr>
<tr><td>310104</td><td>网箱养殖装置</td><td></td></tr>
<tr><td>310105</td><td>筏式养殖装置</td><td></td></tr>
<tr><td>310150</td><td>其他水产养殖成套设备</td><td></td></tr>
<tr><td rowspan="4">3102</td><td rowspan="4">投饲机械</td><td>310201</td><td>投（饲）饵机</td><td></td></tr>
<tr><td>310202</td><td>投饵无人驾驶航空器</td><td></td></tr>
<tr><td>310203</td><td>投饲成套设备</td><td></td></tr>
<tr><td>310250</td><td>其他投饲机械</td><td></td></tr>
<tr><td rowspan="7">3103</td><td rowspan="7">水质调控设备</td><td>310301</td><td>物理过滤设备</td><td>含尾水处理设备</td></tr>
<tr><td>310302</td><td>生物净化设备</td><td>含固定床生物滤器、移动床生物滤器</td></tr>
<tr><td>310303</td><td>杀菌设备</td><td></td></tr>
<tr><td>310304</td><td>增氧机</td><td></td></tr>
<tr><td>310305</td><td>水质调控监控设备</td><td></td></tr>
<tr><td>310306</td><td>水草清理（梳割）机</td><td></td></tr>
<tr><td>310350</td><td>其他水质调控设备</td><td></td></tr>
<tr><td rowspan="6">3104</td><td rowspan="6">养殖辅助设备</td><td>310401</td><td>疫苗注射机</td><td></td></tr>
<tr><td>310402</td><td>网衣起网机</td><td></td></tr>
<tr><td>310403</td><td>网衣清洗机</td><td></td></tr>
<tr><td>310404</td><td>藻类植苗机</td><td></td></tr>
<tr><td>310405</td><td>养殖管理平台</td><td></td></tr>
<tr><td>310450</td><td>其他养殖辅助设备</td><td></td></tr>
<tr><td rowspan="4">3105</td><td rowspan="4">水产养殖收获机械</td><td>310501</td><td>池塘起捕设备</td><td></td></tr>
<tr><td>310502</td><td>吸鱼泵</td><td></td></tr>
<tr><td>310503</td><td>藻类采收（捕）机</td><td></td></tr>
<tr><td>310504</td><td>贝类采收（捕）机</td><td></td></tr>
</table>

续表

大类		小类		NY/T 1640—2021		
				品目		
代码	名称	代码	名称	代码	名称	备注
31	水产养殖机械	3105	水产养殖收获机械	310505	活鱼运输配套装置	
				310550	其他水产养殖收获机械	
		3150	其他水产养殖机械	315050	其他水产养殖机械	
32	捕捞机械设备	3201	助渔设备	320101	集鱼灯	
				320102	探鱼仪	
				320103	网位仪	
				320150	其他助渔设备	
		3202	绞纲机械	320201	卷网机	
				320202	绞纲机	
				320250	其他绞纲机械	
		3203	起网机械	320301	拖网起网机	
				320302	围网起网机	
				320303	舷提网机	
				320304	延绳钓机	
				320305	鱿鱼钓机	
				320350	其他起网机械	
		3250	其他捕捞机械设备	325050	其他捕捞机械设备	
39	其他渔业机械	3950	其他渔业机械	395050	其他渔业机械	
41	种子初加工机械	4101	种子初加工机械	410101	脱芒（绒）机	
				410102	种子清选机	
				410103	种子分级机	含种子考种机
				410104	种子干燥机	
				410105	种子丸粒化机	
				410106	种子包衣机	
				410107	种子包装机	

续表

大类		小类		NY/T 1640—2021		
				品目		
代码	名称	代码	名称	代码	名称	备注
41	种子初加工机械	4101	种子初加工机械	410108	种子加工成套设备	
				410150	其他种子初加工机械	
42	粮油糖初加工机械	4201	粮食初加工机械	420101	粮食输送（提升）机	
				420102	粮食清选机	
				420103	谷物（粮食）干燥机	
				420104	金属储粮筒仓	
				420105	晒场收粮机	
				420106	砻谷机	
				420107	谷糙分离机	
				420108	碾米机	含组合米机
				420109	粮食色选机	
				420110	磨粉机	
				420111	磨浆机	
				420150	其他粮食初加工机械	
		4202	油料初加工机械	420201	油菜籽干燥机	
				420202	油料果（籽）脱（剥）壳机	
				420250	其他油料初加工机械	
		4203	糖料初加工机械	420301	甘蔗除杂设备	
				420350	其他糖料初加工机械	
		4250	其他粮油糖初加工机械	425050	其他粮油糖初加工机械	
43	棉麻蚕初加工机械	4301	棉花初加工机械	430101	籽棉清理机	
				430102	籽棉干燥机	
				430103	轧花机	
				430104	籽棉初加工成套设备	
				430150	其他棉花初加工机械	

续表

大类		小类		NY/T 1640—2021		
				品目		
代码	名称	代码	名称	代码	名称	备注
43	棉麻蚕初加工机械	4302	麻类初加工机械	430201	剥（刮）麻机	
				430202	理麻机	
				430250	其他麻类初加工机械	
		4303	蚕茧初加工机械	430301	蚕茧干燥机	
				430302	剥茧机	
				430303	蒸汽煮茧机	
				430304	缫丝机	
				430305	生丝整理打包机	
				430350	其他蚕茧初加工机械	
		4350	其他棉麻蚕初加工机械	435050	其他棉麻蚕初加工机械	
44	果菜茶初加工机械	4401	果蔬初加工机械	440101	果蔬分级机	含食用菌分选分级机、薯类分级机
				440102	果蔬清洗机	含甜菜清洗机、薯类清洗机、草药清洗机
				440103	水果打蜡机	含水果清洗打蜡机
				440104	果蔬干燥机	含油茶籽干燥机、草药干燥机、香料干燥设备
				440105	脱蓬（脯）机	
				440106	青果（豆）脱壳机	含莲子脱壳去皮机
				440107	干坚果脱壳机	
				440108	果蔬去柄机	含辣椒去柄机
				440109	果蔬去皮机	含薯类去皮机
				440110	果蔬分切机	含薯类分切机
				440111	果蔬去籽（核）机	含莲子通芯机、花椒去籽机
				440112	食用菌压块机	

续表

<table>
<tr><th colspan="2">大类</th><th colspan="2">小类</th><th colspan="3">NY/T 1640—2021</th></tr>
<tr><th colspan="2"></th><th colspan="2"></th><th colspan="3">品目</th></tr>
<tr><th>代码</th><th>名称</th><th>代码</th><th>名称</th><th>代码</th><th>名称</th><th>备注</th></tr>
<tr><td rowspan="18">44</td><td rowspan="18">果菜茶初加工机械</td><td rowspan="3">4401</td><td rowspan="3">果蔬初加工机械</td><td>440113</td><td>果蔬冷藏保鲜设备</td><td></td></tr>
<tr><td>440114</td><td>果蔬初加工成套设备</td><td></td></tr>
<tr><td>440150</td><td>其他果蔬初加工机械</td><td></td></tr>
<tr><td rowspan="14">4402</td><td rowspan="14">茶叶初加工机械</td><td>440201</td><td>茶叶做青机</td><td>含茶叶摊青机、茶叶萎凋机、茶叶综合做青机</td></tr>
<tr><td>440202</td><td>茶叶杀青机</td><td></td></tr>
<tr><td>440203</td><td>茶叶揉捻机</td><td></td></tr>
<tr><td>440204</td><td>茶叶解块机</td><td></td></tr>
<tr><td>440205</td><td>茶叶压扁机</td><td></td></tr>
<tr><td>440206</td><td>茶叶理条机</td><td></td></tr>
<tr><td>440207</td><td>茶叶发酵机</td><td></td></tr>
<tr><td>440208</td><td>茶叶炒（烘）干机</td><td></td></tr>
<tr><td>440209</td><td>茶叶清选机</td><td>含茶叶筛选机、茶叶风选机、茶叶拣梗机</td></tr>
<tr><td>440210</td><td>茶叶色选机</td><td></td></tr>
<tr><td>440211</td><td>茶叶输送机</td><td></td></tr>
<tr><td>440212</td><td>茶叶加工成套设备</td><td></td></tr>
<tr><td>440250</td><td>其他茶叶初加工机械</td><td></td></tr>
<tr><td>4450</td><td>其他果菜茶初加工机械</td><td>445050</td><td>其他果菜茶初加工机械</td><td></td></tr>
<tr><td rowspan="7">45</td><td rowspan="7">草药、香料、烟草初加工机械</td><td rowspan="7">4501</td><td rowspan="7">草药初加工机械</td><td>450101</td><td>草药灭菌机</td><td></td></tr>
<tr><td>450102</td><td>草药分选机</td><td></td></tr>
<tr><td>450103</td><td>草药揉搓机</td><td></td></tr>
<tr><td>450104</td><td>草药脱皮机</td><td></td></tr>
<tr><td>450105</td><td>草药截断机</td><td>含草药切片（块）机</td></tr>
<tr><td>450106</td><td>草药粉碎机</td><td>含草药破碎机、草药破壁机</td></tr>
<tr><td>450150</td><td>其他草药初加工机械</td><td></td></tr>
</table>

续表

大类		小类		NY/T 1640—2021		
				品目		
代码	名称	代码	名称	代码	名称	备注
45	草药、香料、烟草初加工机械	4502	香料初加工机械	450201	胡椒脱皮机	
				450250	其他香料初加工机械	
		4503	烟草初加工机械	450301	烟草叶梗分离机械	
				450302	烟叶烘烤设备	
				450303	烟叶回潮机	
				450350	其他烟草初加工机械	
		4550	其他草药、香料、烟草初加工机械	455050	其他草药、香料、烟草初加工机械	
46	天然橡胶初加工机械	4601	天然橡胶初加工机械	460101	胶乳搅拌机	
				460102	胶乳分离机	
				460103	生胶成型设备	
				460104	生胶干燥设备	
				460105	生胶打包机	
				460150	其他天然橡胶初加工机械	
47	畜禽、水产品初加工机械	4701	畜禽产品初加工机械	470101	脱毛（羽）设备	
				470102	胴体清洗设备	
				470103	胴体分割设备	
				470104	肉类冷却（冻）设备	含水产品冷却（冻）设备
				470105	成熟蜜初加工成套设备	
				470150	其他畜禽产品初加工机械	
		4702	水产品初加工机械	470201	水产品清洗设备	
				470202	鱼类宰杀机	
				470203	鱼体排列机	
				470204	鱼体去头机	
				470205	鱼体去鳞机	

续表

<table>
<tr><th colspan="2" rowspan="2">大类</th><th colspan="2" rowspan="2">小类</th><th colspan="3">NY/T 1640—2021</th></tr>
<tr><th colspan="3">品目</th></tr>
<tr><th>代码</th><th>名称</th><th>代码</th><th>名称</th><th>代码</th><th>名称</th><th>备注</th></tr>
<tr><td rowspan="7">47</td><td rowspan="7">畜禽、水产品初加工机械</td><td rowspan="6">4702</td><td rowspan="6">水产品初加工机械</td><td>470206</td><td>鱼体去皮机</td><td></td></tr>
<tr><td>470207</td><td>鱼体分割设备</td><td></td></tr>
<tr><td>470208</td><td>虾剥壳机</td><td></td></tr>
<tr><td>470209</td><td>贝剥壳机</td><td></td></tr>
<tr><td>470210</td><td>藻类干燥设备</td><td></td></tr>
<tr><td>470250</td><td>其他水产品初加工机械</td><td></td></tr>
<tr><td>4750</td><td>其他畜禽、水产品初加工机械</td><td>475050</td><td>其他畜禽、水产品初加工机械</td><td></td></tr>
<tr><td>49</td><td>其他农产品初加工业机械</td><td>4950</td><td>其他农产品初加工业机械</td><td>495050</td><td>其他农产品初加工业机械</td><td></td></tr>
<tr><td rowspan="9">51</td><td rowspan="9">农用动力机械</td><td rowspan="5">5101</td><td rowspan="5">拖拉机</td><td>510101</td><td>轮式拖拉机</td><td></td></tr>
<tr><td>510102</td><td>手扶拖拉机</td><td></td></tr>
<tr><td>510103</td><td>履带式拖拉机</td><td></td></tr>
<tr><td>510104</td><td>船式拖拉机</td><td></td></tr>
<tr><td>510150</td><td>其他拖拉机</td><td></td></tr>
<tr><td rowspan="3">5102</td><td rowspan="3">农用内燃机</td><td>510201</td><td>农用柴油机</td><td></td></tr>
<tr><td>510202</td><td>农用汽油机</td><td></td></tr>
<tr><td>510250</td><td>其他农用内燃机</td><td></td></tr>
<tr><td>5150</td><td>其他农用动力机械</td><td>515050</td><td>其他农用动力机械</td><td></td></tr>
<tr><td rowspan="6">52</td><td rowspan="6">农用搬运机械</td><td rowspan="4">5201</td><td rowspan="4">农用运输机械</td><td>520101</td><td>农用挂车</td><td></td></tr>
<tr><td>520102</td><td>田间搬运机</td><td></td></tr>
<tr><td>520103</td><td>轨道运输机</td><td></td></tr>
<tr><td>520150</td><td>其他农用运输机械</td><td></td></tr>
<tr><td rowspan="2">5202</td><td rowspan="2">农用装卸机械</td><td>520201</td><td>码垛机</td><td></td></tr>
<tr><td>520250</td><td>其他农用装卸机械</td><td></td></tr>
</table>

续表

大类		小类		NY/T 1640—2021		
				品目		
代码	名称	代码	名称	代码	名称	备注
52	农用搬运机械	5250	其他农用搬运机械	525050	其他农用搬运机械	
53	农用水泵	5301	农用水泵	530101	潜水电泵	
				530102	地面泵（机组）	
				530150	其他农用水泵	
54	设施环境控制设备	5401	设施环境控制设备	540101	通风机	
				540102	开窗机	含通风窗
				540103	拉幕（卷帘）设备	
				540104	加温设备	含热风炉
				540105	湿帘降温设备	
				540106	除湿设备	
				540107	补光调光设备	
				540108	环境控制成套设备	含控制器
				540109	臭氧发生器	
				540150	其他设施环境控制设备	
55	农田基本建设机械	5501	挖掘机械（限与拖拉机配套）	550101	农用挖掘机	
				550102	开沟（铺管）机	
				550150	其他挖掘机械	
		5502	平地机械（限与拖拉机配套）	550201	推土机	
				550202	铲运机	
				550203	平地机	
				550250	其他平地机械	
		5503	清理机械	550301	捡（清）石机	
				550302	土壤消毒机	含石灰撒施机
				550303	清淤机	
				550350	其他清理机械	

续表

<table>
<tr><th colspan="2">大类</th><th colspan="2">小类</th><th colspan="3">NY/T 1640—2021</th></tr>
<tr><th colspan="2"></th><th colspan="2"></th><th colspan="3">品目</th></tr>
<tr><th>代码</th><th>名称</th><th>代码</th><th>名称</th><th>代码</th><th>名称</th><th>备注</th></tr>
<tr><td>55</td><td>农田基本建设机械</td><td>5550</td><td>其他农田基本建设机械</td><td>555050</td><td>其他农田基本建设机械</td><td></td></tr>
<tr><td>59</td><td>其他农用动力等通用机械</td><td>5950</td><td>其他农用动力等通用机械</td><td>595050</td><td>其他农用动力等通用机械</td><td></td></tr>
<tr><td>99</td><td>其他农业机械</td><td>9950</td><td>其他农业机械</td><td>995050</td><td>其他农业机械</td><td></td></tr>
</table>

第三章　劳动教育课程体系

从本章开始，将以成都锦城学院为例，介绍劳动教育的课程体系、劳动教育的保障体系以及劳动教育实践基地的农耕劳动实践课程设计。

成都锦城学院的前身为四川大学锦城学院，始建于2005年，是由四川大学与四川锦城实业发展有限公司合作创办的独立学院。2021年6月，经教育部批准，四川大学锦城学院转设为独立设置的全日制普通本科高校，并更名为成都锦城学院。

成都锦城学院定位于“多学科、综合性的应用型、创业型大学”。学校办学之初就将劳动教育纳入人才培养体系中，将劳动教育作为学校的办学特色之一，强调要在学校发展规划、人才培养规划、教学效果评价机制等方面将劳动教育作为重要的决策参数。成都锦城学院的劳动教育模式源于学校长期以来致力推行的“三练三创实践教育”。“三练”即吃苦耐劳意志训练、组织纪律与团队精神训练、职业素质能力训练；“三创”即创新思维、创造能力、创业精神。

成都锦城学院“劳动教育”课程创建了以中国农耕文化为主要载体，以“课程实施模块、合育培养模块、组织运行模块、管理评价模块”四位一体为主要内容的劳动教育实践教学体系。成都锦城学院的劳动教育课程从2006年开设，到现在已历时17年，经历了探索、改革、创新三个阶段，在最初的农耕劳动必修教育基础上不断发展，与德育教育、专业教育、创新创业教育、高校文化活动相结合，依托校内外实验实训基地，逐步丰富了劳动教育形式，教育引导学生弘扬劳动精神，将“读万卷书”与“行万里路”相结合，扎根中国大地了解国情民情，在实践中增长智慧才干，在艰苦奋斗中锤炼意志品质。

结合学校人才培养定位、学科要求、专业特性等，将“农耕文化”作为课程主线和“劳动教育”相结合，组织师资编写劳动教育教材，通过理论与实践并行的方式不断完善劳动教育课程内容设计，包括教学目标、教学内容、教学方法、教学管理、评价方式、作业、课外读物等的设计。

第一节　劳动教育总体目标

本课程以树立正确的劳动价值观为核心目标，以引导学生理解和形成马克思主义劳动观、培养劳动精神和形成良好劳动习惯为目标。准确把握社会主义建设者和接班人的劳动精神面貌、劳动价值取向和劳动技能水平的培养要求，全面提升学生劳动素养。开设劳动教育课程，旨在培养引导学生崇尚劳动、尊重劳动，懂得劳动最光荣、劳动最崇高、劳动最伟大、劳动最美丽的道理，在今后的工作中能够辛勤劳动、诚实劳动、创造性劳动。

一、立德树人，传承热爱劳动的基因

立德树人，是大学的使命所在。高校教育不仅要培养智慧与才能兼备的人，更应当培养一个品德高尚、人格健全的人。

加强劳动价值观教育，让大学生真正理解并懂得“劳动最光荣、劳动最崇高、劳动最伟大、劳动最美丽”的道理，肩负起“劳动托起中国梦”的时代重任；加强劳动情感态度教育，厚植爱国主义情怀，教育大学生热爱劳动、热爱生活、深刻体验“中国梦”的真理意义；注重提升大学生品德修养，培育大学生良好的劳动品德，教育大学生辛勤劳动、诚实劳动、创造性劳动，尊重各类劳动及劳动者，珍惜劳动成果；通过让大学生参与劳动实践活动，让他们在劳动过程中逐步形成吃苦耐劳、艰苦奋斗的优良精神品质。

二、创新创业，让劳动教育焕发新的生机

从教育内容和教育目标来看，劳动教育和创新创业教育具有内在统一性，都是为了培养综合素质能力全面发展的开创型人才，将创新创业教育融入劳动教育，不仅能为大学生综合素质的提升提供一种实践途径，也为大学生树立正确劳动观、价值观提供方向保证和精神动力支撑。

未来劳动正在向脑体结合型转化，未来的科学人才必须是兼具“思考”与“操作”两种能力的人。学生可以通过农事活动获得种植经验，通过勤劳务实的劳作来体验“一分耕耘，一分收获”的劳动智慧，通过创造性的实践增加劳动获得。从而提升和增强创新精神、创造意识和创业能力。

三、文化自信，在传统农耕文化中感知中华力量

农耕文化曾经是中国优秀传统文化的主要成分，也是构建中华民族核心价值观的重要精神文化资源，其蕴含着优秀传统文化基因，符合社会主义核心价值观的要求，具备技能训练和劳动实践的基础以及对实践者勤奋、务实、创新的要求，与高校劳动教育的

目标高度契合。

学生在农耕劳动教育中形成正确的劳动价值观、劳动情感态度、劳动品德、劳动习惯和劳动知识技能时，能够充分凸显劳动教育的育人功能，使学生认识并感知中华传统农耕文化，进一步建立文化自信。

四、完善体系，构建德智体美劳“全人培养体系”

新时代要加强高校劳动教育，就必须改变传统的高校劳动教育模式，在实践中不断探索构建德智体美劳全面发展的人才培养体系，既要深入挖掘劳动教育有机融入现有人才培育体系、全面提升高等教育人才培育质量的结合点，又要深入考虑劳动教育课程独立设置的必要性与可行性，以充分发挥劳动教育在国民素质养成中所具有的不可替代的独特价值，从而形成更高水平的人才培养体系。

劳动教育人才培养体系不同层次具体要求见表3-1。

表3-1　劳动教育人才培养体系不同层次具体要求

要求层次	知识掌握	思维要求	能力要求
知识与技能目标低阶（40%）	了解劳动教育概念、内涵、本质与特征，能解释和理解新时代高校劳动教育的新要求，形成较为完善的劳动知识体系	接受性思维、演绎性思维	掌握生产、生活必备的基本劳动知识、技术、技巧，理解和领悟各领域劳动
过程与方法目标中阶（30%）	把劳动知识和技能的学习与实际生活中的亲身体验或实践结合起来，通过手脑并用，培养分析问题、解决问题的能力，通过不断地自我反思进一步完善与发展自己	关联性思维、迁移性思维	通过劳动体验与实践，训练与培养学生从事一定劳动所必须具备的知识、技术、技巧及综合运用这些知识、技术、技巧的能力，培养提高生活质量所必备的生活劳动技能与能力，使学生学会分析解决劳动问题的本领
情感、态度与价值观目标（思政目标）高阶（30%）	通过深度参与劳动教育，提升学生的劳动认知、职业兴趣、社会责任感以及创新创业精神，培养团队合作精神，树立劳动最光荣、劳动最崇高、劳动最伟大、劳动最美丽的观念	批判性思维、创新性思维、开放性思维、全局性思维、	能综合运用劳动技能解决复杂问题，形成热爱劳动的思想感情，养成负责、守纪的劳动品质和劳动习惯。通过体验和探究，深刻理解劳动的意义与本质，发展创造力，培养担当意识与主人翁意识

第二节　劳动教育课程设置

2006年10月24日，四川大学锦城学院院务会议（〔2006〕24号）提出：将义务劳动课作为必修课，安排2学分，纳入总体考核。2006年11月10日，学校正式发文《四川大学锦城学院关于将劳动作为必修课的通知》（川大锦院教务〔2006〕110号），将劳动教育列为必修课程。

一、劳动教育学分安排

劳动作为必修课，安排2个学分，共64个劳动学时，原则上在前四个学期完成。

二、劳动教育学时设置

劳动学时由理论学习学时、农耕劳动学时和志愿服务、社会实践、工厂劳动学时构成。

第三节　劳动教育课程内容

劳动教育是新时代党对教育的新要求，是中国特色社会主义教育制度的重要内容。劳动教育作为人才培养的重要组成部分，是高校加强立德树人工作的重要体现。劳动教育必须始终贯彻马克思主义劳动观，强调劳动教育是在德、智、体、美基础上的“合育”。劳动教育以“四个结合”为抓手，即与德育教育相结合、与专业教育相结合、与创新创业教育相结合、与校园文化活动相结合，搭建“全形态劳动教育平台”，为大学生“全人培养”奠定基础。

一、劳动教育范围与分类

成都锦城学院劳动教育课程教学内容分理论教学模块和实践教学模块，通过线上线下混合式教学方式开展。

劳动教育课程按内容分为：农耕劳动，即通过劳动教育实践基地开展的农耕劳动教育；志愿服务、社会实践和工厂劳动，如青年志愿者活动、创新创业实践活动、“青年红色筑梦之旅”“三下乡”等社会实践活动、公益教室劳动、实习实训、校园文化活动等。

二、劳动教育上课形式

成都锦城学院劳动教育课程按形式分为：必选内容和自选内容。必选内容包含两个板块：一是线上教学平台完成劳动教育理论学习；二是线下劳动教育实践基地开展农耕劳动实践教学。必选内容由创新创业学院、劳动学院统一组织实施，必选内容原则上安排在大学一年级。自选内容包括志愿服务、公益劳动、社会实践、双创实践、实习实训、校园文化活动等，由学校相关职能部门组织开展，自选内容原则上安排在大一、大二完成。

劳动教育课程内容构成如图3-1所示。

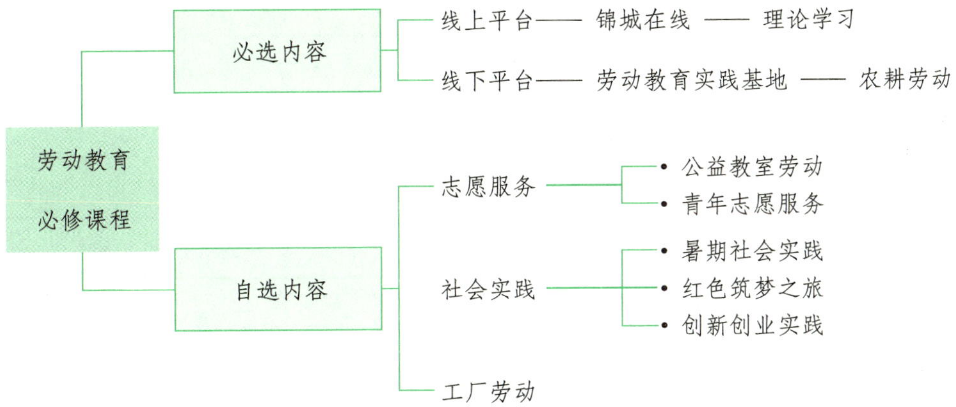

图3-1 劳动教育课程内容构成

三、劳动教育内容设置

劳动教育是新时代党对教育的新要求，劳动内容围绕马克思主义劳动观，通过吸收千年农耕文化的精髓，融入创新创业，结合专业教育、校园文化活动等开展理论教学、劳动实践，具体包括日常生活劳动、生产劳动和服务性劳动。

（一）劳动教育与思想政治教育相结合

理论知识学习的目的：理解劳动是人类的本质活动，是人类发展和社会进步的根本力量；理解劳动改变命运、劳动创造财富、劳动点亮智慧、劳动提升品质、劳动缔造幸福、劳动彰显国魂的道理；尊重劳动，尊重普通劳动者，牢固树立劳动最光荣、劳动最崇高、劳动最伟大、劳动最美丽的思想观念。

成都锦城学院劳动教育理论知识的学习是在“锦城在线”平台上完成的，相关学习内容通过“锦城在线”平台进行发布，每学期由开课单位组建学习班，由专职教师发布相关学习材料，安排章节作业，开展课程互动，评阅劳动教育实践报告等。学习网址：http://scujcc.fanya.chaoxing.com/portal。表3-2列出了劳动教育理论知识学习的部分内容。

表3-2　劳动教育理论知识学习内容

节次	课程内容
第1讲	劳动铸就中国梦—劳动改变命运（视频教学）
第2讲	劳动铸就中国梦—劳动创造财富（视频教学）
第3讲	劳动铸就中国梦—劳动点亮智慧（视频教学）
第4讲	劳动铸就中国梦—劳动提升品质（视频教学）
第5讲	劳动铸就中国梦—劳动缔造幸福（视频教学）
第6讲	劳动铸就中国梦—劳动彰显国魂（视频教学）
第7讲	劳动教育理论学习（一）
第8讲	劳动教育理论学习（二）
第9讲	农耕劳动实践教程（翻转课堂—视频教学）
第10讲	农耕劳动实践教程（翻转课堂—视频教学）

（二）劳动教育与耕读教育相结合

新时代农耕劳动教育具有很高的历史价值、文化价值、社会价值，是艰苦奋斗、修己达人、忠义守信、爱国持家的价值观教育。学生通过农耕劳动实践课程，可以掌握基本的劳动知识和技能，正确使用常见劳动工具，强健体魄、塑造品行。同时，通过参与农耕劳动的规划设计、农耕实践、文化传播等环节，将耕读教育作为主要内容融入劳动教育，纳入人才培养全过程，可以在学生中树立文化自信、强化爱国情怀熏陶、锻炼艰苦奋斗精神、提升意志品质修养。

农耕劳动实践课程对于传承与发展农耕文明，激发优秀传统乡土文化活力，挖掘农耕文化中蕴含的优秀思想观念、人文精神、道德规范，不断深化优秀农耕文化的传承、保护和利用也具有积极的作用。

成都锦城学院农耕劳动实践主要以劳动教育实践基地为主阵地开展。学生通过对农耕文化的理解，结合二十四节气，利用自然农时开展谷物（如稻谷、小麦、玉米、花生、油菜籽、芝麻、向日葵、马铃薯、红薯、大豆、豌豆、绿豆、蚕豆等的种植）、蔬菜（如叶菜、根茎菜、瓜果菜、茄果菜、葱蒜、菜用豆、水生菜等的种植）、园艺（各种鲜花和鲜花蓓蕾的种植）、水果（园林水果如梨、柑橘、葡萄、桃、李等的种植，西瓜、甜瓜、草莓等瓜果类的种植）、茶及其他作物种植，同时结合创新创业教育开展农产品初加工服务，劳动实践内容主要为翻地、锄草、播种、移栽、中耕、灌溉、施肥、采收、包装、销售等，体悟从播种到收获的全过程。

农耕劳动实践课程的主要模块如图3-2所示。

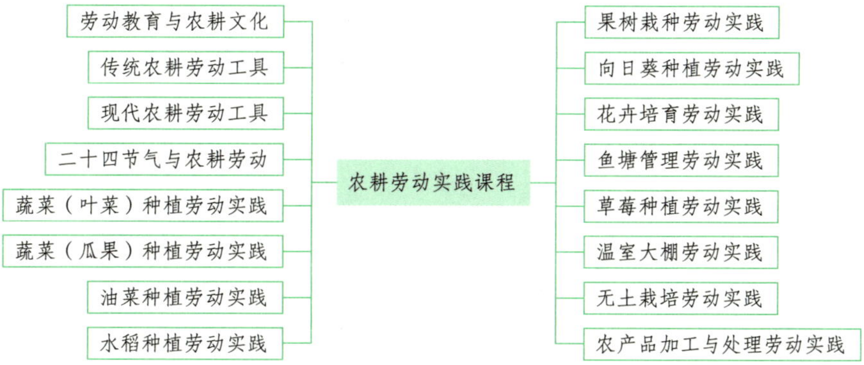

图3-2　农耕劳动实践课程主要模块

媒体推广

四川大学锦城学院把劳动列为必修课，大力弘扬劳动精神

2016-04-26

四川大学锦城学院把劳动列为必修课，大力弘扬劳动精神。

把劳动列为必修课。设置2个必修学分，共计64个学时，要求学生接受学院统一安排的劳动课程教育，并撰写课程实践报告，成绩合格者方能获得学分。

开展农场劳动。学校划拨了一片土地作为学生农场，作为劳动教育的第一平台。组建农场总公司和分公司，负责学生农场劳动（翻地、锄草、播种、施肥、收获、销售）的组织和劳动学时管理，截至目前，共10届1013个班级39956名学生完成了农场实践课程。

开展公益教室劳动。以公益教室为劳动教育第二平台，开展“我的课堂·我的教室”公益教室行动，采用项目竞标方式，面向全校遴选热心公益、爱劳动、责任感强的班级和各类组织、社团作为合作单位。合作单位拥有对特定教室的优先使用权，负责教室文化建设和卫生维护。目前，公益教室项目已经成功开展5期，覆盖385间次教室，供给劳动学时达12万学时。

开展劳动文化节。以“吃苦耐劳，劳动光荣”为主题，开展劳动文化节，举办“我劳动我快乐”劳动摄影大赛、“挥洒汗水收获果实”农场游园活动、“锦城劳动模范评选”、《让“中国梦”在劳动中闪光》主题演讲等活动，形成了广大师生热爱劳动、尊重劳动者、珍惜劳动成果的氛围。

（来源：中共四川省委教育工作委员会、四川省教育厅官网

http://edu.sc.gov.cn/scedu/c100499/2016/4/26/02738ee82a594c66a6e0a465f2556d2f.shtml）

（三）劳动教育与专业教育相结合

将劳动教育与专业教育相结合，可以培养懂专业知识、会劳动技能、能实践创造的

高素质复合型人才。（1）劳动教育与专业知识教育相结合。比如，网络工程、大数据技术等专业的同学将所学专业知识应用于劳动教育实践基地气象观测、数据分析，在建设“智慧农场”中拓展专业实践。（2）劳动教育与专业技能训练相结合。比如，机械、电子、建筑等专业同学在农机具改造中提升专业技能，“复合新能源概念车”“锦小月机器人”获全国、全省大学生学科竞赛一等奖；劳动教育与财务会计相结合，解决创业农场模拟公司财务工作；劳动教育与电商、市场营销等专业结合，解决学生农场模拟公司农产品销售问题。（3）劳动教育与专业实习实践相结合。比如，学生在工学结合实训中为企业解决难题，校友毕业后返乡创建国家级标准化示范农场。

（四）劳动教育与社会实践及志愿服务相结合

教育必须为社会主义现代化建设服务、为人民服务，必须与生产劳动和社会实践相结合。新时代劳动教育在课程设置中加入社会实践与志愿服务内容，是实现德、智、体、美、劳“五育并举”的有效举措，也是加强思政教育的重要环节。马克思主义强调劳动价值和劳动教育，劳动教育与社会实践、志愿服务相结合也是体现马克思主义唯物史观的核心内容。

1. 公益教室项目

“公益教室”项目是面向全校热心公益、爱劳动、责任感强的班级，以及热衷于公益事业的各类团学组织与学生社团，采用项目竞标的方式产生合作单位并签订合作协议。合作班级及学生组织须对该合作教室的环境进行日常维护并达到相关维护标准。学校为合作的班级及学生组织提供文化宣传阵地及班团活动场地。

“公益教室”项目主要提倡学校“锦城课堂大于天”的教育理念，以良好的教室环境提高学习、教学的质量。“公益教室”项目为广大班级学生提供了锻炼自己与展示班级文化的平台。“公益教室”建设中以“清洁、美丽、文化”为理念，把教室作为“获取知识，发现真理”的温馨家园，在活动中展示青春活力，弘扬文化经典，不断提高自身修养和素质，打造校园文化特色，共同营造优良校风。

成都锦城学院“公益教室”项目自2013年9月至今，已签约完成10期“公益教室”项目，每一期签约时长为一年，累计对近800间次教室进行日常清洁卫生打扫维护及教室文化宣传等，完成公益教育劳动学时80万个。每期项目结束后评选“优秀公益教室”“公益教室之星”“公益教室优秀指导教师”等。

2. 社会实践项目和青年志愿者项目

将生产劳动与社会实践、志愿服务相结合，对落实立德树人根本任务、培养艰苦奋斗扎根祖国大地的新时代人才有着重要的意义。劳动教育与社会实践、志愿服务相结合，通过打造一流志愿服务团队，引导学生“做中学”和“学中做”。周末和寒暑期组织学生开展文化大篷车、关爱孤寡老人、关爱留守儿童、特色长板兴趣班等各类特色志愿服务；开展山区支教、社区服务、田野调查、科研创新、青年红色筑梦之旅等社会实践项目，培养学生的劳动意识、奋斗精神和奉献精神，引导学生树立正确的就业择业观。

（五）劳动教育与创新创业教育相结合

2015年，国务院办公厅印发《关于深化高等学校创新创业教育改革的实施意见》（国办发〔2015〕36号），开启了全面深化创新创业教育改革之路。在全球科技革命和产业变革的挑战下，深化高等教育创新创业教育改革是促进毕业生更高质量创业就业的重要举措，是实现“大众创业、万众创新”的战略部署。新时代高校劳动教育与“双创”教育的深度融合正是当前形势下人才培养的新探索，是劳动教育与“双创”教育改革的重要实施路径。新时代高校劳动教育与创新创业教育相互渗透，促进学生全面发展、个性发展，将创新创业教育的功能最大化、最优化，使高校毕业生树立正确的人生观、价值观，形成正确的择业观，具有艰苦奋斗的精神，能脚踏实地地参与到创业就业中，明白空谈误国、实干兴邦的道理。将创新创业教育融入劳动教育，能够实现相互融合、相辅相成的育人实效。

1. 成立“学生创业农场实践基地”

成都锦城学院在2005年就开展了劳动教育，并将劳动教育的课程体系贯穿人才培养工作的始终，是全国率先开展劳动实践教育的高校。2006年正式发文开设劳动教育必修课程，构建多层次劳动教育课程内容，将劳动教育与创新创业教育有机融合，建立学生创业农场开展创业实践。2006年5月11日学校印发《四川大学锦城学院关于印发〈四川大学锦城学院关于建立学生创业农场的指导性意见〉的通知》（川大锦院学生〔2006〕42号），提出以学校学生农场为创业基地，每个学院划分20亩土地，由学校统一划定分配。学生自行组建创业团队，针对农业项目撰写创业项目计划书，学校组织专家评委进行评审答辩，优秀的项目方案将由各学院进行指导落地实施，同时学校成立“创新、创造、创业”领导小组，领导全校的“三创”活动。

2. 组建“学生农场模拟公司”

为了对学生创业农场实践基地进行管理运营，学校以划分土地为基地，各单位注册模拟学生农场企业法人，按企业形式成立董事会，由各二级学院领导、老师和学生代表组成董事会，董事会选聘学生创业团队进行企业式经营，独立核算，自负盈亏，追求效益最大化。学生农场模拟公司管理团队及员工均由学生自愿竞聘上岗，公司设总（副）经理岗、人力资源部（聘人力资源部部长，下设办公室、人事科、宣传科、财务科等）、生产部（聘生产部长，下设生产片区）、销售部（聘学生销售部长）。学生农场模拟公司完全模拟实体农业企业的运营过程，让学生参与到全产业过程的实践锻炼之中，通过劳动生产、收获果实、推广销售，取得收入后继续投入生产活动，形成循环的、闭合的、生态的劳动教育+双创教学模式。学生在劳动过程中亲身体验到劳动的重要性、劳动的价值、劳动与创业的关系、劳动成本与产出的关系等方面的知识，有利于毕业后高效地融入社会。

2006年3月，全校学生开始自由组队撰写农业创业方案，学校组织项目答辩，评选出优秀项目开展创业实践活动，首批向学校申请通过的学生农场模拟公司有6家。随着学校院系增加，学校又重新划拨土地，规划成立金融系金穗农场、电子信息工程系明德农场、计算机科学与软件工程系馨园农场、机械工程系信达农场、艺术系锦艺农场、外国语系锦尚农场、外事部国际农场、红色协会传承农场、教工示范农场、基础课部园丁农场等。

3. 建立“农业创新创业孵化中心”

建立农业创新创业孵化中心，依托学校与社会资源，为大学生提供农业创新创业实践平台和创业服务，鼓励在校大学生积极开展农业创业实践活动，端正创业意识，培养创业精神，提高创业能力和自身素质。引入创业理论和实训课程，与本校创新创业课程相结合，进行课程的本土化探索，形成具有实操性的创业教育课程。同时成立专家指导委员会，配备创业导师为创业团队提供技术支持，包括工商税务办理、财务结算中心、创业沙龙、创业政策咨询、创业基金等服务，为创业团队提供更好的人才、技术、销售支持，为学生创业提供更坚实的平台。

4. 举办“乡村振兴创意设计大赛”

2019年中央一号文件《中共中央 国务院关于坚持农业农村优先发展 做好“三农”工作的若干意见》中提到：培养懂农业、爱农村、爱农民的“三农”工作队伍。目前实施乡村振兴战略，迫切需要人才从城市向乡村回流。城市人才过剩，而农村需要一大批组织带头人、产业推动人、文化传承人。因此，在高校劳动教育中融入农耕文化，通过劳动实践学习与理论水平提升，既能锻炼学生的劳动品质，又能培养“一懂两爱”的高素质人才，能更好地促进人才回流乡村，助力乡村振兴。具体通过举办“乡村振兴创意设计大赛”“大学生农业创意设计大赛”，以大赛为依托提升大学生双创素养。大赛将专业建设与乡村振兴战略相结合，鼓励大学生回乡创业，围绕农业生产资料、生产服务、规划设计、包装设计、品牌营销、教育培训等方面进行策划创意。大赛旨在响应国家鼓励大学生创新创业政策与国家乡村振兴战略，激发大学生的创新创业热情，助力乡村振兴的积极探索，培养实干型双创团队，促进产学研融合发展。

（六）与校园文化相结合的教育

成都锦城学院将劳动教育融入校园文化建设和美育实践中，通过“春耕节”“丰收节”“大学生劳动文化节”等活动形式，打造独特的校园劳动文化，让学生充分了解并感知中华优秀传统文化。同时搭建“全形态劳动教育平台”，如：农耕文化实践教育基地、劳动类学生社团、农业技能训练营等，培养具备劳动精神、劳动品格、劳动知识、劳动技能，适应未来社会发展的人才。每年3月、5月、10月、12月，根据劳动教育实践基地的具体劳动内容，组织开展相关劳动文化活动，如“深耕易耨·收获希望”耕地活动、“种一片田·美一块地”种植活动、“映雪读书·躬耕锦大”诗画展览、“百紫千红·妙手丹青”艺术写生、“爱在春天·相约桃缘”游园活动、“桃李争辉·似锦之美”摄影大赛、“劳动颂歌·滋润心灵”音乐表演、“劳动光荣·创造伟大”学生劳动模范（标兵）、优秀劳动集体评选表彰等。

媒体推广

成都锦城学院举办“春耕节”暨大学生劳动文化节系列活动

2022-03-18

为进一步弘扬劳动精神、体验生态文明，近日，成都锦城学院举办的“‘春耕节’暨大学生劳动文化节”系列活动正式开幕。在油菜花、桃花、李花争相绽放的校园农场，大学生们有的手把耕地机翻土，有的在水田里犁田，有的在菜地里除草……校党委书记邹广严走进田间，带领同学们种下了2022年春天的第一批蔬菜苗。师生共同沉浸在劳动的快乐中。不少学生表示，在被农耕文化“圈粉”的同时，也加深了对生态文明和绿色发展理念的认识。

此次活动以劳动文化为主题，内容分为“深耕易耨·收获希望”耕地活动、“种一片田·美一块地”种植活动、“映雪读书·躬耕锦大”诗画展览、“百紫千红·妙手丹青”艺术写生、“爱在春天·相约桃缘”游园活动、“桃李争辉·似锦之美”摄影大赛、“劳动颂歌·滋润心灵”音乐表演等七大板块，活动将在整个三月持续进行。

据了解，成都锦城学院的劳动教育始于2006年，农场劳动是每一位学生的必修课。农场劳动教育实践基地先后荣获“教育部高校思想政治工作精品项目”“四川省高等教育教学成果奖二等奖”“四川省教育体制机制改革试点重点项目”等荣誉。

（来源：中共四川省委教育工作委员会、四川省教育厅官网
http://edu.sc.gov.cn/scedu/c100499/2022/3/18/6507c32ada494867a236e7fbfa32b2ff.shtml）

锦城学院召开学生农场劳动教育表彰大会

2016-01-05

近日，锦城学院学生农场召开2015年度总结大会暨“劳动模范”表彰大会。

2015年锦城学院学生农场备受社会媒体关注，多次成为焦点头条，为学院赢得社会多方好评。学生农场通过两年三轮的潜心研究，创造性地种植向日葵花田，实验无土栽培技术，2015年度累计种植花果蔬菜60余种，农产品产量达4000多斤，成功培育园林花卉10余种，助教人数共308人，授课班级280个，累计授课近3000课时，完成学生劳动学时总量60余万个，完成15 000余名学生劳动学分审核、统计、录入和认定工作，圆满完成教学任务。累计共培养农场员工1225人，学生骨干人数突破600人，农场员工2013—2014年度学生评优评奖各项获奖者共81人，员工素质广受褒奖。

锦城学院学生农场自2006年开创以来，成绩优异，成果众多。“劳动最光荣、劳动最崇高、劳动最伟大、劳动最美丽”的观念在锦城学院已深入人心。

（来源：中共四川省委教育工作委员会、四川省教育厅官网
http://edu.sc.gov.cn/scedu/c100499/2016/1/5/997bd19692f946dcbd3ed32726156554.shtml）

第四章　劳动教育保障体系

第一节　劳动教育组织管理体系

成都锦城学院先后出台多项相关政策文件及实施细则，建立教学、管理服务相结合的管理体制，全力推动劳动教育向科学化、系统化、规范化、专业化发展。

一、成立劳动教育领导小组

2006年成立“四川大学锦城学院劳动教育工作领导小组”，全面负责学校劳动教育工作。建立劳动教育工作机制，由创新创业学院、劳动学院牵头，教务处、学生工作处、团委、就业指导处、科研处、各二级学院等单位齐抓共管，专人负责，统筹协调、全面推进劳动教育工作。

二、设立劳动学院

2019年，学校成立劳动学院作为教学单位。劳动学院负责统筹协调全校劳动教育工作，负责劳动教育课程的开发与教学，负责劳动教育实践基地建设。根据“劳动教育”课程建设需要，劳动学院下设办公室、教务科、劳动学时管理办公室、劳动教育实践基地。具体工作职能如下：

（1）劳动学院负责全校学生劳动教育课程的组织实施和学生农场总公司（学生模拟）的运营管理。

（2）劳动学院下设教务科，负责劳动教育课程的内容设计和课程安排；研究劳动教育课程与其他课程的相互关系；开展劳动教育相关理论研究。

（3）劳动学院下设劳动学时管理办公室，负责劳动教育课程教学管理，劳动学时审核、统计、发布，以及劳动教育学分认定等。

（4）劳动学院建设劳动教育实践基地，负责基地整体规划与经营管理、花卉果蔬种植与销售、农机农具操作与维护、鱼塘荷塘果林管理等。

三、培育“专兼结合”劳动教育师资队伍

劳动教育师资队伍组成如图4-1所示。一是配备劳动教育专职教师，主要负责劳动教育理论教学与农耕劳动实践指导；二是打造劳动教育复合型师资队伍，主要负责劳动教育与专业教育、校园文化活动的融合教育；三是组建双师型师资队伍，主要负责劳动教育与创新创业教育、实习实训的融合教育，推动劳动教育教师队伍的专业化、职业化、专家化。

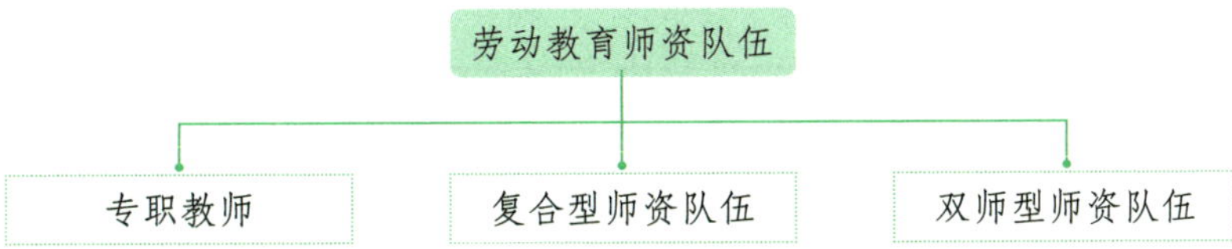

图4-1　劳动教育师资队伍组成

劳动教育教研小组组织教学研讨会，组织集中备课会，开展专兼职师资培训活动。一是遵循劳动教育的指导意见和指导大纲，组织力量研制劳动教育师资培训课程指导标准；二是组织经常性的教研活动，促进劳动教育教师专业化发展；三是引导教师积极探索创新劳动教育方式方法，鼓励教师积极开展劳动教育专项研究课题，不断提高劳动教育教学质量。

四、建立“规范化、系统化”劳动教育管理制度

为了确保劳动教育有序开展，学校针对课程建设、实践教学、学生管理、学分认定等领域，制定劳动教育专项政策，建立稳定连续的保障机制，先后出台了一系列的相关政策文件及实施细则，如表4-1所示。

表4-1　劳动教育的相关政策资料

序号	文件名称	文号
1	《四川大学锦城学院关于印发〈四川大学锦城学院关于建立学生创业农场的指导性意见〉的通知》	川大锦院学生〔2006〕42号
2	《四川大学锦城学院关于印发“四川大学锦城学院三创活动学生模拟公司管理办法（试行）”的通知》	川大锦院学生〔2006〕52号
3	《四川大学锦城学院关于将劳动作为必修课的通知》	川大锦院教务〔2006〕110号
4	《四川大学锦城学院劳动教育实施细则（试行）》	川大锦院教务〔2007〕29号
5	《四川大学锦城学院关于成立学生农场总公司的通知》	川大锦院学生〔2013〕178号

续表

序号	文件名称	文号
6	《四川大学锦城学院关于印发〈四川大学锦城学院劳动学时管理实施办法（试行）〉的通知》	川大锦院学生〔2013〕229号
7	《四川大学锦城学院关于成立“四川大学锦城学院劳动学院”的通知》	川大锦院人事〔2019〕9号
8	《四川大学锦城学院关于印发〈四川大学锦城学院劳动教育实施细则〉的通知》	川大锦院教务〔2020〕34号

第二节　劳动教育考核评价体系

明确劳动教育培养目标，创新劳动教育课程管理方法，健全劳动素养评价制度，达成科学化、动态化、多元化评价体系。

一、“跨专业组班”教学组织方式

劳动教育课程经历了三种模式排课的更替。2006—2013年，劳动教育课程由各学院（系）独立安排，自行考核；2013—2018年，劳动教育课程由劳动学院按照行政班级进行排课，统一课程内容，统一考核；2019年至今，劳动教育课程采取网上选课方式，学生自主选择上课时间、授课教师，采取跨学院、跨专业、跨行政班教学模式，实现学生在劳动教育的课堂上打破学科专业壁垒，促进专业融合，培育复合型人才。

二、“教师+学生助教”教学管理形式

劳动教育课程教学采取“教师+学生助教”的教学管理形式，教师的主要工作是开展多样化教学，同时每学期从“学生农场模拟公司”中选拔具有2年以上工作经验的学生经理，组建300余人的课程助教团，实现管理全覆盖、无死角，保障劳动教育课堂的高效、科学管理。

三、“动态化”劳动学时管理系统

2013年建立劳动学时管理办公室，开发“劳动学时管理系统”，负责全校“劳动教育”课程教学管理，包括劳动学时的统计、审核、认定工作，让劳动教育可记录、可追

溯、可评价。同时将劳动教育纳入学生综合素质评价体系，成为评优评先重要依据之一。

四、“一课一文”信息反馈机制

在劳动教育课程教学大纲中明确将“一课一文”纳入平时成绩考核的要求，要求全体学生参与。“一文”指学生学习劳动课程的心得体会，是学生接受劳动教育后的信息反馈。学生通过完成“一课一文”作业，加强对劳动教育的自我认知与自我探索。

第三节 劳动教育课程实施指南

一、劳动教育课程管理

（一）劳动教育理论课程运行管理

成都锦城学院劳动教育理论课程由劳动学院开通线上平台（“锦城在线”）学习模块，从新时代劳动价值导向、劳动精神面貌、劳动素养等方面激发学生由内而外的劳动情怀。在新时代历史背景之下，培养德智体美劳全面发展的综合型高素质人才，引导其养成扎根祖国大地艰苦奋斗的劳动精神与意志品质。

（二）农耕劳动实践课程运行管理

农耕劳动实践课程由劳动学院根据教学计划在教务系统中完成课程设置，各学院、学生班级根据课程安排组织学生参与农耕劳动实践。农耕劳动实践课程通过劳动教育实践基地开展实施，劳动学院负责课程整体规划与设计，劳动教育专职教师负责课程教学与指导。根据课程需要，在高年级中聘请有经验的学生担任劳动教育课程助教，协助劳动教育教师完成劳动教育课堂管理工作，对学生出勤、劳动内容、劳动表现、劳动体会、劳动学时等进行记录。课程助教担任农耕劳动实践教育的指导者、记录者、监督者。

（三）志愿服务、社会实践、工厂劳动运行管理

志愿服务、社会实践、工厂劳动课程内容由全校各单位按项目组织实施，遵循“谁安排，谁申报”的原则。

项目立项：由具体劳动项目的组织单位向劳动学院申报立项，立项通过后，再按立项方案组织实施，项目完成后按要求在规定时间内向劳动学院报送劳动学时。

劳动学院劳动学时管理办公室每学期定期向全校学生公布通过立项的项目，引导学生正确参与志愿服务、社会实践、工厂劳动等项目获得学时认定；劳动学院劳动学时管

理办公室定期对立项项目进行考评和审核，对不合格项目提出整改意见或者予以取缔。

项目运行：各组织单位负责对学生参与项目情况进行记录，对学生参与项目获得的劳动学时进行记载、统计、审核、确认，学时数量认定原则上应与学生参加劳动的实际时间一致。

表4-2列出了一些志愿服务、社会实践、工厂劳动的立项项目。

表4-2　志愿服务、社会实践、工厂劳动立项项目统计表

序号	项目名称	组织单位
1	学生模拟公司创业实践	创新创业学院
2	乡村振兴创意设计大赛 大学生农业创意设计大赛	创新创业学院
3	创办企业	创新创业学院
4	大学生劳动文化节	劳动学院
5	春耕节、丰收节	劳动学院
6	大学生暑期“三下乡”社会实践	团委、二级学院
7	青年志愿服务（各级各类赛会服务、应急志愿服务、社区志愿服务、专项志愿服务）	团委
8	国旗护卫队志愿服务	团委
9	学生学术科技节志愿服务	团委
10	学生文化艺术节志愿服务	团委
11	青年公园劳动	团委
12	青年红色筑梦之旅	创新创业学院、团委
13	公益教室劳动	学生工作处、后勤处大楼管理科
14	校风学风管理志愿服务	学生工作处
15	图书馆志愿服务	图书馆
16	档案管理志愿服务	办公室
17	师资培训志愿服务	教师教育发展中心
18	师资招聘志愿服务	人事处
19	科研竞赛志愿服务	科研处
20	教务管理志愿服务	教务处

续表

序号	项目名称	组织单位
21	就业创业自助管理服务	就业指导处
22	招聘会志愿服务	就业指导处
23	资产管理志愿服务	财务处
24	外事活动志愿服务	国际教育学院
25	宣传报道志愿服务	宣传处
26	体育赛事志愿服务	通识教育学院
27	校史讲解志愿服务	校园文化办公室
28	招生咨询志愿服务	招生处
29	学生宿舍自助管理服务	后勤处宿管科
30	学生食堂自助管理服务	后勤处食堂管理科
31	户籍管理志愿服务	保卫处
32	保卫引导志愿服务	保卫处
33	医务引导志愿服务	校医院
34	实验室管理服务	实验室管理中心
35	专业技能竞赛	二级学院
36	二级学院专项志愿服务	二级学院

二、劳动教育学时管理

（一）劳动教育理论学习学时、农耕劳动学时管理

劳动教育理论学习学时：学生通过线上学习平台完成相应任务点，结合课程作业获取相应学习学时。

农耕劳动学时：学生参与劳动教育实践基地农耕劳动实践课程，完成劳动任务，撰写劳动实践报告，获取相应劳动学时。

（二）志愿服务、社会实践、工厂劳动劳动学时管理

组织单位在志愿服务、社会实践、工厂劳动等具体项目完成后，根据项目向劳动学院劳动学时管理办公室提交劳动学时申报函，并提交项目总结报告。劳动学院劳动学时管理办公室负责对各单位申报的劳动学时数据进行录入与分析。

应对重大事件需要紧急召集志愿者的服务项目，可根据实际情况，简化流程，加快实施，快速申报。

（三）劳动学时查询系统

劳动学院劳动学时管理办公室负责对劳动教育理论学习学时、农耕劳动学时、志愿服务、社会实践、工厂劳动学时进行审核、录入、统计，定期对学生所取得的劳动学时进行公布。

查询方式：可登录创新创业学院官网（http://sie.scujcc.edu.cn）查询劳动学时数。

第四节　劳动教育学分认定

劳动教育学分认定主要以劳动教育目标和课程内容为参考依据，将过程评价和结果评价相结合进行综合评定。劳动教育课程教学管理注重学生的劳动观念和态度、劳动知识与技能、劳动习惯与品质、劳动成效四个方面的考察。学生完成劳动后，提交劳动教育实践报告，劳动学院劳动学时管理办公室根据学生劳动学时记录和劳动教育实践报告评定劳动课成绩。劳动教育课程成绩按优秀、良好、中等、及格、不及格记分。劳动学时管理办公室将成绩报劳动学院领导审核后，以专业为单位登记造册报教务处录入成绩管理系统。

表4-3列出了劳动教育学分认定考察指标。

表4-3　劳动教育学分认定考察指标

<table>
<tr><th colspan="2">考察内容</th><th>综合评价</th></tr>
<tr><td colspan="2">劳动教育理论知识</td><td rowspan="7">有效劳动学时+劳动实践报告

◆64＞有效劳动学时　不及格
◆64≤有效劳动学时＜69　及格
◆70≤有效劳动学时＜79　中等
◆80≤有效劳动学时＜89　良好
◆90≤有效劳动学时　优秀</td></tr>
<tr><td rowspan="5">农耕劳动实践课程</td><td>课堂考勤</td></tr>
<tr><td>劳动观念和态度</td></tr>
<tr><td>劳动知识与技能</td></tr>
<tr><td>劳动习惯与品质</td></tr>
<tr><td>劳动成效</td></tr>
<tr><td colspan="2">志愿服务、社会实践、工厂劳动</td></tr>
</table>

第五节　劳动教育表彰奖励

在“三练三创实践教育”中，学校开办农场，建立劳动教育实践基地，把劳动教育列为必修课；学校鼓励学生创业，建立创新创业实践基地，将创业列为必修课，让学生自主创办模拟公司，一边学习，一边实践，从实践中学习管理知识，以创业带动学业，以学业促进创业，使同学们在活动中学会经营、学会创业。学生自觉组织社会实践、社会公益活动、模拟公司运作以及参与研发团队活动等，锻炼经营管理能力、组织领导能力、实践和动手能力。为了进一步加强和改进“三练三创实践教育”工作，培养造就创新思维、创造能力和创业精神兼备的社会主义建设者和接班人，树立先进典型，激励学生奋发向上，促进学生全面发展，学校通过一系列办法促进“三练三创实践教育”有序、深入开展，鼓励学生积极参与、自觉实践。

先进集体和优秀个人评选：开展“三练三创”优秀组织单位、优秀劳动班级、十佳学生模拟公司、暑期社会实践优秀团队、“三练三创”优秀指导教师、学生模拟公司优秀经理人、学生农场劳动模范、学生劳动标兵、学生劳动之星、“三练三创”实践积极分子、优秀志愿者等先进集体和优秀个人评选、表彰活动。

资料链接

积极开展“三练三创实践教育”，培养高素质应用型人才

——成都锦城学院党委书记、创校校长邹广严教授在2007年“三练三创”表彰大会上的讲话

（2007年11月9日）

锦城学院的特色有哪些？今天召开的表彰会就是一个特色；这次我们表彰学生模拟公司优秀经理人、学生农场劳动模范等就是特色；给受表彰的老师、同学戴上大红花就是特色；“三大教育”就是特色。“三练三创实践教育”别的学校也不是没有进行，但是我们将它课本化、课堂化、长期化，纳入学院的教育体系，这是我们的特色。

在“三练三创实践教育”中，无论是开办模拟公司，还是参加农场劳动，过程比结果重要。因为我们的目的是锻炼同学们的组织能力、沟通能力和团队精神，这些对同学们将来立足社会非常重要。刚才听了获奖同学的发言，我感到同学们已经成熟起来。

我院“三练三创实践教育”开展两年多以来，经过全校师生的共同努力，在理论上和实践上更加成熟。我们提出学业促进创业、创业带动学业，来处理学习和“三创”活动之间的关系。我们还要处理创业和就业的关系。胡锦涛总书记在十七大报告中指出，实施扩大就业的发展战略，促进以创业带动就业。因此，创业活动正扩展到全社会。创业之路就是复兴之路，经济最发达的国家都是创业活动最活跃的国家，都是富有创新思

维、创造能力、创业精神的国家。我们要实现民族复兴，必须发扬“三创”精神。

我们正在探索高素质应用型人才的培养模式。模式的探索也是一种创造，我们正在创造之中。在我院第一届学生开学典礼的讲话中，我们就提出要培养高素质、复合型、经世致用的人才，学生的培养目标是“三会两双”，实际上就是培养高素质应用型人才，就是培养做人第一、能力至上的人才。将来锦城学院学生的品牌是什么？就是动手能力强。学院舆论、对外宣传，今后都要把锦城学院学生动手能力强，会动脑、会动口、会动手作为宣传核心。在培养人才中，把“三练三创”与“三会两双”结合起来，会动脑，培养思考判断的能力；会动口，培养沟通表达的能力；会动手，培养操作实现的能力。概括起来我们要培养学生三种能力：通过学习获取知识的能力，通过实践运用知识的能力，通过创新发现知识的能力。

英国哲学家培根说过：“知识本身并没有告诉人们怎么应用它，应用它的方法乃在书本之外。”过去说知识就是力量，现在看知识不等于力量，应用知识才是力量。锦城学院的学生必须将知识变为力量，才有竞争优势。2005级学生就是学院的品牌，2005级学生能不能在社会上立足关系到学院教育的成败。

我们的学生能拿到锦城学院的毕业证和四川大学的学位证，是一个信号，说明你受到了相应的教育；我们的学生能做学生模拟公司的经理人，也是一个信号，说明你有相应的能力和经历。同学们在模拟公司的实践最好与学业及就业方向一致，相互促进。

我们正在进行课程改革与培养模式创新。要做到三个统一：一是在教学内容上实现学术教育与技术教育的统一；学术就是知识，技术就是应用知识，二者要统一。二是学历教育与职业资格教育的统一。三是课堂教学与实验室教学、生产实践基地教学的统一。

要把三创公司的实践与学历教育结合起来。为什么说过程比结果重要？因为这个过程是不断运用所学知识的过程。同学们在劳动、实践、经营公司的过程中，要注意通过运用知识提高能力。例如，参加农场的同学了解到地膜覆盖技术的应用，在经营农场中还要考虑了解市场需求、降低成本等，这些就是获得知识和运用知识。计科系的学生到峨眉山做软件项目，就是把学到的计算机科学包括网络和软件方面的知识应用到实践上，也可以检验出还欠缺哪些知识。

“三练三创”的过程使同学们将在“一体两翼”知识教育中学到的知识充分应用、熟练掌握，锦城学院学生的竞争优势也就体现出来了。我们必须牢牢地把握一点，同学们既要有广博的学识，又要有很强的动手能力。我们的学生在动手能力上要强于研究型院校的学生，在基础知识上要强于职业院校的学生，这必须真刀真枪地干。

通过这次表彰大会，我们要把“三练三创实践教育”与高素质应用型人才培养模式的创新积极大胆地进行下去，争取更大的成功和胜利！

第五章　农耕劳动实践课程设计

第一节　概　述

为深入贯彻习近平总书记关于教育的重要论述，全面贯彻党的教育方针，落实《中共中央 国务院关于全面加强新时代大中小学劳动教育的意见》，根据《教育部关于印发〈大中小学劳动教育指导纲要（试行）〉的通知》（教材〔2020〕4号）文件精神，成都锦城学院劳动教育课程设计坚持理论与实践相结合，利用自身劳动教育实践基地的资源优势，搭建适合高校学生参与劳动教育的重要实践平台，以农耕劳动实践为主要载体，与思想政治教育、专业教育、社会实践、志愿服务、创新创业教育、校园文化活动等相结合，让学生真实体验劳动实践项目，树立正确的劳动观念、具有必备的劳动能力、培育积极的劳动精神、养成良好的劳动习惯和品质，全面提高学生综合素养。

课程以劳动教育实践基地作为主阵地，利用自然农时开展谷物、蔬菜、园艺、水果、茶及其他作物种植，结合创新创业教育开展农产品加工服务，让学生参与翻地、除草、播种、移栽、中耕、灌溉、施肥、采收、包装、销售等劳动实践内容，体悟从播种到收获的全过程。课程设计主要包括教学目标、教学重难点、教学方法、教学流程、课程内容、劳动准备、劳动安全、劳动设计、劳动评价、推荐读物和课后思考等板块。

成都锦城学院劳动教育实践基地自2005年建设以来，根据学校整体规划分别于2008年、2010年进行了两次场地变迁，随着劳动阵地的更换，农耕劳动实践教育的管理模式也进行了改革。第一阶段（2005年10月—2010年9月），土地承包到各教学单位，分别成立学生农场模拟公司，各单位自行规划劳动实践内容，采取自我考核的管理模式；第二阶段（2010年10月—2013年10月），成立学生农场总公司（学生模拟），从各教学单位农场划拨一块土地作为示范，与各教学单位学生农场模拟公司共同开展劳动实践教育的管理模式；第三阶段（2013年11月至今），收归全部土地由学生农场总公司统一规划管理，统一组织学生参与劳动实践。劳动教育实践基地投入使用17年以来，一直承担着全校学生的劳动教育实践课程工作，经过不断的实践和完善，基地硬件建设与课程内容建设都从原来的1.0版本提升到了现在的3.0版本。本章主要选取基地内所开展的劳动项目，包括粮食生产、蔬菜种植、花卉培育、果树栽种、水产养殖等部分内容。

第二节　劳动教育实践基地课程建设思路

一、劳动教育实践基地课程建设目标

劳动教育实践基地课程建设总目标围绕学生知识与技能目标（低阶培养），过程与方法目标（中阶培养），情感、态度与价值观目标（高阶培养）进行设计。让学生真实参与生产劳动，亲历实际的劳动过程，运用所学知识解决实际问题，领悟劳动的意义，形成勤俭、奋斗、创新、奉献的劳动精神。

（一）知识与技能目标（低阶培养）

（1）认识劳动的意义及其必要性。

（2）掌握劳动工具的使用方法及基本劳动技能。

（3）掌握处理生活中基本事务的能力，了解基地各劳动内容的生产技术，具有服务自我、服务他人和服务社会的能力。

（4）掌握劳动教育课堂中各任务要求及安全注意事项。

（二）过程与方法目标（中阶培养）

（1）能理解劳动教育在德智体美劳“五育并举”中的重要作用。

（2）能正确参与各种农业综合项目的实践学习，能正确、高效地运用劳动工具，熟练掌握实践要领，体会劳动的艰辛和丰收的喜悦。

（3）具有沟通协调、团队合作的职业素养和综合实践能力。

（4）具有观察、评价他人劳动成果质量并撰写劳动实践报告的能力。

（三）情感、态度与价值观目标（高阶培养）

（1）树立崇尚劳动、珍惜劳动成果的劳动价值观。

（2）深化对农业产业的了解，增强对农业的认同感、归属感，培养“一懂两爱”（懂农业、爱农村、爱农民）的高素质技术技能人才。

（3）认识“幸福是奋斗出来的”内涵和意义，弘扬开拓创新、砥砺奋进的时代精神。

（4）认识劳动创造人、劳动创造价值、劳动创造财富、劳动创造美好生活的道理，尊重劳动者，牢固树立劳动最光荣、劳动最崇高、劳动最伟大、劳动最美丽的思想观念。

二、劳动教育实践基地课程教学方法

（一）低阶培养阶段教学方法

基地课程在低阶教学阶段主要采用线上线下混合式教学法，以传授理论知识为主，让学生了解劳动教育相关知识体系，了解传承中华农耕文化的意义和所面临的挑战，引导学生热爱劳动、尊重劳动，线下开展劳动实践，引导学生体悟劳动，为传承与发展中华农耕文化打好基础。

（二）中阶培养阶段教学方法

本课程在中阶教学阶段主要采用问题导向法、案例教学法和示范操作法等教学方法。劳动教育指导教师、劳动教育课程助教在劳动课堂中通过劳动示范，展示劳动要领、规范操作技能，学生通过观察模仿体悟学习。中阶教学以学生主动学习思考为主，要求学生把劳动知识与实际生活中的体验结合起来，培养手脑并用、做学合一的能力；通过学习劳动技能和农耕文化知识，思考弘扬中华农耕文化优良传统的途径，加深劳动认知，形成热爱劳动的思想感情，养成负责、守纪的劳动品质和劳动习惯。

（三）高阶培养阶段教学方法

本课程高阶教学阶段主要通过深度学习农耕文化和参与劳动实践，启发学生的劳动兴趣，提升学生的劳动认知，增强学生的社会责任感，树立劳动最光荣、劳动最崇高、劳动最伟大、劳动最美丽的观念。根据教学目标的要求，采用情景教学法、实践探究法、项目驱动法等教学方法，采用线上线下混合式教学模式，让学生在书中学、在视频中学、在实践中学，形成深度思考，从对劳动教育和农耕文化知识的掌握，上升到对中华优秀传统农耕文化的传承以及思想素养的培养。

三、劳动教育实践基地课程内容设计

（一）农耕劳动实践内容设计

农耕劳动实践内容包括谷物（如水稻、小麦、玉米、花生、油菜、芝麻、向日葵、马铃薯、红薯、大豆、豌豆、绿豆、蚕豆等）、蔬菜（如叶菜、根茎菜、瓜果菜、茄果菜、葱蒜、菜用豆、水生菜等）、园艺、水果（如梨、柑橘、葡萄、桃、李等园林水果，以及西瓜、甜瓜、草莓等瓜果类）、茶及其他作物种植等。

（二）农耕文化传承内容设计

通过举办春耕节、丰收节、大学生劳动文化节、农耕文化展览室、农业技能训练营、农耕农具改进与研发特训营、农耕文化宣传培训班、劳动颂歌征文大赛、弘扬劳动精神演讲比赛、二十四节气绘画比赛、党员先进性与农耕劳动研讨会等主题（专题）活动，构建“多态空间”，搭建劳动教育平台，传承优秀传统文化。

第三节　劳动教育实践基地劳动实践模块设计

一、水稻种植劳动实践模块设计

水稻古称稌（tú），也叫稻，禾本科植物，自古以来就是我国的主要粮食作物之一。据相关资料考证，我国是世界上最早种植水稻的国家，在浙江余姚发现的河姆渡遗址中出土了大量稻谷、谷壳、稻秆等，其历史大致可追溯到7000年前。水稻适应性强，种植面积广，我国水稻的发展，是由南向北逐步推移的。现在我国水稻的种植，南至海南岛崖县，北至黑龙江漠河，东至台湾，西至新疆，不论高原平川、涝洼盐碱地都有水稻种植，几乎遍布全国，但其集中产区则在秦岭、淮河一线以南，其他地区较为分散。

现在，我国每年水稻的播种面积占全国粮食作物播种面积的1/4，占全国粮食总产量的1/2，并养活着2/3的人口。水稻的经济价值很高，稻谷品质较好，便于储藏和运输，与其他谷类作物比较，稻米含的粗纤维最少，各种营养成分的可消化率和吸收率高。经过长期的自然选择和我国劳动人民的精心培育，形成了粳稻、籼稻、粘稻、糯稻、水稻和陆稻等许多不同的品种类型。

（一）教学目标

1. 知识与技能目标（低阶）

（1）让学生学习水稻的科学种植方法、栽培技术要点、收割方法，了解稻田的选择，了解水稻育苗的过程，掌握水稻插秧和收割的注意事项。

（2）让学生了解水稻的历史以及文化。

（3）让学生掌握水稻的一生及其发育规律。

2. 过程与方法目标（中阶）

（1）让学生通过劳动体验与实践，训练与培养从事一定劳动所必须具备的知识、技术、技巧及综合运用这些知识、技术、技巧的能力，培养提高生活质量所必备的生活劳动技能，学到分析解决劳动问题的本领。

（2）让学生学习水稻育苗，掌握水稻催芽、浸种的关键，学会苗床的培育，全面领悟理论知识，经历水稻插秧的过程，理解水稻插秧时间与密度，提升实践能力。

（3）学习秧苗生长过程中的科学管理，理解稻田的选择，知道补水、补肥的时机，理论知识得到全面提升，学习水稻收割的过程，理解水稻收割的时机，学会收割水稻的方法。

3. 情感、态度与价值观目标（思政目标）（高阶）

（1）让学生通过深度参与水稻种植过程，提升和培养综合运用劳动知识与技能解决复杂问题的能力，形成热爱劳动的思想感情，养成负责、守纪的劳动品质和劳动习惯；通过知识学习和实践探究，深刻理解劳动的意义与本质以及水稻种植在农业生产中的重要意义，发展创造力。

（2）通过让学生亲历水稻种植的过程，提升学生的劳动认知、社会责任感以及创新创业精神，培养学生的团队协作精神，让学生树立劳动最光荣、劳动最崇高、劳动最伟大、劳动最美丽的崇高理念。

（3）通过体验和探究，让学生初步理解水稻种植对社会稳定发展的重要作用，启发学生的独立思考能力，增强对自我实践所创造价值的信心，获得成就感，拓展主动参与的意识，树立对农业及其相关生产活动的亲近感。

（4）通过不断的劳动检验，让学生不仅从身体上锻炼自己，同时从意志上锤炼自己，不断提升学生独立自主和团队协作的能力，在此过程中能逐渐发现自己哪方面还存在不足，并通过后期学习逐步改善。

（二）教学重难点

1. 教学重点

（1）育苗过程中提高出芽率的技术；

（2）插秧过程中的技术要点和方法；

（3）秧苗生长过程中的科学管理方法。

2. 教学难点

（1）提高水稻育苗出芽率的技术；

（2）灵活运用插秧技术，提高秧苗的成活率；

（3）灵活掌握补水、补肥的时机；

（4）灵活运用收割水稻的方式方法；

（5）真正领悟劳动教育的意义。

（三）教学流程（见图5-1）

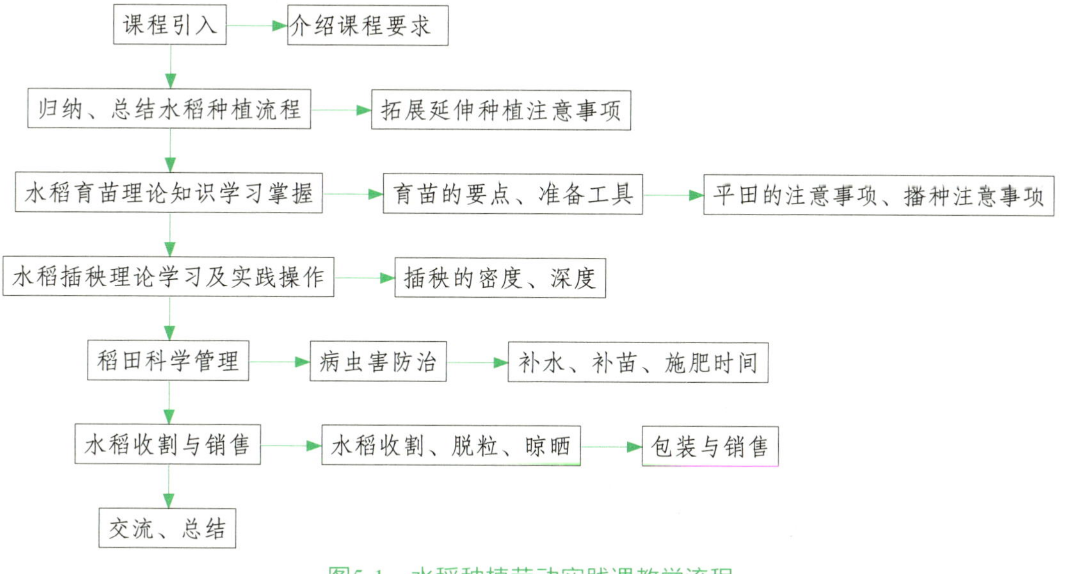

图5-1　水稻种植劳动实践课教学流程

（四）课程内容（见表5-1）

表5-1 水稻种植劳动实践课内容

时间	节气	农事活动	劳动任务
3月份	惊蛰～春分	育秧	1．水稻播种前先经过晒种、选种、浸种、催芽四个步骤。在播种前需要选择晴天晾晒种子。 2．整理土地，先翻地并施底肥，然后以1.5 m宽为一厢，每厢地之间间隔35 cm。 3．土地整理好后灌水，并把土地表面理平整，左右两边及中间的高度一致。灌水时水位线与地面持平。 4．水稻播种，需要均匀地撒在秧田内。 5．播种完后用拱棚支架盖膜，在天气炎热的时候注意打开膜通风。 6．秧苗长出后，需要给水稻育苗田锄草，去除稗子，需要用手用力拔出并且连根拔起
4月份	清明～谷雨	整地	1．翻耕土地并施底肥，翻耕时需深耕细耙，要求土壤松软通透、田面细碎平整，水平线一致。 2．进行灌水，由于还未插秧，所以不需要灌水太深，5 cm水深即可
5月份	立夏～小满	插秧	1．左手拿秧苗，右手从左手秧苗中分3、4根秧苗出来，注意不要把秧苗弄断。 2．食指和中指钳住秧苗根部，秧苗在掌心一侧，食指和中指顺着秧苗的根朝下（注意主要是依靠手指的力量使秧苗的根部不受损坏）插入泥土中。 3．插秧后需要保持秧苗竖立，并且根部以上大概1/3必须在田泥中。插秧过程中的脚步必须是往后退，以防踩到秧苗（注意秧苗与秧苗中间的间距需要用绳子标记，并且后排要和前排对齐）
6月份	芒种～夏至	管理	1．水稻补苗。若由于天气、病虫害等多种原因，造成水稻苗死亡或生长情况不佳，可以进行适当的补苗工作。 2．施肥。秧苗在抽高并长出第一节稻茎的时候称为分蘖期，这期间需要施肥让稻苗健壮地成长，促进日后结穗米的饱满和数量。 3．插秧后灌水需要不露地，分蘖期灌水需要特别注意深浅，以2～3 cm最佳
9月份	白露～秋分	收获包装销售	1．准备好镰刀，对准水稻根部上方15 cm的位置进行收割，边割边前进。 2．收割好的水稻按照一定的方向摆放，以便后续搬运，若水稻还有一点返青，可以进行适当的晾晒。 3．水稻脱粒。使用打谷机将水稻的谷粒和茎干分离。 4．谷粒晾晒。将谷粒在塑料布上进行晾晒，以防止发霉。 5．将稻谷放入碾米机进行脱壳，可以得到大米。

续表

时间	节气	农事活动	劳动任务
9月份	白露～秋分	收获 包装 销售	6．将水稻秸秆放入粉碎机粉碎，然后混合米糠一起倒在堆肥区进行堆肥。 7．将处理好的大米用一定规格的包装袋进行包装，然后抽真空。 8．包装好的大米进行销售

（五）劳动设计（见表5-2～表5-5）

表5-2 劳动设计一：水稻育苗实践

课程模块	水稻育苗实践
课程名称	劳动教育
课程项目	劳动体验
主题内容	学习水稻育苗的各个步骤，学会各种相关劳动工具的使用
课程目标	1．认知性目标：在老师指导下，以现场教学的方式了解水稻种子的特点，了解播种前对种子的处理，了解水稻育苗方式，了解水稻种植的注意事项，了解需要用到的工具的使用方法，了解育苗前的底肥作用及用量，了解拱棚支架和保温膜的作用，学会辨识水稻田内的稗子； 2．参与性目标：主动参与课程实践； 3．体验性目标：了解水稻种子基础知识后，现场学习水稻种子的播种方法、播种方式，学习辨识和去除稗子； 4．技能性目标：动手操作实践，初步学会使用锄头，初步学会水稻播种方式，初步学会底肥的使用方式及使用量，初步学会使用拱棚支架和保温膜，清楚如何处理稗子； 5．创造性目标：主动发现问题，利用信息检索、课堂提问、交流合作等手段创造性解决问题
劳动安全规则	1．必须按照《劳动教育实践基地安全生产要求》正确使用劳动工具； 2．爱护劳动工具，禁止故意破坏、乱丢乱放； 3．劳动前，必须按要求规范着装； 4．劳动实践过程中，必须听从老师指挥，禁止嬉戏打闹
劳动现场相关物料、工具准备	1．老师提前准备创可贴、碘伏，以备同学们受伤时使用； 2．老师提前准备锄头、水管、底肥、拱棚支架、保温膜，做好教学准备工作，布置好教学现场
劳动过程	1．课前组织教学，明确劳动实践任务内容及纪律要求； 2．课中老师讲解并带领同学们认识水稻种子，学习其播种方法及注意事项，了解底肥的使用方式和使用量，学会给水稻苗地盖膜，学会辨识稗子和去除稗子； 3．课中学生分组实践并使用锄头、水管、底肥、拱棚支架、保温膜等工具； 4．课后学生总结本堂课程收获及体会，老师完成对学生的劳动实践教学评价

表5-3　劳动设计二：水稻移栽实践

课程模块	水稻移栽实践
课程名称	劳动教育
课程项目	劳动体验
主题内容	学习水稻移栽的各个步骤，学会各种相关劳动工具的使用
课程目标	1．认知性目标：在老师指导下，以现场教学的方式了解水稻苗的特点、移植间距和注意事项； 2．参与性目标：主动参与课程实践； 3．体验性目标：了解水稻苗基础知识后，了解水稻插秧方法，现场学习水稻移植方法和注意事项； 4．技能性目标：动手操作实践，初步学会水稻插秧方式，初步了解水稻移植间距； 5．创造性目标：主动发现问题，利用信息检索、课堂提问、交流合作等手段创造性解决问题
劳动安全规则	1．必须按照《劳动教育实践基地安全生产要求》正确使用劳动工具； 2．爱护劳动工具，禁止故意破坏、乱丢乱放； 3．劳动前，必须按要求规范着装； 4．劳动实践过程中，必须听从老师指挥，禁止嬉戏打闹
劳动现场相关物料、工具准备	1．老师提前准备创可贴、碘伏，以备同学们受伤时使用； 2．老师提前准备筒靴，做好教学准备工作，布置好教学现场
劳动过程	1．课前组织教学，明确劳动实践任务内容及纪律要求； 2．课中学生分组实践并使用筒靴等工具； 3．课后学生总结本堂课程收获及体会，老师完成对学生的劳动实践教学评价

表5-4　劳动设计三：水稻维护实践

课程模块	水稻维护实践
课程名称	劳动教育
课程项目	劳动体验
主题内容	学习水稻维护的各个步骤，学会各种相关劳动工具的使用
课程目标	1．认知性目标：在老师指导下，以现场教学的方式了解水稻苗的特点，施肥的方式和注意事项，了解水稻田灌水注意事项，了解水稻的生长习性； 2．参与性目标：主动参与课程实践； 3．体验性目标：了解水稻基础知识后，现场学习水稻除草、水稻灌水施肥方法和注意事项； 4．技能性目标：动手操作实践，初步学会给水稻施肥和灌水； 5．创造性目标：主动发现问题，利用信息检索、课堂提问、交流合作等手段创造性解决问题

续表

劳动安全规则	1．必须按照《劳动教育实践基地安全生产要求》正确使用劳动工具； 2．爱护劳动工具，禁止故意破坏、乱丢乱放； 3．劳动前，必须按要求规范着装； 4．劳动实践过程中，必须听从老师指挥，禁止嬉戏打闹
劳动现场相关物料、工具准备	1．老师提前准备创可贴、碘伏，以备同学们受伤时使用； 2．老师提前准备筒靴、水桶、肥料，做好教学准备工作，布置好教学现场
劳动过程	1．课前组织教学，明确劳动实践任务内容及纪律要求； 2．课中学生分组实践并使用筒靴、水桶等工具； 3．课后学生总结本堂课程收获及体会，老师完成对学生的劳动实践教学评价

表5-5 劳动设计四：水稻收割与销售实践

课程模块	水稻收割与销售实践
课程名称	劳动教育
课程项目	劳动体验
主题内容	学习水稻收割的各个步骤，学会各种相关劳动工具的使用
课程目标	1．认知性目标：在老师指导下，以现场教学的方式了解水稻的收割时间，了解水稻脱粒和碾米的方法及原理，了解所需使用的大米包装方法，了解大米销售模式； 2．参与性目标：主动参与课程实践； 3．体验性目标：了解水稻收割和销售基础知识后，现场学习水稻收割方法和注意事项，并学会辨别水稻成熟度，学会使用打谷机和碾米机； 4．技能性目标：动手操作实践，初步学会收割水稻，初步学会包装水稻，学会使用打谷机和碾米机； 5．创造性目标：主动发现问题，利用信息检索、课堂提问、交流合作等手段创造性解决问题
劳动安全规则	1．必须按照《劳动教育实践基地安全生产要求》正确使用劳动工具； 2．爱护劳动工具，禁止故意破坏、乱丢乱放； 3．劳动前，必须按要求规范着装； 4．劳动实践过程中，必须听从老师指挥，禁止嬉戏打闹
劳动现场相关物料、工具准备	1．老师提前准备创可贴、碘伏，以备同学们受伤时使用； 2．老师提前准备蛇皮口袋、包装盒、袋子、秤、标签等工具，准备好打谷机和碾米机等大型机器，做好教学准备工作，布置好教学现场
劳动过程	1．课前组织教学，明确劳动实践任务内容及纪律要求； 2．课中老师讲解并带领同学们认识不同品种水稻的成熟度，学习收割和包装的方法及注意事项； 3．课中学生分组实践并使用蛇皮口袋、包装盒、袋子、秤、标签等工具； 4．课后学生总结本堂课程收获及体会，老师完成对学生的劳动实践教学评价

（六）推荐读物

1．彭红，朱志刚．水稻病虫害识别与绿色防控图谱．郑州：河南科学技术出版社，2021.

2．董建强，江剑波，丁维东．水稻高产高效栽培与病虫草害绿色防控．北京：中国农业科学技术出版社，2021.

3．顾铭洪，程祝宽．水稻起源、分化与细胞遗传．北京：科学出版社，2022.

4．龚珍．中国农业的四大发明：水稻．北京：中国科学技术出版社，2021.

（七）课后思考

1．如何理解新时代劳动教育的基本内涵？

2．新时代劳动教育的总体目标是什么？

3．全面构建体现新时代特征的劳动教育体系，应重点着眼于哪些方面？

4．结合自身的见闻、经验或体会，谈一谈你对劳动精神的理解。

5．大学生应如何身体力行践行劳动精神？

拓展阅读

水稻起源

根据出土的碳化稻谷进行推算，地球上水稻最初的身影出现在浙江省余姚市河姆渡，距今已有7000年。而在大连大嘴子遗址半地穴式房屋的套管中发现了距今3000年前的高粱和水稻。由于水稻是植物界中适应性、可塑性最强的作物，所以在人类漫长的进化史中，将水稻和小麦作为生命食物链，而中国和印度更是将稻米作为主食。

水稻种群起源悠久、演化时间长、基因突变量也较高，因而在中国稻群中，衍生出早籼、中籼、晚籼、早粳、中粳、晚粳六大生态群。而在自然选择下，品种容易自然退化，杂交育选则能够使水稻择优进化、保持强壮。20世纪70年代，袁隆平研发出杂交水稻，人们开始选择了一种优良组合，使水稻产量始终保持较高水平。

水稻与人

人体中的碳元素占比15％，磷元素占比3.11％，氮元素占比9.33％，人类若要保持活力与生机，就需要从外界获取适量元素。在人类早期进化时，谷物便成为人类的主食，由于谷物作为碳水化合物，含有大量碳元素，因此人类在食用谷物时能够摄取足够的碳。而稻米与小麦相比，淀粉粒较小，更便于人类吸收。

稻谷中碳、氮、磷的占比达到70％以上，能够对平衡膳食起到决定性作用。在人与自然长期协同进化中，稻谷对人体的益处不仅仅限于饱腹，还有抗氧化、延缓衰老、抑制肿瘤、抗感染、调节免疫力以及降低胆固醇等作用。它能够有效地保护人体健康。

人与水稻的故事从大约1万年前到现在从未停止。人类发现水稻、培育水稻、关爱水稻，并留下了许多赞颂水稻的民谣：

春　季

立春晴一日，耕田不费力。
雨水春雨贵如油，顶凌耙地防滴流。
多积肥料多打粮，精选良种夺丰收。
惊蛰寒，秧成田。惊蛰暖，秧成秆。
春风到，把种泡，点了玉米忙撒稻。
清明谷雨紧相连，浸种耕田莫迟延。

夏　季

芒种打火（掌灯）夜插秧，抢好火色多打粮。
夏至伏天到，中耕很重要，伏里锄一遍，赛过水浇园。
大暑小暑，有米懒煮。
大暑有雨米满缸，大暑无雨空水缸。

秋　季

立秋三场雨，种谷变成米。
处暑雨，粒粒皆是米（稻）。
白露谷，寒露豆，花生收在秋分后。
霜降前降霜，挑米如挑糠；霜降后降霜，稻谷打满仓。

冬　季

冬天耙田，害虫命“归天”。
白雪堆禾塘，明年谷满仓。
冬至稻无刈，一夜脱一箩。
草木灰，单积攒，上地壮棵又增产。
大寒猪屯湿，三月谷芽烂。

相关食材

1．米糕

米糕历史悠久，是中国特色传统小吃食品之一。米糕是用黏性大的米或米粉蒸成，加工制作方便，耐贮藏，食用方法多样，所以很受大众欢迎。

米糕在汉朝就有“稻饼”“饵”“糍”等多种称呼，汉代的扬雄在《方言》一书中就已有“糕”的称谓，魏晋南北朝时已流行。古人对米糕的制作也有一个从米粒糕到粉糕的发展过程。

米糕在制作上所需材料：

①甜米糕：糯米、白糖、水。

②萝卜米糕：晚籼米、水、白萝卜、盐、辣椒、味精。

③发酵米糕：晚籼米、水、小麦面粉、红糖或饴糖、膨松剂。

2．米粉

米粉是以稻米为主要材料制作的细长的面条状食品，是中国特色小吃，在中国南方地区非常流行。

米粉质地柔韧，富有弹性，水煮不糊汤，干炒不易断。不同地区的米粉由于制法不同，会有不同的质地和口味。

3．汤圆

汤圆别称汤团、浮元子，是中国汉族代表小吃之一。汤圆起源于宋朝，以黑芝麻、猪油、白砂糖为原料，首先把黑芝麻磨制成粉末状，然后将猪油、白砂糖相继放入混合物揉成团做馅，外面用糯米粉搓成圆形，煮熟后，吃起来香甜可口，饶有风味。

4．糍粑

糍粑是用糯米蒸熟捣烂后所制成的一种食品，是中国的一种民间传统食品。

糍粑具有香、甜、黏等特点，其口味清幽淡雅、甘甜爽口，是老少皆宜的食品，主要流行于中国南方地区和少数北方地区。

相关节日

“六月六·传统水稻节”是布依族一年一度的传统节日，每逢农历六月初六都要举行隆重的庆祝仪式。

据了解，布依族“六月六·传统水稻节”是布依族同胞为纪念布依族老人盘果发现谷蕙、培植旱谷、改良稻谷种植方法，解决了布依族人民粮食生产不足的问题的节日。1981年6月11日，国家民族事务委员会正式将“六月六”这一天定为布依族的传统节日。

布依族“六月六·传统水稻节”这个节日，历来就是布依族同胞表达感恩的节日。如今在党和政府的领导下，布依族同胞在生活条件改善、民族生态建设、民族文化传承和发展等方面都取得了巨大进步，因此赋予了这个节日新一层含义，即感恩党和政府给民族群众带来的好日子。

水稻分布

中国南方拥有世界上最大的野生稻种群，北方拥有世界上最大的粳稻种植开发区，但主要的水稻生长区域还是中国南方。

我国水稻的主要种植区：华南双季稻稻作区、华中双季稻稻作区、西南高原单双季稻稻作区、华北单季稻稻作区、东北早熟单季稻稻作区和西北干燥区单季稻稻作区。

世界水稻分布主要分为东北亚稻国（朝鲜、韩国、日本）、东南亚稻国（印度尼西亚、孟加拉国、越南、菲律宾、泰国等）、印度稻国、非洲稻、欧洲稻、美洲稻。

中国是当今世界水稻大国、强国，目前的育种技术还在发展。中国提出共建“一带一路”倡议，同时也将中国水稻技术传播给世界。

栽培技术

（一）种子处理

（1）晒种。播种一周前，选择晴天晒种2~3天。

（2）浸种消毒。浸种时水面超过种子15 cm左右，同时水中撒入石灰消毒。

（3）苗床手撒播种。每平方米播种量为干籽200 g，湿籽250~300 g。播撒时注意撒种均匀、细致，覆土薄厚一致。

（二）秧苗培育

在育苗时，选择背风、向阳且土壤肥沃的地块，苗床的深度在13 cm左右，将苗床的土壤整理平整，并将底水浇足。播种3天前，将腐熟的有机肥和硫酸钾撒在苗床上进行肥土，在种子播种的前2天，对苗床进行消毒，之后播种育苗。育苗后，在苗床上覆盖一层细土，避免苗床被阳光直射，同时提高出苗率。当水稻幼苗长出一心一叶后，就对苗床进行通风，通风的同时要喷洒多效唑，目的是控制秧苗徒长，保证秧苗多分蘖。

（三）插秧

水稻幼苗生长一个月左右，叶龄达到5.0～5.5片时，就可以人工插秧。人工插秧时保证每穴3棵稻苗，秧苗之间的间隔在15 cm×20 cm左右。插苗时注意都要使秧苗浅插在稻田中，目的是缩短幼苗的返青期，使幼苗在低位时多分蘖，最终实现多穗高产。

（四）水肥管理

1．科学施肥

肥料是水稻生长过程中的重要营养，施肥时要遵照施足底肥，早施、重施分蘖肥，巧施穗肥的原则。科学合理地进行施肥，能保证水稻不同生长时期的营养供给，能为水稻高产提供支持。在整地时，可以施底肥，底肥包括氯化钾、沼液肥、过磷酸钙、尿素等。在幼苗移栽后，可以追加尿素、氯化钾等肥料，目的是促进稻苗的第一次分蘖。在幼苗移栽15天后，要追加氮肥、磷肥、钾肥，目的是促进水稻的第二次分蘖，提高水稻的成穗率。当水稻长到主叶穗龄12片时，当稻苗出现同心叶，叶片的颜色变淡并拔节时，可再次追加氮肥、磷肥、钾肥。

2．合理灌溉

水稻在生长过程中对水的需求量非常大。在灌溉时，一般遵循泥薄水插秧、寸水回青、浅水分蘖、够苗晒田等原则。种植户要加强对水稻的灌溉管理，通过露田和晒田促进水稻的根系深扎到地下，目的是提高水稻的成穗量。在水稻生长孕穗期到扬花期，要保持稻田中浅水状态。如果遇到持续高温天气，需要灌溉深水。立秋后，由于早晚温差比较大，白天浅水灌溉，夜晚深水灌溉。到后期要干湿交替，目的是保养水稻的根系，促进叶片生长。在水稻收割前7天要断水处理，以提高水稻的生长活力，调节田里温度，提高水稻生长速度，促进水稻高产。

二、玉米种植劳动实践模块设计

玉米是禾本科玉属黍属植物，又名苞谷、苞米、玉属黍、珍珠米等。原产于中美洲墨西哥和秘鲁，16世纪传入我国，距今已有400余年的栽培历史，是我国杂粮作物中最重要的一种，在国民经济中有着极其重要的意义。

虽然玉米在我国栽培的历史相对较短，但由于它具有重要的国民经济意义，所以现在全国各地都有种植，分布极广，尤以东北、华北和西南各省居多。因全国各地气候、土壤耕作等条件不同，玉米的栽培情况也很复杂，大致可分为四个区：北部春播玉米区、黄淮流域夏播玉米区、西南丘陵玉米区和华南玉米区。

玉米的品种类型也有很多，比如按用途分，有粮用饲用品种、菜用品种（包括糯质型、甜质型、玉米笋型）、加工品种（甜玉米、玉米笋）、爆粒型品种（爆米花专用品种）等，又如东北地区普遍种植硬粒型玉米，华北地区多种植适于磨粉的马齿型玉米（品质次于硬粒型玉米）。玉米是粗粮中的保健佳品，食玉米对人体的健康颇为有利。

（一）教学目标

1. 知识与技能目标（低阶）

（1）学习玉米的植物学特征和特性。

（2）了解玉米的生物学特性及其分类。

（3）了解玉米种植各阶段的栽培技术。

（4）认识并理解玉米种植在国民经济中的重要意义。

（5）学会正确运用合适的农耕工具进行玉米的种植。

2. 过程与方法目标（中阶）

（1）通过劳动体验与实践，训练与培养学生从事一定劳动所必须具备的知识、技术、技巧及综合运用这些知识、技术、技巧的能力，培养提高生活质量所必备的生活劳动技能，使学生学到分析解决劳动问题的本领。

（2）把劳动和实践学习与实际生活中的亲身体验结合起来，培养学生思考与实践相结合的思维方法。提升学生综合运用劳动技能解决复杂问题的能力，形成不断反思、不断发展与自我完善的能力。

（3）经历玉米种植的实践过程，了解不同劳动任务背后的基本原理，体会广大劳动人民长期耕种总结的经验与智慧，明白劳动的不易、收获的可贵。同时学会合理运用相关劳动工具进行玉米种植，培养同学们正确规范地使用相关劳动工具的良好习惯。

3. 情感、态度与价值观目标（思政目标）（高阶）

（1）让学生通过参与玉米种植过程，提升和培养综合运用劳动知识与技能解决复杂问题的能力，形成热爱劳动的思想感情，养成负责、守纪的劳动品质和劳动习惯。通过知识学习和实践探究，深刻理解劳动的意义与本质以及玉米种植在农业生产和国民经济中的重要作用与意义，发展创造力。

（2）让学生通过亲历玉米种植的过程，提升劳动认知、社会责任感以及创新创业精神，培养团队协作精神，树立劳动最光荣、劳动最崇高、劳动最伟大、劳动最美丽的崇高理念。

（3）通过体验和探究，让学生了解玉米种植过程与劳动教育之间的相关联系，启发学生的独立思考能力，增强对自我实践所创造价值的信心，获得成就感，拓展主动参与的意识，让学生不仅从身体上锻炼自己，同时也从意志上锤炼自己。

（二）教学重难点

1. 教学重点

（1）育苗过程中提高出芽率的技术；

（2）玉米苗栽种过程中的技术要点和方法；

（3）玉米苗生长过程中的科学管理方法。

2. 教学难点

（1）提高玉米育苗出芽率的技术；

（2）灵活采用移栽技术，提高玉米苗的成活率；

（3）准确掌握补水、补肥的时机，提高产量；

（4）掌握传统的玉米脱粒方法；

（5）如何让学生在教学过程中更好地持续学习中华农耕文化优良传统。

（三）教学流程（见图5-2）

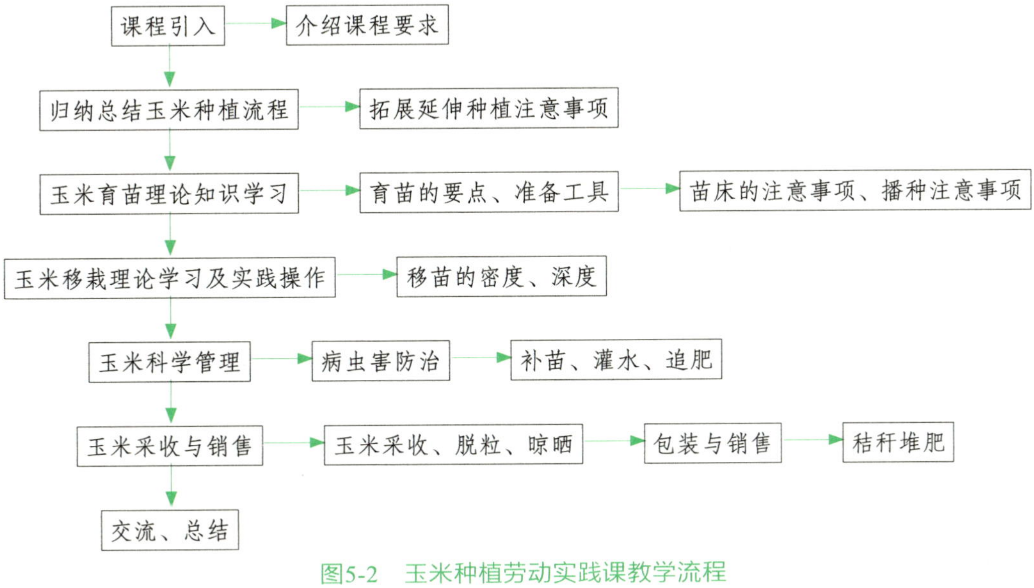

图5-2　玉米种植劳动实践课教学流程

（四）课程内容（见表5-6）

表5-6　玉米种植劳动实践课内容

时间	节气	农事活动	劳动任务
4月份	清明～谷雨	育苗整地移栽	1．育苗地整理，在玉米育苗地中把泥土碾碎推平整，然后浇大量水，使泥土表面湿润。 2．将玉米小头朝下大头朝上，彼此保持一定距离插进土壤里。种植完毕盖上一层细土。 3．用拱棚支架覆膜，待发芽后，时常观察棚内温度与土壤湿度，根据具体情况判断是否需要通风和浇水。 4．整理土地，以1.5 m宽为一厢，每厢地之间间隔35 cm的沟。 5．挖坑准备移植。一般情况下每一厢地有3列坑，坑与坑之间前后距离为30 cm。 6．玉米长出3叶1心，秧苗高度为20 cm是移栽最佳时机。 7．用镰刀在距离玉米苗根部3 cm位置插入土壤5 cm后将其撬起。在移栽时需要注意不伤根、不损叶、多带一些护根土。 8．采用水前移栽法，将带土的幼苗移到挖好的坑内（注意需要移植在坑的正中间），轻轻地填好泥土，再稍微用力压一下泥土（注意不要压到玉米苗的茎），确保玉米稳稳地站立，最后给移栽好的玉米苗浇水（注意浇水要浇在坑内，但不能把苗打伤）。要边起苗边移栽，不栽隔夜苗
5月份	立夏～小满	维护管理	1．适当给玉米地除草，用手用力将草拔出，需要连根拔起（注意不要弄伤手）。 2．给玉米地浇水。在给玉米地浇水前需要先观察土壤情况，保持为微微湿润最佳，天气寒冷时中午浇水，天气炎热时早上和傍晚浇水。浇水需要从根部周边均匀浇水下去，使土壤能渗透足够的水分，促使根部能吸收水分。 3．玉米喜肥，玉米发育时期需要充足的水肥。施肥应遵循少量多次原则。追肥方式为复合肥兑水，在为其施肥后可以浇一次水，稀释肥料浓度。 4．补苗。若由于天气、病虫害等多种原因造成玉米苗死亡或情况不佳，可以进行适当的补苗工作。在玉米生长旺盛期离根部5 cm位置施颗粒肥，然后垒土，把玉米苗周边的土壤堆到玉米根部的位置，可以有效地防倒伏
6月份	芒种～夏至	收获销售	在六月中下旬可以进行嫩玉米的收获与销售
7月份	小暑～大暑	堆肥	将剩下的玉米秸秆用粉碎机粉碎，倒在堆肥区进行堆肥

（五）劳动设计（见表5-7～表5-10）

表5-7　劳动设计一：玉米育苗实践

课程模块	玉米育苗实践
课程名称	劳动教育
课程项目	劳动体验
主题内容	学习玉米育苗的各个步骤，学会各种相关劳动工具的使用
课程目标	1．认知性目标：在老师指导下，以现场教学的方式了解玉米种子的特点，了解玉米育苗方式，了解玉米种植的注意事项，了解需要用到的工具的使用方法，了解育苗前的底肥作用及用量，了解拱棚支架和保温膜的作用； 2．参与性目标：主动参与课程实践； 3．体验性目标：了解玉米种子基础知识后，现场学习玉米种子种植方法和播种方式； 4．技能性目标：动手操作实践，初步学会使用锄头，初步学会玉米播种方式，初步学会底肥的使用方式及使用量，初步学会使用拱棚支架和保温膜； 5．创造性目标：主动发现问题，利用信息检索、课堂提问、交流合作等手段创造性地解决问题
劳动安全规则	1．必须按照《劳动教育实践基地安全生产要求》正确使用劳动工具； 2．爱护劳动工具，禁止故意破坏、乱丢乱放； 3．劳动前，必须按要求规范着装； 4．劳动实践过程中，必须听从老师指挥，禁止嬉戏打闹
劳动现场相关物料、工具准备	1．老师提前准备创可贴、碘伏，以备同学们受伤时使用； 2．老师提前准备锄头、水壶、水瓢、水桶、底肥、拱棚支架、保温膜等，做好教学准备工作，布置好教学现场
劳动过程	1．课前组织教学，明确劳动实践任务内容及纪律要求； 2．课中老师讲解并带领同学们认识玉米种子，学习其播种方法及注意事项，了解底肥的使用方式和使用量，学会给玉米苗地盖膜； 3．课中学生分组实践并使用锄头、水壶、水瓢、水桶、底肥、拱棚支架、保温膜等工具； 4．课后学生总结本堂课程收获及体会，老师完成对学生的劳动实践教学评价

表5-8　劳动设计二：玉米移栽实践

课程模块	玉米移栽实践
课程名称	劳动教育
课程项目	劳动体验

续表

主题内容	学习玉米移栽的各个步骤，学会各种相关劳动工具的使用
课程目标	1. 认知性目标：在老师指导下，以现场教学的方式了解玉米苗的特点、移植间距和注意事项，了解镰刀使用方法； 2. 参与性目标：主动参与课程实践； 3. 体验性目标：了解玉米苗基础知识后，现场学习玉米移植方法和注意事项； 4. 技能性目标：动手操作实践，初步学会使用镰刀，初步学会玉米移植方式，初步了解玉米移植间距； 5. 创造性目标：主动发现问题，利用信息检索、课堂提问、交流合作等手段创造性地解决问题
劳动安全规则	1. 必须按照《劳动教育实践基地安全生产要求》正确使用劳动工具； 2. 爱护劳动工具，禁止故意破坏、乱丢乱放； 3. 劳动前，必须按要求规范着装； 4. 劳动实践过程中，必须听从老师指挥，禁止嬉戏打闹
劳动现场相关物料、工具准备	1. 老师提前准备创可贴、碘伏，以备同学们受伤时使用； 2. 老师提前准备镰刀、玉米苗、水壶、水桶、水瓢，做好教学准备工作，布置好教学现场
劳动过程	1. 课前组织教学，明确劳动实践任务内容及纪律要求； 2. 课中学生分组实践并使用镰刀、水壶、水瓢、水桶等工具； 3. 课后学生总结本堂课程收获及体会，老师完成对学生的劳动实践教学评价

表5-9　劳动设计三：玉米维护实践

课程模块	玉米维护实践
课程名称	劳动教育
课程项目	劳动体验
主题内容	学习玉米维护的各个步骤，学会各种相关劳动工具的使用
课程目标	1. 认知性目标：在老师指导下，以现场教学的方式了解玉米苗的特点、施肥的方式和注意事项，了解镰刀的使用方法，了解玉米的生长习性； 2. 参与性目标：主动参与课程实践； 3. 体验性目标：了解玉米基础知识后，现场学习玉米除草、玉米浇水施肥方法和注意事项； 4. 技能性目标：动手操作实践，初步学会使用镰刀除草，初步学会给玉米施肥和浇水； 5. 创造性目标：主动发现问题，利用信息检索、课堂提问、交流合作等手段创造性地解决问题

续表

劳动安全规则	1．必须按照《劳动教育实践基地安全生产要求》正确使用劳动工具； 2．爱护劳动工具，禁止故意破坏、乱丢乱放； 3．劳动前，必须按要求规范着装； 4．劳动实践过程中，必须听从老师指挥，禁止嬉戏打闹
劳动现场相关物料、工具准备	1．老师提前准备创可贴、碘伏，以备同学们受伤时使用； 2．老师提前准备镰刀、水壶、水桶、水瓢，水桶、肥料，做好教学准备工作，布置好教学现场
劳动过程	1．课前组织教学，明确劳动实践任务内容及纪律要求； 2．课中学生分组实践并使用水壶、水瓢、水桶、小铲子等工具； 3．课后学生总结本堂课程收获及体会，老师完成对学生的劳动实践教学评价

表5-10　劳动设计四：玉米采摘与销售实践

课程模块	玉米采摘与销售实践
课程名称	劳动教育
课程项目	劳动体验
主题内容	学习玉米采摘与销售的各个步骤，学会各种相关劳动工具的使用
课程目标	1．认知性目标：在老师指导下，以现场教学的方式了解玉米的采收时间，了解所需使用的玉米包装方法，了解玉米销售模式； 2．参与性目标：主动参与课程实践； 3．体验性目标：了解玉米采摘和销售基础知识后，现场学习玉米采摘方法和注意事项，并学会玉米包装及辨别成熟度； 4．技能性目标：动手操作实践，初步学会采摘玉米，初步学会包装玉米； 5．创造性目标：主动发现问题，利用信息检索、课堂提问、交流合作等手段创造性地解决问题
劳动安全规则	1．必须按照《劳动教育实践基地安全生产要求》正确使用劳动工具； 2．爱护劳动工具，禁止故意破坏、乱丢乱放； 3．劳动前，必须按要求规范着装； 4．劳动实践过程中，必须听从老师指挥，禁止嬉戏打闹
劳动现场相关物料、工具准备	1．老师提前准备创可贴、碘伏，以备同学们受伤时使用； 2．老师提前准备包装盒、袋子、秤、标签等工具，做好教学准备工作，布置好教学现场
劳动过程	1．课前组织教学，明确劳动实践任务内容及纪律要求； 2．课中老师讲解并带领同学们认识不同品种的玉米的成熟度，学习采摘和包装的方法及注意事项； 3．课中学生分组实践并使用包装盒、袋子、秤、标签等工具； 4．课后学生总结本堂课程收获及体会，老师完成对学生的劳动实践教学评价

（六）推荐读物

1．杨文钰．玉米—大豆带状复合种植技术．北京：科学出版社，2022.

2．赵志民，赵猛，于海宁，姜秀芹．玉米高质高效栽培与病虫草害绿色防控．北京：中国农业科学技术出版社，2022.

3．尤新．玉米深加工技术（第二版）．北京：中国轻工业出版社，2018.

（七）课后思考

1．如何在教学过程中更好地持续学习中华农耕文化优良传统？

2．如何认识和理解玉米种植在国民经济中的重要意义？

3．新时代劳动教育主要育人目标是什么？

4．新时代加强劳动教育的总体思路是什么？

5．为什么突出强调开展日常生活劳动、生产劳动、服务性劳动三类劳动教育？

三、油菜种植劳动实践模块设计

油菜是十字花科芸薹属植物，又称为芸薹、寒菜、胡菜、青菜、云薹菜，因其颜色深绿，在南方地区称为青菜，北方地区则多称为油菜。油菜生长周期短，适应性强，高产且稳定，现已成为我国普遍栽培的油料作物之一。

油菜原产于中国，在我国具有悠久的栽培历史。《唐本草》云："冬日种之，能历霜雪，故又谓之寒菜。"此菜易起薹，故名芸薹。梁代陶弘景于《名医别录》中云："薹菜，乃人间所啖菜也。"这些记载说明早在三国时期，我国就已开始种植油菜作为蔬菜食用。

我国是世界上种植油菜最早和播种油菜面积最大的国家之一，也是白菜型油菜和芥菜型油菜品种资源最丰富的国家，1951年以后，逐步推广种植甘蓝类型油菜。油菜栽培技术简单、生长期短，为广大群众所喜食，在我国南方地区栽培非常广泛。近年来，北方地区也多引种栽培，栽培面积迅速扩大。我国的油菜栽培面积以江淮流域为最大，种类和品种也最为丰富。

（一）教学目标

1．知识与技能目标（低阶）

（1）了解油菜的科学种植方法。

（2）了解油菜的各个品种和高产途径及规律。

（3）学习油菜生长过程中的病虫害防治和高效施肥技术。

（4）认识并理解油菜在国民经济中的重要地位。

2．过程与方法目标（中阶）

（1）通过劳动体验与实践，训练与培养学生从事一定劳动所必须具备的知识、技术、技巧及综合运用这些知识、技术、技巧的能力，培养提高生活质量所必备的生活劳动技能，使学生学到分析解决劳动问题的本领。

（2）把劳动和实践学习与实际生活中的亲身体验结合起来，培养学生思考与实践相结合的思维方法。提升学生综合运用劳动技能解决复杂问题的能力，培养学生不断反思、不断发展与完善自我的能力。

（3）学会安全规范使用油菜种植所需要用到的劳动工具。

3. 情感、态度与价值观目标（思政目标）（高阶）

（1）让学生通过参与油菜种植全过程，提升和培养综合运用劳动知识与技能解决复杂问题的能力，形成热爱劳动的思想感情，养成负责、守纪的劳动品质和劳动习惯。通过知识学习和实践探究，深刻理解劳动的意义与本质以及油菜种植在国民经济中的重要地位与意义，发展创造力。

（2）让学生通过亲历油菜种植的过程，提升劳动认知、社会责任感以及创新创业精神，培养团队协作能力，树立劳动最光荣、劳动最崇高、劳动最伟大、劳动最美丽的崇高理念。

（3）通过体验和探究，让学生深刻理解油菜种植对国民经济和市场贸易的重要作用，启发学生的独立思考能力，增强对自我实践所创造价值的信心，拓展其主动参与的意识。

（4）通过不断的劳动检验，让学生不仅从身体上锻炼自己，同时从意志上锤炼自己，不断提升学生的独立自主意识和团队协作能力，不断认识自我、完善自我。

（二）教学重难点

1. 教学重点

（1）油菜育苗的播种密度；

（2）油菜移栽过程中的技术要点；

（3）油菜养护期间的病虫害防治与追肥管理；

（4）理解劳动对人生发展的影响与意义。

2. 教学难点

（1）深入了解传统农耕文化所面临的挑战；

（2）如何结合所学专业知识弘扬中华农耕文化优良传统。

（三）教学流程（见图5-3）

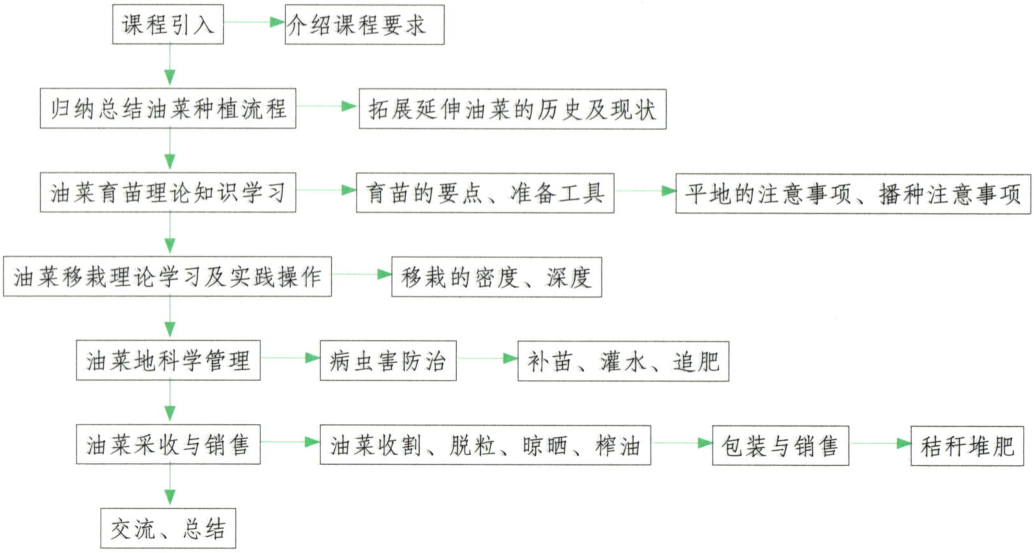

图5-3　油菜种植劳动实践课教学流程

（四）课程内容（见表5-11）

表5-11　油菜种植劳动时间课内容

时间	节气	农事活动	劳动任务
9月份	白露~秋分	育苗	1．在选择好的育苗地里撒基肥，然后再翻地，使土壤疏松便于排水。 2．由于油菜种子细小，所以需要和细沙混合搅拌均匀后播种，播种时要均匀撒在育苗地里。 3．播种后用喷壶给育苗地浇水，均匀浇透（注意不能用水用力冲击，防止把种子冲走）。 4．浇完水后用拱棚支架盖膜，在天气炎热的时候注意打开膜通风
10月份	寒露~霜降	整地移栽	1．深耕细整地并施底肥。 2．整理土地，以1.5 m宽为一厢，理出每厢地之间间隔35 cm的沟。 3．挖坑准备移植。一般情况下每一厢地有3列坑，坑与坑之间前后距离为30 cm。 4．一般情况下苗龄35天左右、5叶以上时就可以进行移栽。 5．用镰刀在距离油菜苗根部2 cm位置插入土壤5 cm后将其撬起。在移栽时需要注意不伤根、不损叶、多带一些护根土。 6．采用水前移栽法，将带土的幼苗移到挖好的坑内（注意需要移植在坑的正中间，遇到油菜曲茎苗需要特别小心），然后轻轻地填好泥土，再稍微用力压一下泥土（注意不要压到油菜的茎），确保油菜稳稳地站立，最后给移栽好的油菜苗浇水（注意水要浇在坑内，但不能把苗打伤）。要边起苗边移栽，不栽隔夜苗

续表

时间	节气	农事活动	劳动任务
11月份	立冬～小雪	管理	1．适当给油菜地除草，用手用力将草拔出，需要连根拔起（注意不要弄伤手）。 2．给油菜地浇水，在给油菜地浇水前需要先观察土壤情况，保持为微微湿润最佳，天气寒冷时中午浇水，天气炎热时早上和傍晚浇水。浇水需要从根部周边均匀浇水下去，使土壤能渗透足够的水分，促使根部能吸收水分。 3．油菜需及时追肥，油菜生长旺盛时期需要充足的水肥。追肥方式为复合肥兑水，在为其施肥后可以浇一次水，稀释肥料浓度。 4．油菜补苗。若由于天气、病虫害等多种原因，造成油菜苗死亡或情况不佳，可以进行适当的补苗工作
12月份	大雪～冬至	冬灌	1．冬灌前在距油菜根部8 cm位置用相应工具打坑，然后在坑内放入适量的肥料。 2．在连续5天的平均气温低至5℃的时候可以进行冬灌。灌水量以当天能渗透完为宜，不可大水漫灌，避免造成地面积水结成冰层，发生冻害
次年2月份	立春～雨水	春灌	为了增加土壤的含水量，防止油菜发生冻害和干旱，可以进行春灌。春灌时可以适当施肥，没有灌水的地方不能施肥
次年3月份	惊蛰～春分	管理	此时油菜花期已过，由于果实过重加上天气原因，容易造成油菜倒伏，所以需要用棍子和绳索进行固定
次年4月份	清明～谷雨	收获	1．当果荚为黄绿色且失去光泽的时候，就可以收割了。 2．收割油菜时，身子半蹲，一手抓住油菜秆，一手握住镰刀，镰刀呈45°角向上提，割断油菜秆。一般油菜收割后在地里留下30 cm长的秆。（注意，使用镰刀收割油菜需要进行培训并注意安全。） 3．收割好的油菜按照一定顺序摆放在田地里晾晒。油菜经过1～2天暴晒后就可以进行脱粒。 4．人工油菜脱粒，首先在地上铺上塑料布，再用竹竿有节奏拍打，直至菜籽打出。菜籽打出后需要晾晒防止发芽。 5．打出来的菜籽需要用风车吹去杂质。 6．将剩下的油菜秸秆用粉碎机粉碎，倒在堆肥区进行堆肥
次年5月份	立夏～小满	榨油包装销售	1．处理完的菜籽进行榨油。 2．设计菜籽油包装，并以一定规格进行包装。 3．包装好的菜籽油进行销售

（五）劳动设计（见表5-12～表5-15）

表5-12　劳动设计一：油菜育苗实践

课程模块	油菜育苗实践
课程名称	劳动教育
课程项目	劳动体验
主题内容	学习油菜育苗的各个步骤，学会各种相关劳动工具的使用
课程目标	1. 认知性目标：在老师指导下，采用上网、现场教学等方式了解油菜种子的特点，了解育苗床的培育方式，了解油菜种植的注意事项，了解需要用到的工具的使用方法； 2. 参与性目标：主动参与课程实践； 3. 体验性目标：了解种植油菜基础知识后，现场学习油菜种植方法及播种方式； 4. 技能性目标：动手操作实践，初步学会使用小铲子、镊子、穴盘，初步学会油菜播种方式； 5. 创造性目标：主动发现问题，利用信息检索、课堂提问、交流合作等手段创造性地解决问题
劳动安全规则	1. 必须按照《劳动教育实践基地安全生产要求》正确使用劳动工具； 2. 爱护劳动工具，禁止故意破坏、乱丢乱放； 3. 劳动前，必须按要求规范着装； 4. 劳动实践过程中，必须听从老师指挥，禁止嬉戏打闹
劳动现场相关物料、工具准备	1. 老师提前准备创可贴、碘伏，以备同学们受伤时使用； 2. 老师提前准备锄头、铲子、水壶、水桶、手套、水瓢、拱棚支架、保温膜等，做好教学准备工作，布置好教学现场
劳动过程	1. 课前组织教学，明确劳动实践任务内容及纪律要求； 2. 课中老师讲解并带领同学们认识油菜种子，学习其播种方法及注意事项； 3. 课中学生分组实践并使用水壶、水瓢、水桶等工具； 4. 课后学生总结本堂课程收获及体会，老师完成对学生的劳动实践教学评价

表5-13　劳动设计二：油菜移栽实践

课程模块	油菜移栽实践
课程名称	劳动教育
课程项目	劳动体验
主题内容	学习油菜移栽的各个步骤，学会各种相关劳动工具的使用

续表

课程目标	1. 认知性目标：在老师指导下，以现场教学的方式了解油菜苗的特点，移植间距和注意事项，了解所需使用工具小铲子的使用方法； 2. 参与性目标：主动参与课程实践； 3. 体验性目标：了解种植油菜基础知识后，现场学习油菜移植方法和注意事项； 4. 技能性目标：动手操作实践，初步学会使用小铲子、镰刀，初步学会油菜移植方法； 5. 创造性目标：主动发现问题，利用信息检索、课堂提问、交流合作等手段创造性地解决问题
劳动安全规则	1. 必须按照《劳动教育实践基地安全生产要求》正确使用劳动工具； 2. 爱护劳动工具，禁止故意破坏、乱丢乱放； 3. 劳动前，必须按要求规范着装； 4. 劳动实践过程中，必须听从老师指挥，禁止嬉戏打闹
劳动现场相关物料、工具准备	1. 老师提前准备创可贴、碘伏，以备同学们受伤时使用； 2. 老师提前准备锄头、水壶、水瓢、镰刀、桶等工具，做好教学准备工作，布置好教学现场
劳动过程	1. 课前组织教学，明确劳动实践任务内容及纪律要求； 2. 课中老师讲解并带领同学们认识油菜苗，学习其播种方法及注意事项； 3. 课中学生分组实践并使用水壶、水瓢、水桶、小铲子等工具； 4. 课后学生总结本堂课程收获及体会，老师完成对学生的劳动实践教学评价

表5-14　劳动设计三：油菜维护实践

课程模块	油菜维护实践
课程名称	劳动教育
课程项目	劳动体验
主题内容	学习油菜维护的各个步骤，学会各种相关劳动工具的使用
课程目标	1. 认知性目标：在老师指导下，以现场教学的方式了解油菜的特点、施肥的方法和注意事项，了解镰刀的使用方法，了解油菜的生长习性； 2. 参与性目标：主动参与课程实践； 3. 体验性目标：了解种植油菜基础知识后，现场学习油菜田除草、油菜浇水和施肥的方法及注意事项； 4. 技能性目标：动手操作实践，初步学会使用镰刀除草，初步学会油菜浇水施肥的方式； 5. 创造性目标：主动发现问题，利用信息检索、课堂提问、交流合作等手段创造性地解决问题

续表

劳动安全规则	1．必须按照《劳动教育实践基地安全生产要求》正确使用劳动工具； 2．爱护劳动工具，禁止故意破坏、乱丢乱放； 3．劳动前，必须按要求规范着装； 4．劳动实践过程中，必须听从老师指挥，禁止嬉戏打闹
劳动现场相关物料、工具准备	1．老师提前准备创可贴、碘伏，以备同学们受伤时使用； 2．老师提前准备镰刀、水壶、水桶、水瓢，水桶、肥料、绳子、木桩等，做好教学准备工作，布置好教学现场
劳动过程	1．课前组织教学，明确劳动实践任务内容及纪律要求； 2．课中老师讲解并带领同学们认识相关劳动工具，学习其功能和使用方法； 3．课中学生分组使用相关劳动工具； 4．课后学生总结本堂课程收获及体会，老师完成对学生的劳动实践教学评价

表5-15　劳动设计四：油菜采收和销售实践

课程模块	油菜采收和销售实践
课程名称	劳动教育
课程项目	劳动体验
主题内容	学习油菜采收和销售各个步骤，学会各种相关劳动工具的使用
课程目标	1．认知性目标：在老师指导下，以现场教学的方式了解油菜采收和销售的过程，了解油菜籽脱粒的过程，了解油菜的销售模式； 2．参与性目标：主动参与课程实践； 3．体验性目标：了解油菜采收和销售基础知识后，现场学习油菜的采收方式和注意事项，并学会打油菜籽； 4．技能性目标：动手操作实践，初步学会采收油菜，初步学会打油菜籽； 5．创造性目标：主动发现问题，利用信息检索、课堂提问、交流合作等手段创造性地解决问题
劳动安全规则	1．必须按照《劳动教育实践基地安全生产要求》正确使用劳动工具； 2．爱护劳动工具，禁止故意破坏、乱丢乱放； 3．劳动前，必须按要求规范着装； 4．劳动实践过程中，必须听从老师指挥，禁止嬉戏打闹
劳动现场相关物料、工具准备	1．老师提前准备创可贴、碘伏，以备同学们受伤时使用； 2．老师提前准备镰刀、手套、熟料布、竹竿、漏斗、油桶等，做好教学准备工作，布置好教学现场
劳动过程	1．课前组织教学，明确劳动实践任务内容及纪律要求； 2．课中老师讲解并带领同学们认识相关劳动工具，学习其功能和使用方法； 3．课中学生分组使用相关劳动工具； 4．课后学生总结本堂课程收获及体会，老师完成对学生的劳动实践教学评价

（六）推荐读物

1. 鲁剑巍，任涛，陆志峰. 油菜营养特性与施肥技术. 北京：科学出版社，2021.

2. 王积军，鲁剑巍，丛日环. 油菜化肥农药高效施用技术与集成模式. 北京：中国农业出版社，2021.

3. 白桂萍，李英，贾东海. 中国油菜种植. 北京：中国农业科学技术出版社，2019.

（七）课后思考

1. 如何结合所学专业知识弘扬中华农耕文化优良传统？
2. 如何认识和理解油菜种植在国民经济中的重要意义？
3. 如何发挥家庭在劳动教育中的作用？
4. 传统农耕文化所面临的挑战有哪些？
5. 新时代劳动教育的基本内涵是什么？

拓展阅读

一、油菜育苗

1．选择品种

劳动教育实践基地种植油菜主要是实行秋播，选择好的品种是油菜高产的关键，要求油菜品种具备高产、高含油量、高抗等特性。

2．苗床地选择和整理

选择土质疏松肥沃、排灌较方便、地势较平坦的土地，深耕碎土后作苗床土地，苗床面积根据大田的种植面积和油菜种子的数量确定。

3．适时播种

成都地区油菜播种时间为9月上中旬，劳动教育实践基地的油菜育苗播种是在教学周的第二周。

4．育苗田管理

出苗后幼苗为3片叶前开始定苗，要做到除去小苗、弱苗、病苗、杂苗，日常浇水，防治虫害。

二、大田移栽

劳动教育实践基地一般在10月中下旬油菜苗长出5～6片叶子时进行移栽，10月底前结束移栽。移栽前苗床土壤要浇水或灌水，移栽的苗要尽量多带土，以促使其较早返青。移栽最好的密度是前后左右均相距20 cm，移栽后要浇水进行定根。

三、油菜田管理

（1）移栽后要及时查苗补缺，注意除草。

（2）注意补水和追肥。

（3）防治油菜的虫害。油菜虫害主要有蚜虫、菜青虫等。

（4）防治油菜的病害。油菜病害主要有菌核病、苗期猝倒病等。

四、油菜收获的时间和流程

油菜花期后30天左右、全株2/3的角果呈现黄绿色时，为最好的收获时间。劳动教育实践基地的收割时间大概是每年的芒种时节。油菜在人工收割后要运送到工具房广场前堆垛和晾晒，然后再经过晒干、脱粒、扬净、打包、存储。

四、向日葵种植劳动实践模块设计

向日葵为菊科向日葵属，又名转日莲、向日花、太阳花、朝阳花、葵花、望日葵，起源于北美洲西南部，16世纪初由西班牙探险队员引入欧洲，1510年种植在西班牙马德里的植物园。在相当长的一段时间内，向日葵除作为观赏植物外，还作干果嗑食。18世纪初，俄国人从荷兰引种向日葵，并开始大面积栽培种植。1716年用籽实榨油获得成功，从此，便把向日葵作为油料作物种植。以后，榨油工业技术的革新和对向日葵油脂与油渣需求量的增加，进一步促进了向日葵生产的发展。

随着科学的发展，向日葵的用途和优点日益被人类所认识，其丰富的营养成分与人类的生活十分密切。因此，近年来世界各国都在迅速发展向日葵生产，以满足人们日益增长的物质生活的需要。中国是种植向日葵较晚的国家，却是发展较快的国家。1981年向日葵栽培面积居世界第四位，目前已有18个省（市、自治区）种植向日葵。

（一）教学目标

1. 知识与技能目标（低阶）

（1）了解向日葵的种植周期，能分辨向日葵不同时期的特征。

（2）了解向日葵的生长习性、种植条件、种植技术以及应用价值。

（3）学习向日葵生长过程中的病虫害防治和高效施肥技术。

（4）了解向日葵的科学种植方法。

2. 过程与方法目标（中阶）

（1）通过劳动体验与实践，训练与培养学生掌握从事一定劳动必备的知识、技术、技巧及综合运用这些知识、技术、技巧的能力，培养提高生活质量所必备的生活劳动技能，使学生学到分析解决劳动问题的本领。

（2）把劳动和实践学习与实际生活中的亲身体验结合起来，培养学生思考与实践相结合的思维方法。提升学生综合运用劳动技能解决复杂问题的能力，培养学生不断反思、不断发展与完善自我的能力。

（3）根据前期所学播种知识，亲身实践播种全过程，严格按照指导教师所讲要求和步骤执行，学会衡量种植密度以及定量浇水施肥，提升学习、实践的能力。

3. 情感、态度与价值观目标（思政目标）（高阶）

（1）让学生通过参与向日葵种植全过程，提升和培养综合运用劳动知识与技能解决复杂问题的能力，形成热爱劳动的思想感情，养成负责、守纪的劳动品质和劳动习惯。通过知识学习和实践探究，深刻理解劳动的意义与本质，发展创造力。

（2）让学生通过亲历向日葵种植的过程，提升劳动认知、社会责任感以及创新创业精神，培养团队协作能力，树立劳动最光荣、劳动最崇高、劳动最伟大、劳动最美丽的崇高理念。

（3）通过体验和探究，让学生深刻理解向日葵种植对国民经济和市场贸易的重要作用，启发学生的独立思考能力，增强对自我实践所创造价值的信心，拓展其主动参与的意识。

（4）通过不断的劳动实践，让学生不仅从身体上锻炼自己，同时从意志上锤炼自己，不断提升学生的独立自主意识和团队协作能力，不断认识自我、完善自我。

（二）教学重难点

1. 教学重点

（1）理解劳动对人生发展的影响与意义；

（2）种子种植密度及种植技术的实际应用；

（3）向日葵养护期间的病虫害防治与追肥管理。

2. 教学难点

（1）提高向日葵育苗出芽率的技术；

（2）灵活应用移栽技术，提高向日葵苗的成活率；

（3）准确掌握补水、补肥的时机；

（4）旋耕机的正确使用。

（三）教学流程（见图5-4）

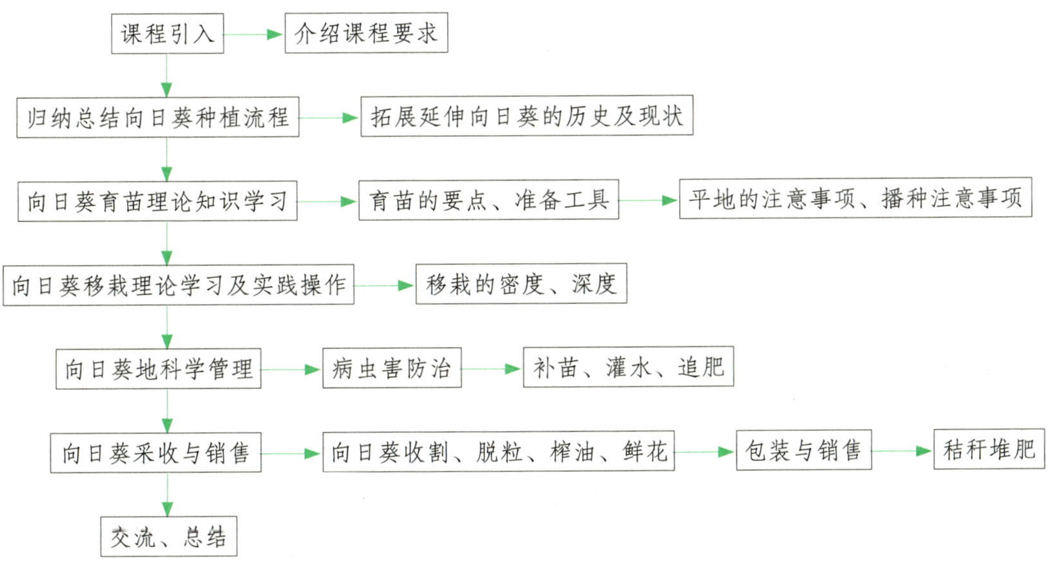

图5-4　向日葵种植劳动实践课教学流程

（四）课程内容（见表5-16）

表5-16　向日葵种植劳动实践课内容

时间	节气	农事活动	劳动任务
4月份	清明～谷雨	向日葵育苗	1．整理苗床，穴盘铺好营养土。 2．教授学生播种注意事项，如区分向日葵种子大头和小头。 3．小头朝下种植，小头部分长出的是根部，这样有利于扎根到土壤中以及后期的生长。 4．每一个穴中放一颗种子。 5．将已播种的穴盘铺放在苗床中，用清水将苗盘浇透，浇水时喷洒要轻而匀，防止将孔穴内的土壤和种子冲出。 6．穴盘内土壤少、空隙度大，极易发生缺水现象，若天气温度高，要在清晨和傍晚气候凉爽时及时喷洒水分
5月份	立夏～小满	整地 移栽 向日葵管理	1．深耕细整地并施底肥。 2．整理土地，以1.5 m宽为一厢，理出每厢地之间间隔的35 cm沟。 3．挖坑准备移植。一般情况下每一厢地有3列坑，坑与坑之间前后距离为30 cm。 4．移植向日葵，向日葵苗长出3～5片叶子时移栽易成活。 5．用小铲子顺穴底部轻轻撬出向日葵苗，并采用水前移栽法，将带土的幼苗移到挖好的坑内（注意需要移植在坑的正中间），然后轻轻地填好泥土，再稍微用力压一下泥土（注意不要压到向日葵的茎），确保向日葵苗稳稳地站立，最后给移栽好的向日葵苗浇水（注意浇水要浇在坑内，但不能把苗打伤）。 6．适当给向日葵地除草，用手用力将草拔出，需要连根拔起（注意不要弄伤手）。 7．给向日葵地浇水。向日葵喜水耐旱，可采用见干见湿的浇水原则。在给向日葵浇水时，需要从根部周边均匀浇水下去，使土壤能渗透足够的水分，促使根部能吸收水分。 8．给向日葵地施肥。向日葵是一种喜肥的植物，需及时追肥，追肥时间以向日葵现蕾前后为最佳。追肥方式为复合肥兑水和颗粒肥打坑
6月份	芒种～夏至	收获 销售	1．依据向日葵种植的种类不同，后续采收有所不同。 2．观赏性向日葵根据需要在相应长度的茎部位置用剪刀剪下包装销售。 3．食用向日葵，等花盘后壳变黄、籽粒外壳变黑、籽仁变硬时，即为成熟。成熟的向日葵应及时收获，可以割向日葵盘晾晒或插盘晾晒，要注意预防阴雨天气和潮湿造成霉籽，便于后续销售。 4．剩下的向日葵秸秆放入粉碎机粉碎，最后放进堆肥区进行堆肥

（五）劳动设计（见表5-17～表5-20）

表5-17　劳动设计一：向日葵育苗实践

课程模块	向日葵育苗实践
课程名称	劳动教育
课程项目	劳动体验
主题内容	学习向日葵育苗的各个步骤，学会各种相关劳动工具的使用
课程目标	1．认知性目标：在老师指导下，以现场教学的方式了解向日葵种子的特点，了解穴盘的使用方式，了解向日葵种植的注意事项，了解需要用到的工具的使用方法； 2．参与性目标：主动参与课程实践； 3．体验性目标：了解向日葵种子基础知识后，现场学习向日葵种子种植方法和播种方式； 4．技能性目标：动手操作实践，初步学会使用小铲子、镊子、穴盘，初步学会向日葵播种方式； 5．创造性目标：主动发现问题，利用信息检索、课堂提问、交流合作等手段创造性地解决问题
劳动安全规则	1．必须按照《劳动教育实践基地安全生产要求》正确使用劳动工具； 2．爱护劳动工具，禁止故意破坏、乱丢乱放； 3．劳动前，必须按要求规范着装； 4．劳动实践过程中，必须听从老师指挥，禁止嬉戏打闹
劳动现场相关物料、工具准备	1．老师提前准备创可贴、碘伏，以备同学们受伤时使用； 2．老师提前准备镰刀、穴盘、镊子、水壶、水瓢等，做好教学准备工作，布置好教学现场
劳动过程	1．课前组织教学，明确劳动实践任务内容及纪律要求； 2．课中老师讲解并带领同学们认识向日葵种子，学习其播种方法及注意事项； 3．课中学生分组实践并使用水壶、水瓢、水桶、穴盘、镊子等工具； 4．课后学生总结本堂课程收获及体会，老师完成对学生的劳动实践教学评价

表5-18　劳动设计二：向日葵移栽实践

课程模块	向日葵移栽实践
课程名称	劳动教育
课程项目	劳动体验
主题内容	学习向日葵移栽的各个步骤，学会各种相关劳动工具的使用

续表

课程目标	1．认知性目标：在老师指导下，以现场教学的方式了解向日葵苗的特点、移植间距和注意事项，了解小铲子的使用方法； 2．参与性目标：主动参与课程实践； 3．体验性目标：了解向日葵苗基础知识后，现场学习向日葵移植方法和注意事项； 4．技能性目标：动手操作实践，初步学会使用小铲子，初步学会向日葵移植方式； 5．创造性目标：主动发现问题，利用信息检索、课堂提问、交流合作等手段创造性地解决问题
劳动安全规则	1．必须按照《劳动教育实践基地安全生产要求》正确使用劳动工具； 2．爱护劳动工具，禁止故意破坏、乱丢乱放； 3．劳动前，必须按要求规范着装； 4．劳动实践过程中，必须听从老师指挥，禁止嬉戏打闹
劳动现场相关物料、工具准备	1．老师提前准备创可贴、碘伏，以备同学们受伤时使用； 2．老师提前准备小铲子、向日葵苗、水壶、水桶、水瓢等，做好教学准备工作，布置好教学现场
劳动过程	1．课前组织教学，明确劳动实践任务内容及纪律要求； 2．课中学生分组实践并使用水壶、水瓢、水桶、小铲子等工具； 3．课后学生总结本堂课程收获及体会，老师完成对学生的劳动实践教学评价

表5-19　劳动设计三：向日葵维护实践

课程模块	向日葵维护实践
课程名称	劳动教育
课程项目	劳动体验
主题内容	学习向日葵维护的各个步骤，学会各种相关劳动工具的使用
课程目标	1．认知性目标：在老师指导下，以现场教学的方式了解向日葵苗的特点、施肥的方式和注意事项，了解镰刀的使用方法，了解向日葵的生长习性； 2．参与性目标：主动参与课程实践； 3．体验性目标：了解向日葵基础知识后，现场学习向日葵除草、浇水、施肥方法和注意事项； 4．技能性目标：动手操作实践，初步学会使用镰刀除草，初步学会给向日葵施肥和浇水； 5．创造性目标：主动发现问题，利用信息检索、课堂提问、交流合作等手段创造性地解决问题
劳动安全规则	1．必须按照《劳动教育实践基地安全生产要求》正确使用劳动工具； 2．爱护劳动工具，禁止故意破坏、乱丢乱放； 3．劳动前，必须按要求规范着装； 4．劳动实践过程中，必须听从老师指挥，禁止嬉戏打闹

续表

劳动现场相关物料、工具准备	1．老师提前准备创可贴、碘伏，以备同学们受伤时使用； 2．老师提前准备镰刀、水壶、水桶、水瓢，水桶、肥料等，做好教学准备工作，布置好教学现场
劳动过程	1．课前组织教学，明确劳动实践任务内容及纪律要求； 2．课中学生分组实践并使用水壶、水瓢、水桶、小铲子等工具； 3．课后学生总结本堂课程收获及体会，老师完成对学生的劳动实践教学评价

表5-20　劳动设计四：向日葵采收和销售实践

课程模块	向日葵采收与销售实践
课程名称	劳动教育
课程项目	劳动体验
主题内容	学习向日葵采收的各个步骤，学会各种相关劳动工具的使用
课程目标	1．认知性目标：在老师指导下，以现场教学的方式了解向日葵不同品种的采收时间，了解所需使用的向日葵包装方法，了解向日葵销售模式； 2．参与性目标：主动参与课程实践； 3．体验性目标：了解向日葵采摘和销售基础知识后，现场学习向日葵采摘方法和注意事项，并学会向日葵包装及辨别成熟度； 4．技能性目标：动手操作实践，初步学会采摘向日葵，初步学会包装向日葵； 5．创造性目标：主动发现问题，利用信息检索、课堂提问、交流合作等手段创造性地解决问题
劳动安全规则	1．必须按照《劳动教育实践基地安全生产要求》正确使用劳动工具； 2．爱护劳动工具，禁止故意破坏、乱丢乱放； 3．劳动前，必须按要求规范着装； 4．劳动实践过程中，必须听从老师指挥，禁止嬉戏打闹
劳动现场相关物料、工具准备	1．老师提前准备创可贴、碘伏，以备同学们受伤时使用； 2．老师提前准备剪刀、水桶、包装袋，彩带，胶带等工具，做好教学准备工作，布置好教学现场
劳动过程	1．课前组织教学，明确劳动实践任务内容及纪律要求； 2．课中老师讲解并带领同学们辨识不同品种的向日葵的成熟度，学习采摘和包装的方法及注意事项； 3．课中学生分组实践并使用剪刀、胶布、彩带、水桶等工具； 4．课后学生总结本堂课程收获及体会，老师完成对学生的劳动实践教学评价

（六）推荐读物

1．崔良基．向日葵栽培生理与栽培技术．北京：中国农业出版社，2013．

2．贾利欣．向日葵高产高效种植技术．内蒙古：内蒙古人民出版社，2014．

3. 郑竟成，曹博睿，何东平，田华. 葵花籽油加工技术. 北京：中国轻工业出版社，2021.

（七）课后思考

1. 如何理解向日葵种植对国民经济和市场贸易的重要作用?
2. 如何更好地开展劳动教育?
3. 劳动教育对学生的教育意义是什么?
4. 如何理解劳动教育精神的重要性?
5. 学校如何发挥在劳动教育中的主导作用?

拓展阅读

向日葵种植一般流程

一、播种条件

（1）向日葵的播种时间：劳动教育实践基地一般在3月下旬进行播种。

（2）播种适宜温度：18～25℃。

二、育苗地的土壤处理

（1）育苗床翻地，用锄头将土地进行深翻，同时除去土中的石块、杂物，保证土壤翻松。

（2）土地翻完后，用耙子或锄头将大土块敲碎、敲细，要确保土壤呈细土状。

（3）碎土后，用耙子将土壤表面处理平整，剔除未敲碎的土块。如果土壤表面较干，可以用水壶将土壤表面淋湿，为后续的育苗工作做好准备。

三、向日葵的种植

（1）劳动教育实践基地的向日葵播种采取人工撒播的方式，由指导老师将种子均匀地播撒在种植区域内，在支架数量有限的条件下，可以使用竹条制作竹架大棚，架子放置间距50～60 cm为宜，其上部覆盖棚膜。

（2）使用薄膜的目的，一是保持土壤温度，二是防止种子遭到麻雀等鸟类的破坏。给大棚通风换气时要小心操作。大棚因有塑料薄膜覆盖，棚内形成了相对封闭的与露地不同的特殊小气候。采用大棚育苗时，必须掌握大棚内环境的特点，并采取相应的调控措施，满足向日葵生长发育的需要，以便获得优质的幼苗。

（3）浇水的频率要视土壤的湿度决定。如果土壤表面干燥，则要大量浇水，但不可过量，只要土壤表面恢复湿润状态即可，切忌土壤因浇水过多变成泥状。

（4）及时给育苗田除草，这是保障生长的必要措施。

四、向日葵的移苗

（1）移苗工具：铲子、簸箕。

（2）移苗前将土壤润湿，手指触摸土壤属于柔软状态即可。

（3）移苗方式：先用铲子将苗挖出，挖苗时应避免铲子伤到向日葵苗的根系。所以，挖苗时应选择离苗稍远的位置下铲，挖苗深度控制在3～5 cm即可。挖出苗后，用手将苗分开，保证单株种植。苗根部需要带土，如果土质偏松，可用手将土壤握实。将上述单株向日葵苗装入簸箕内，码放整齐，防止压伤其他向日葵苗，然后拿到种植区。

（4）移苗后的种植：将单株向日葵苗放入坑内，然后用土掩埋，掩埋高度要高于根且要埋正，将土压实，不能出现歪歪扭扭的现象。移苗完成后，及时浇"定根水"，每个向日葵坑一瓢水，以保证向日葵的后续生长。

五、向日葵的田间管理

（1）移苗结束后每天应及时浇水，浇水标准以土壤浇透为准。2～3周后向日葵的根系就可以深入土壤内部，这时对已经死掉的苗应采取补苗措施。

（2）定根后可以进行施肥，操作方法：在距离向日葵5 cm左右的位置用木棒戳洞，深度控制在10 cm左右即可。

六、种植区（大田）的注意事项

向日葵移苗前需要先在向日葵种植区域挖坑，横向坑间距20 cm左右，纵向坑间距20 cm左右。向日葵花盘较大，因此挖坑间距宜大不宜小，坑间距过小不利于向日葵的生长，对后期的田间管理也会造成一定的影响，且整体也不美观。偏湿润的土壤有利于向日葵苗的生长，因此在移苗前应对土壤情况做出判断，如果土壤过于干燥，则需要浇水，润湿土壤。

理沟（沟渠）排水：向日葵被水浸泡，则不利于根系生长。沟渠排水要做到中间高两边低，并能保证将雨水顺利地排出，流入其他排水系统。

五、蔬菜种植劳动实践模块设计

蔬菜是人们每天需要的副食品，它能提供其他食品所不能代替的维生素、矿物质和植物性蛋白等营养物质。随着生产力的发展、社会的进步以及文化科学技术的发达，人类食品结构中畜产品的比重将逐步增加，从保健和生理角度来看，生鲜蔬菜的需求量也将同时日益稳定地增加。

1990年国际粮农组织统计显示，人体必需的维生素C的90%、维生素A的60%均来自蔬菜，可见蔬菜对人类健康的贡献巨大。此外，蔬菜中还有多种植物化学物质是被公认的对人体健康有益的成分，如类胡萝卜素、二丙烯化合物、甲基硫化合物等，许多蔬菜还含有独特的微量元素，对人体具有特殊的保健功效，如西红柿中的番茄红素、洋葱中的前列腺素等。

（一）教学目标

1. 知识与技能目标（低阶）

（1）了解各种蔬菜的种植周期，能分辨不同蔬菜不同时期的特征。

（2）了解各种蔬菜的生长习性、种植条件、种植技术以及应用价值。

（3）学习蔬菜生长过程中的病虫害防治和高效施肥技术。

（4）了解不同蔬菜的科学种植方法。

2. 过程与方法目标（中阶）

（1）通过劳动体验与实践，训练与培养学生从事一定劳动所必须具备的知识、技术、技巧及综合运用这些知识、技术、技巧的能力，培养提高生活质量所必备的生活劳动技能，使学生学到分析解决劳动问题的本领。

（2）把劳动知识和实践的学习与实际生活中的亲身体验结合起来，培养学生思考与实践相结合的思维方法。提升学生综合运用劳动技能解决复杂问题的能力，培养学生不断反思、不断发展与完善自我的能力。

（3）基于前期蔬菜种植相关知识的学习，亲身实践不同蔬菜播种、移栽、维护、采收与销售全过程，学会衡量种植密度以及定量的浇水施肥，提升学习、实践的能力。

3. 情感、态度与价值观目标（思政目标）（高阶）

（1）让学生通过参与不同蔬菜种植的全过程，提升和培养综合运用劳动知识与技能解决复杂问题，形成热爱劳动的思想感情，养成负责、守纪的劳动品质和劳动习惯。通过知识灌输和实践探究，深刻理解劳动的意义与本质，发展创造力。

（2）让学生通过亲历蔬菜种植的过程，提升劳动认知、社会责任感以及创新创业精神，培养团队协作能力，树立劳动最光荣、劳动最崇高、劳动最伟大、劳动最美丽的崇高理念。

（3）让学生通过体验和探究，深刻理解蔬菜种植对民生和市场贸易的重要作用，启发独立思考能力，增强对自我实践所创造价值的信心，拓展主动参与的意识。

（4）让学生通过不断的劳动实践，不仅从身体上锻炼自己，同时从意志上锤炼自己，不断提升独立自主意识和团队协作能力，不断认识自我、完善自我。

（二）教学重难点

1. 教学重点

（1）理解劳动对人生发展的影响与意义；

（2）种子种植密度及种植技术的实际应用；

（3）蔬菜养护期间的病虫害防治与追肥管理。

2. 教学难点

（1）提高蔬菜育苗出芽率的技术；

（2）灵活运用移栽技术，提高蔬菜苗的成活率；

（3）准确掌握补水、补肥的时机，提高农作物产量；

（4）部分蔬菜的采摘技巧。

（三）教学流程（见图5-5）

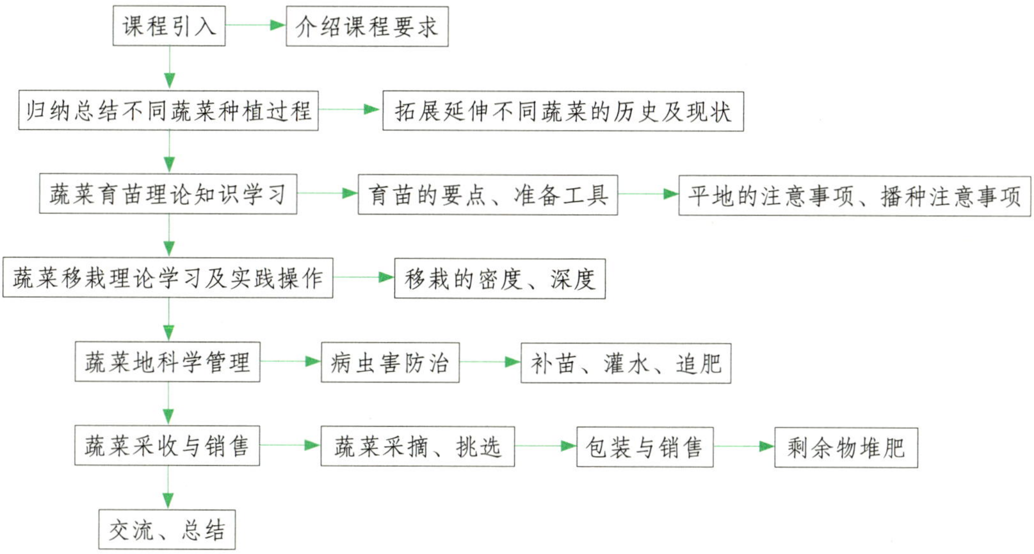

图5-5　蔬菜种植劳动实践教学流程

（四）课程内容（见表5-21）

表5-21　蔬菜种植劳动实践课程内容

时间	节气	适宜蔬菜	劳动任务
1月份	小寒～大寒	辣椒、茄子、番茄	1．选择土质疏松肥沃、排灌较方便、地势较平坦的土地，深耕碎土后作苗床土地。 2．这个时候要做好整地和基肥施入的工作，及时施入水溶肥和微生物菌剂
2月份	立春～雨水		
3月份	惊蛰～春分	黄瓜、豇豆、菜豆	注意做好追肥、浇水工作，同时做好病虫害的防治，这对后期产量的提升有很大的帮助
4月份	清明～谷雨		
5月份	立夏～小满	“三立”芹菜、西瓜、辣椒、茄子	害虫防治，农田清理，进行露地的地膜直播
6月份	芒种～夏至		
7月份	小暑～大暑	薄膜防雨、遮阳网遮阴	高温高湿的天气很容易滋生病虫害，因此要做好预防病害的工作。对于病虫害一定是防大于治，要及时清理残枝烂叶、做好防涝工作
8月份	立秋～处暑		
9月份	白露～秋分	大葱、洋葱	这个时期是番茄和辣椒的膨果期，需要做好肥料追施工作，同时及时打顶，促进果实膨大
10月份	寒露～霜降		

续表

时间	节气	适宜蔬菜	劳动任务
11月份	立冬～小雪	番茄、土豆	抓紧时间进行采收，对于大棚内种植的作物要做好防寒防冻工作
12月份	大雪～冬至		

（五）劳动设计（见表5-22～表5-25）

表5-22　劳动设计一：蔬菜育苗实践

课程模块	蔬菜育苗实践
课程名称	劳动教育
课程项目	劳动体验
主题内容	学习蔬菜育苗的各个步骤，学会各种相关劳动工具的使用
课程目标	1．认知性目标：在老师指导下，以现场教学的方式了解蔬菜种子的特点，了解蔬菜育苗方式，了解蔬菜种植的注意事项，了解需要用到的工具的使用方法，了解育苗前的底肥作用及用量，了解拱棚支架和保温膜的作用； 2．参与性目标：主动参与课程实践； 3．体验性目标：了解蔬菜种子基础知识后，现场学习蔬菜种子种植方法和播种方式； 4．技能性目标：动手操作实践，初步学会使用锄头，初步学会蔬菜播种方式，初步学会底肥的使用方式及使用量，初步学会使用拱棚支架和保温膜； 5．创造性目标：主动发现问题，利用信息检索、课堂提问、交流合作等手段创造性地解决问题
劳动安全规则	1．必须按照《劳动教育实践基地安全生产要求》正确使用劳动工具； 2．爱护劳动工具，禁止故意破坏、乱丢乱放； 3．劳动前，必须按要求规范着装； 4．劳动实践过程中，必须听从老师指挥，禁止嬉戏打闹
劳动现场相关物料、工具准备	1．老师提前准备创可贴、碘伏，以备同学们受伤时使用； 2．老师提前准备锄头、水壶、水瓢、水桶、底肥、拱棚支架、保温膜等，做好教学准备工作，布置好教学现场
劳动过程	1．课前组织教学，明确劳动实践任务内容及纪律要求； 2．课中老师讲解并带领同学们认识蔬菜种子，学习其播种方法及注意事项，了解底肥的使用方式和使用量，学会给蔬菜苗地盖膜； 3．课中学生分组实践并使用锄头、水壶、水瓢、水桶、底肥、拱棚支架、保温膜等工具； 4．课后学生总结本堂课程收获及体会，老师完成对学生的劳动实践教学评价

表5-23 劳动设计二：蔬菜移栽实践

课程模块	蔬菜移栽实践
课程名称	劳动教育
课程项目	劳动体验
主题内容	学习蔬菜移栽的各个步骤，学会各种相关劳动工具的使用
课程目标	1．认知性目标：在老师指导下，以现场教学的方式了解蔬菜苗的特点、移植间距和注意事项，了解镰刀的使用方法； 2．参与性目标：主动参与课程实践； 3．体验性目标：了解蔬菜苗基础知识后，现场学习蔬菜移植方法和注意事项； 4．技能性目标：动手操作实践，初步学会使用镰刀，初步学会蔬菜移植方式，初步了解蔬菜移植间距； 5．创造性目标：主动发现问题，利用信息检索、课堂提问、交流合作等手段创造性地解决问题
劳动安全规则	1．必须按照《劳动教育实践基地安全生产要求》正确使用劳动工具； 2．爱护劳动工具，禁止故意破坏、乱丢乱放； 3．劳动前，必须按要求规范着装； 4．劳动实践过程中，必须听从老师指挥，禁止嬉戏打闹
劳动现场相关物料、工具准备	1．老师提前准备创可贴、碘伏，以备同学们受伤时使用； 2．老师提前准备镰刀、蔬菜苗、水壶、水桶、水瓢，做好教学准备工作，布置好教学现场
劳动过程	1．课前组织教学，明确劳动实践任务内容及纪律要求； 2．课中学生分组实践并使用镰刀、水壶、水瓢等、水桶等工具； 3．课后学生总结本堂课程收获及体会，老师完成对学生的劳动实践教学评价

表5-24 劳动设计三：蔬菜维护实践

课程模块	蔬菜维护实践
课程名称	劳动教育
课程项目	劳动体验
主题内容	学习蔬菜维护的各个步骤，学会各种相关劳动工具的使用
课程目标	1．认知性目标：在老师指导下，以现场教学的方式了解蔬菜苗的特点、施肥的方式和注意事项，了解镰刀的使用方法，了解蔬菜的生长习性； 2．参与性目标：主动参与课程实践； 3．体验性目标：了解蔬菜基础知识后，现场学习蔬菜除草、蔬菜浇水施肥方法和注意事项； 4．技能性目标：动手操作实践，初步学会使用镰刀除草，初步学会给蔬菜施肥和浇水； 5．创造性目标：主动发现问题，利用信息检索、课堂提问、交流合作等手段创造性地解决问题

续表

劳动安全规则	1．必须按照《劳动教育实践基地安全生产要求》正确使用劳动工具； 2．爱护劳动工具，禁止故意破坏、乱丢乱放； 3．劳动前，必须按要求规范着装； 4．劳动实践过程中，必须听从老师指挥，禁止嬉戏打闹
劳动现场相关物料、工具准备	1．老师提前准备创可贴、碘伏，以备同学们受伤时使用； 2．老师提前准备镰刀、水壶、水桶、水瓢，水桶、肥料等，做好教学准备工作，布置好教学现场
劳动过程	1．课前组织教学，明确劳动实践任务内容及纪律要求； 2．课中学生分组实践并使用水壶、水瓢、水桶、小铲子等工具； 3．课后学生总结本堂课程收获及体会，老师完成对学生的劳动实践教学评价

表5-25　劳动设计四：蔬菜采摘与销售实践

课程模块	蔬菜采摘与销售实践
课程名称	劳动教育
课程项目	劳动体验
主题内容	学习蔬菜采摘与销售的各个步骤，学会各种相关劳动工具的使用
课程目标	1．认知性目标：在老师指导下，以现场教学的方式了解蔬菜的采收时间，了解所需使用的蔬菜包装方法，了解蔬菜销售模式； 2．参与性目标：主动参与课程实践； 3．体验性目标：了解蔬菜采摘和销售基础知识后，现场学习蔬菜采摘方法和注意事项，并学会蔬菜包装及辨别成熟度； 4．技能性目标：动手操作实践，初步学会采摘蔬菜，初步学会包装蔬菜； 5．创造性目标：主动发现问题，利用信息检索、课堂提问、交流合作等手段创造性地解决问题
劳动安全规则	1．必须按照《劳动教育实践基地安全生产要求》正确使用劳动工具； 2．爱护劳动工具，禁止故意破坏、乱丢乱放； 3．劳动前，必须按要求规范着装； 4．劳动实践过程中，必须听从老师指挥，禁止嬉戏打闹
劳动现场相关物料、工具准备	1．老师提前准备创可贴、碘伏，以备同学们受伤时使用； 2．老师提前准备包装盒、袋子、秤、标签等工具，做好教学准备工作，布置好教学现场
劳动过程	1．课前组织教学，明确劳动实践任务内容及纪律要求； 2．课中老师讲解并带领同学们认识不同品种的蔬菜的成熟度，学习采摘和包装的方法及注意事项； 3．课中学生分组实践并使用包装盒、袋子、秤、标签等工具； 4．课后学生总结本堂课程收获及体会，老师完成对学生的劳动实践教学评价

（六）推荐读物

1．汪李平．现代蔬菜栽培学．北京：化学工业出版社，2022．

2．郑霞娟，卢英，常建平．有机蔬菜栽培技术手册．北京：中国农业科学技术出版社，2020．

3．张天柱．中国蔬菜的丝绸之路．北京：中国农业大学出版社，2021．

4．陈光蓉，邹瑞昌．蔬菜生产技术与应用．北京：中国轻工业出版社，2019．

（七）课后思考

1．作为大学生，你如何理解劳动教育的意义与本质？

2．如何理解脚踏实地、吃苦耐劳的精神品质？

3．通过课程学习，你认为在课堂评价和监督方面可以如何改进？

4．蔬菜在人民生活中有哪些重要作用？

5．在加强大学生劳动教育方面，你认为我校除现有的课程设置之外还可以添加什么内容？

拓展阅读

“宁可三日无荤，不可一日无菜。”蔬菜不仅能为人们提供一定的糖分、蛋白质等营养成分，更是维持人体健康必不可少的维生素、矿物质、膳食纤维等的食物来源。我国地域辽阔，气候类型多样，资源丰富，蔬菜栽培历史悠久。近年来蔬菜产业快速发展，露地栽培与设施栽培相结合，集约高效生产。

一、蔬菜作物的分类

根据蔬菜的实用或主要利用部位，可将蔬菜分为根菜类、茎菜类、叶菜类、花菜类、果菜类等五大类。

（1）根菜类。根菜类是指利用器官主要是根部的一类蔬菜，如萝卜、大头菜、豆薯等。

（2）茎菜类。食用部位是以肉质肥嫩的茎为食用原料的一类蔬菜。茎菜类蔬菜分为地上茎类和地下茎类。地上茎类包括莴笋、菜薹、榨菜等；地下茎类包括马铃薯、莲藕、生姜、芋头等。

（3）叶菜类。叶菜类是以叶片、叶球或叶柄为食用部位的一类蔬菜。如小白菜、菠菜、结球大白菜、结球甘蓝、葱、韭菜、洋葱（叶鞘基部膨大）、大蒜（侧芽上无叶身的叶鞘基部膨大成蒜瓣）。

（4）花菜类。以花、肥大的花茎或花球为食用器官的一类蔬菜，如花椰菜、金针菇、芥蓝等。

（5）果菜类。以幼嫩或成熟果实为食用器官的一类蔬菜。如番茄、辣椒、豇豆、豌豆、蚕豆、黄瓜、南瓜、冬瓜等。

二、蔬菜栽培方法简介

蔬菜生产是一种劳动密集型产业，俗话说的“一亩园十亩田”，充分体现了蔬菜栽培精耕细作、费工费时的特点。

（一）生产基地

有机蔬菜应在完整的地块进行种植，可以是有机转化的地块，但是其中不能夹杂普通种植地块。生产基地和普通种植地块应有明显的隔离带，并做好不同地块的标记。由普通种植地块转变为有机蔬菜种植地块至少需要2年时间。

（二）蔬菜育苗

蔬菜生产所用的播种材料主要有以下四类：第一类为真正的种子，即胚珠受精以后发育而成的种子，如瓜类、豆类、白菜类等蔬菜；第二类为果实，由胚珠和子房发育而成，如菊科、伞形科蔬菜；第三类为营养器官，即植株营养体的一部分作为播种材料，如大蒜、芋、生姜、马铃薯等蔬菜；第四种为真菌的菌丝组织，如金针菇。

蔬菜播种方法多种多样，应根据育苗方式、栽培方式的不同选择适宜的播种方法。人工播种的主要方式有撒播、点播和条播。一般过程如下：

苗床准备→打足底水→水渗后薄盖一层土→播种→盖土→覆膜。

（三）施肥技术

蔬菜养分管理中应以底肥为主，配施氮、磷、钾肥。常用的绿肥有苜蓿、紫云英、兰花籽、百花草木樨等，这些植物能够生产天然的绿肥，具有很好的固氮效果，可以提高土壤有机质含量。另外，还可以以鸡粪或猪粪为原料沤制有机粪肥，或是制作农业秸秆生物肥，植物肥和动物肥的施用比例通常为1∶1。施肥作业应与蔬菜生长保持同步，一方面施足底肥，另一方面结合蔬菜浇水、培土作业环节做好追肥，保障蔬菜产量和质量。

以白菜为例，白菜原产于我国北方，是十字花科芸薹，属叶用蔬菜，以下是白菜的栽培技术。

1．种子处理

将种子浸泡在清水中催芽，然后将种子捞出，播撒在肥沃疏松的土壤中，等待小白菜种子发芽后，即可对其进行疏苗处理，然后为小白菜提供均衡的肥料。

幼苗生长25天左右到达团棵期，按株距50～60 cm定苗，1亩留苗2000株左右。发现缺苗应及时补栽，补苗宜在晴天下午或多云天气进行，栽苗后及时浇水。

2．种植技巧

催苗处理：在栽种小白菜前，需要对其进行催芽处理。首先需要挑选颗粒饱满的种子，并将其浸泡在无污染的清水中，等待种子露白即可。

进行播种：在小白菜的种子露白后，即可进行播种种植。挑选有机质含量较为丰富、排水性较好的腐殖土作为基土，然后对土壤进行翻新处理，再将露白的种子播撒在土壤中，并使用细土覆盖即可。

3．水肥管理

基肥是否充足决定了大白菜产量的高低，基肥主要以腐熟的农家肥为主、尿素为辅，一亩地需农家有机肥2700 kg左右，同时追肥也很重要。

4．蔬菜价值

白菜营养丰富，品种多样，易于种植。菜叶可供炒食、生食、盐腌、酱渍，外层脱落的菜叶可作饲料。白菜还具有一定的药用价值。

六、池塘养鱼劳动实践模块设计

我国是世界上最早养鱼的国家，早在3000多年前的殷朝末期，就有池塘养鱼的历史记载。公元前460年左右的春秋战国时期，养鱼业有了发展，越国大夫范蠡著有世界上最早的养鱼专著《养鱼经》。秦汉时代养鲤盛行。青鱼、草鱼、鲢鱼、鳙鱼的饲养始于唐朝。在漫长的岁月中，我国勤劳智慧的劳动人民积累了丰富的经验，为养鱼事业做出了很大的贡献。

迄今为止，我国淡水渔业的产量仍居世界首位。在淡水渔业中，人工养殖的产量占四分之一，尤其是1958年以来，青鱼、草鱼、鲢鱼、鳙鱼四大家鱼的人工繁殖技术相继试验成功，结束了人们长期依赖江河捞鱼苗的时代。自此，家鱼的人工繁殖技术已经普及祖国的大江南北。渔业科学工作者还根据群众的经验，总结了“水、种、饵、密、混、轮、防、管”八字养鱼法，养鱼水平又有了提高。

（一）教学目标

1．知识与技能目标（低阶）

（1）了解池塘养鱼的特点。

（2）认识鱼塘内的基础设施设备，了解鱼的种类、习性及生长周期等。

（3）了解池塘环境对鱼类生长的影响。

（4）了解鱼类销售过程和注意要点。

2．过程与方法目标（中阶）

（1）学会鱼塘的建设管理模式以及池塘生态养殖技术。

（2）学会喂养鱼类饲料及草料的合理投放，理解鱼塘培水技术。

（3）学会鱼塘水质的监控与鱼塘的清理，理解水质对鱼类生长的影响。

（4）理解鱼类运输过程中的注意事项，投放鱼的时间、种类和数量。

3．情感、态度与价值观目标（思政目标）（高阶）

（1）让学生通过深度参与劳动实践，了解劳动过程，提升劳动认知、社会责任感、团队合作奋进及创新创业精神，树立劳动最光荣、劳动最崇高、劳动最伟大、劳动最美丽的观念。

（2）让学生通过实践，提升综合运用劳动技能解决复杂问题的能力，形成热爱劳动的思想感情，养成负责、守纪的劳动品质和劳动习惯。

（3）让学生通过体验、探究和劳动实践，深刻理解劳动的意义与内在本质，发展创造力，培养担当意识与主人翁意识。

（4）让学生亲历鱼类投放、喂养、捕捞、销售过程，增强对自我实践创造价值的信心，获得成就感，拓展主动参与的意识，建立对渔业及其相关技术的亲近感。

（二）教学重难点

1. 教学重点

（1）鱼塘水质环境的监测方法；

（2）鱼类养殖过程中饲料及草料投喂量的比例及控制；

（3）鱼类养殖密度的控制；

（4）鱼类运输过程中的注意事项及销售过程管理。

2. 教学难点

（1）提高鱼类生长速度和产量的方法；

（2）鱼类疾病防治方法和应对措施；

（3）调控鱼塘水质环境的方法；

（4）理解劳动教育的意义和本质。

（三）教学流程（见图5-6）

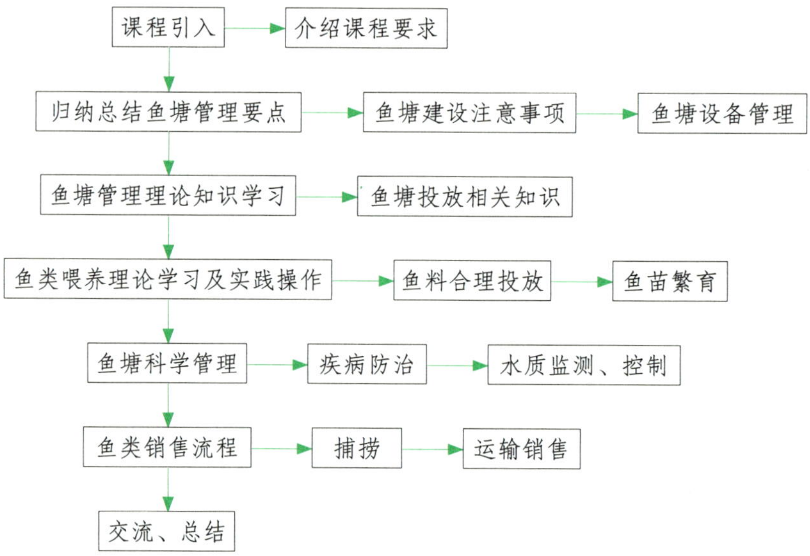

图5-6　池塘养鱼劳动实践课教学流程

（四）课程内容（见表5-26）

表5-26　池塘养鱼劳动实践课程内容

时间	节气	特点	主要工作	劳动实践内容
一月	小寒～大寒	鱼塘养护期	干塘、收鱼	1．疏通排水渠，设置拦鱼网，进行干塘； 2．修整鱼塘

续表

时间	节气	特点	主要工作	劳动实践内容
二月	立春～雨水	鱼塘养护期	晒塘、消毒、培肥，为投放、养殖新鱼苗做准备	1．池塘晾晒； 2．池塘消毒； 3．施肥，培育基底
三月	惊蛰～春分	鱼苗投放期，气温上升，预防鱼病	采购、投放鱼苗	1．购买鱼苗，种植鱼草； 2．做好鱼病预防、鱼体检查、鱼体消毒，重点关注水霉病； 3．按计划投放鱼苗
四月	清明～谷雨	鱼类养殖期，注意气温、水温大幅度波动，造成鱼苗冻害、鱼苗生病	严控水温、水质，做好培水工作，观察鱼苗活动情况，做好开食计划、疾病预防工作	1．控制水温，防止倒春寒引起鱼苗生病，防止车轮虫病发生； 2．做好鱼苗开食计划，注意水质培养； 3．准备鱼饲料； 4．检查鱼池设备； 5．对渗水严重区域进行修补并及时补水
五月	立夏～小满	鱼类养殖期，雷雨天阴雨天增多，注意增氧，谨防池水浑浊造成鱼苗生病	观察天气变化、鱼类活动情况，做好水质监测、调节、消毒工作，注意增氧、驱虫工作	1．每天三巡，观察鱼的活动情况； 2．清洁鱼池，开展驱虫工作； 3．治疗生病的鱼，打捞浮头鱼； 4．检查鱼池设备，及时增氧； 5．每隔10～15天，消毒一次食场和饲料台； 6．对渗水严重区域进行修补并及时补水
六月	芒种～夏至	鱼类养殖期，天气闷热、雨水增多，注意增氧，谨防池水浑浊造成鱼苗生病；水草、陆草的旺盛季节，也是鱼摄食量最大、生长最快的季节	抓住鱼类充分生长时期，加大饲料投喂量，同时注意防止因投喂量大而导致水质多变、鱼类生病，注意调水改底，严控水质	1．每天三巡，观察鱼的活动情况； 2．清洁鱼池，开展驱虫工作； 3．治疗生病的鱼，打捞浮头鱼； 4．检查鱼池设备，及时增氧； 5．每隔10～15天，消毒一次食场和饲料台； 6．对渗水严重区域进行修补并及时补水
七月	小暑～大暑			

续表

时间	节气	特点	主要工作	劳动实践内容
八月	立秋～处暑	鱼类养殖期，天气闷热、雨水增多，注意增氧，谨防池水浑浊造成鱼苗生病；水草、陆草的旺盛季节，也是鱼摄食量最大、生长最快的季节	抓住鱼类充分生长时期，加大饲料投喂量，同时注意防止因投喂量大而导致水质多变；此时昼夜温差开始加大，鱼类易生病，注意调水改底，严控水温、水质	1. 每天三巡，观察鱼的活动情况； 2. 清洁鱼池，开展驱虫工作，注意保健； 3. 治疗生病的鱼，打捞浮头鱼； 4. 检查鱼池设备，及时增氧； 5. 每隔10～15天，消毒一次食场和饲料台； 6. 对渗水严重区域进行修补，并及时补水； 7. 制订销售、捕捞、运输计划
九月	白露～秋分	鱼类捕捞期，天气闷热、雨水增多，注意增氧，谨防池水浑浊造成鱼苗生病；水草、陆草的旺盛季节，也是鱼摄食量最大、生长最快的季节	鱼类生长加快，注意加大青饲料投喂量；冷空气开始入侵，昼夜温差继续加大，注意水温、水质控制，最大限度满足鱼的生长需求，以达到捕捞标准。注意捕捞后的销售、运输过程水中增氧，维持鱼类活力	1. 每天三巡，观察鱼的活动情况； 2. 清洁鱼池，开展驱虫工作，注意保健； 3. 治疗生病的鱼，打捞浮头鱼； 4. 检查鱼池设备，及时增氧； 5. 每隔10～15天，消毒一次食场和饲料台； 6. 对渗水严重区域进行修补并及时补水； 7. 捕捞大鱼； 8. 销售、运输过程水中增氧
十月	寒露～霜降	鱼类捕捞期，陆草逐渐衰退、粗老，冷空气频繁入侵，鱼塘表层水温剧降，导致水体对流严重，引起池塘转水，发生泛塘死鱼	加大水草投放量，注意水温、水质控制，最大限度满足鱼的生长需求，以达到捕捞标准。注意捕捞后的销售、运输过程水中增氧，维持鱼类活力	1. 每天三巡，观察鱼的活动情况； 2. 清洁鱼池，开展驱虫工作，严控水温、水质； 3. 治疗生病的鱼，打捞浮头鱼； 4. 检查鱼池设备，及时增氧； 5. 每隔10～15天，消毒一次食场和饲料台； 6. 对渗水严重区域进行修补并及时补水； 7. 捕捞大鱼； 8. 销售、运输过程水中增氧

续表

时间	节气	特点	主要工作	劳动实践内容
十一月	立冬～小雪	鱼类捕捞期，在秋末冬初适时停食，防止鱼体的抵抗力因越冬降低。	进入冬季前不过早停食，视水温情况和天气情况投喂高能量饲料，按平时正常投饵，强化营养平衡，保证鱼的摄食需要，提高鱼的肥满度	1．每天三巡，观察鱼的活动情况； 2．清洁鱼池，开展驱虫工作，严控水温、水质； 3．治疗生病的鱼，打捞浮头鱼； 4．检查鱼池设备，及时增氧； 5．每隔10～15天，消毒一次食场和饲料台； 6．对渗水严重区域进行修补并及时补水； 7．捕捞大鱼； 8．销售、运输过程水中增氧
十二月	大雪～冬至	鱼类捕捞期，做好越冬管理	做好第二年鱼塘的生产计划，在第二年开春时做好鱼药、饲料、鱼苗的购进计划，在初春时选择好鱼苗场，抓好鱼苗的调运	1．每天三巡，观察鱼的活动情况； 2．清洁鱼池，开展驱虫工作，严控水温、水质； 3．治疗生病的鱼，打捞浮头鱼； 4．检查鱼池设备，及时增氧； 5．每隔10～15天，消毒一次食场和饲料台； 6．对渗水严重区域进行修补并及时补水； 7．捕捞大鱼； 8．销售、运输过程水中增氧

（五）劳动设计（见表5-27～5-31）

表5-27　劳动设计一：鱼类养殖实践（1）

课程板块	鱼类养殖实践
课程名称	劳动教育
劳动项目	劳动体验
主题内容	学习池塘养鱼的特点，了解鱼塘内的基础设备设施功用

续表

课程目标	1．认知性目标：在老师指导下，通过上网、现场教学等方式了解池塘养鱼的特点，了解鱼塘内的基础设备设施功用，了解喂养的鱼类习性； 2．参与性目标：主动参与课程实践； 3．体验性目标：了解池塘养鱼基础知识后，现场学习增氧机、拦鱼网、捕捞网、锄头、铲子、镰刀、砍刀、抽水机、救生圈等工具的使用方法及功能； 4．技能性目标：动手操作实践，初步学会使用增氧机、拦鱼网、捕捞网、锄头、铲子、镰刀、砍刀、抽水机、救生圈等工具； 5．创造性目标：主动发现问题，利用信息检索、课堂提问、交流合作等手段创造性地解决问题
劳动安全规划	1．必须按照《劳动教育实践基地安全生产要求》正确使用劳动工具； 2．爱护劳动工具，禁止故意破坏、乱丢乱放； 3．劳动前，必须按要求规范着装； 4．劳动实践过程中，必须听从老师指挥，禁止嬉戏打闹
劳动现场相关物料、工具准备	1．老师提前准备创可贴、碘伏，以备同学们受伤时使用； 2．老师提前准备增氧机、拦鱼网、捕捞网、锄头、铲子、镰刀、砍刀、抽水机、救生圈等，做好教学准备工作，布置好教学现场
劳动过程	1．课前组织教学，明确劳动实践任务内容及纪律要求； 2．课中老师讲解并带领同学们认识增氧机、拦鱼网、捕捞网、锄头、铲子、镰刀、砍刀、抽水机、救生圈等工具，学习其功能和使用方法； 3．课中学生分组实践并使用增氧机、拦鱼网、捕捞网、锄头、铲子、镰刀、砍刀、抽水机、救生圈等工具； 4．课后学生总结本堂课程收获及体会，老师完成对学生的劳动实践教学评价

表5-28　劳动设计二：鱼类养殖实践（2）

课程板块	鱼类养殖实践
课程名称	劳动教育
劳动项目	劳动体验
主题内容	收割鱼草并制作鱼饲料喂鱼
课程目标	1．认知性目标：在老师指导下，通过上网、现场教学等方式了解收割鱼草、制作鱼饲料喂鱼的过程； 2．参与性目标：主动参与课程实践； 3．体验性目标：了解收割鱼草、制作鱼饲料喂鱼的基础知识后，现场学习收割鱼草、制作鱼饲料喂鱼的过程； 4．技能性目标：动手操作实践，初步学会收割鱼草、制作鱼饲料并喂鱼； 5．创造性目标：主动发现问题，利用信息检索、课堂提问、交流合作等手段创造性地解决问题

续表

劳动安全规划	1. 必须按照《劳动教育实践基地安全生产要求》正确使用劳动工具； 2. 爱护劳动工具，禁止故意破坏、乱丢乱放； 3. 劳动前，必须按要求规范着装； 4. 劳动实践过程中，必须听从老师指挥，禁止嬉戏打闹
劳动现场相关物料、工具准备	1. 老师提前准备创可贴、碘伏，以备同学们受伤时使用； 2. 老师提前准备镰刀、砍刀、水桶、救生圈等，做好教学准备工作，布置好教学现场
劳动过程	1. 课前组织教学，明确劳动实践任务内容及纪律要求； 2. 课中老师讲解并带领同学们实践收割鱼草、制作鱼饲料并喂鱼的过程； 3. 课中学生分组实践收割鱼草、制作鱼饲料并喂鱼的过程； 4. 课后学生总结本堂课程收获及体会，老师完成对学生的劳动实践教学评价

表5-29 劳动设计三：鱼类养殖苗实践（3）

课程板块	鱼类养殖实践
课程名称	劳动教育
劳动项目	劳动体验
主题内容	巡塘并捕捞死鱼
课程目标	1. 认知性目标：在老师指导下，通过上网、现场教学等方式，了解巡塘的观察要点以及监测控制水质的意义、方法； 2. 参与性目标：主动参与课程实践； 3. 体验性目标：了解巡塘并捕捞死鱼的基础知识后，现场学习巡塘并捕捞死鱼的过程； 4. 技能性目标：动手操作实践，初步学会巡塘并捕捞死鱼； 5. 创造性目标：主动发现问题，利用信息检索、课堂提问、交流合作等手段创造性地解决问题
劳动安全规划	1. 必须按照《劳动教育实践基地安全生产要求》正确使用劳动工具； 2. 爱护劳动工具，禁止故意破坏、乱丢乱放； 3. 劳动前，必须按要求规范着装； 4. 劳动实践过程中，必须听从老师指挥，禁止嬉戏打闹
劳动现场相关物料、工具准备	1. 老师提前准备创可贴、碘伏等，以备同学们受伤时使用 2. 老师提前准备捕捞网，做好教学准备工作，布置好教学现场。
劳动过程	1. 课前组织教学，明确劳动实践任务内容及纪律要求； 2. 课中老师讲解并带领同学们实践巡塘和捕捞死鱼的过程； 3. 课中学生分组实践巡塘、监测控制水质并捕捞死鱼的过程，做好活动记录（坚持早中晚）：

续表

<table>
<tr><td rowspan="2">劳动过程</td><td>
<table>
<tr><th>时间</th><th>天气情况</th><th>巡查人</th><th>鱼类摄食情况</th><th>鱼类活动情况</th><th>水质情况</th><th>水深</th></tr>
<tr><td></td><td></td><td></td><td>良好（）；
停止摄食（）</td><td>有浮头死鱼（）条；
无浮头死鱼（）</td><td>黑色（）；
绿色（）；
黄色（）；
豆绿色（）；
茶褐色（）</td><td>（在哪条水位线上）</td></tr>
</table>
</td></tr>
<tr><td>4．课后学生总结本堂课程收获及体会，老师完成对学生的劳动实践教学评价</td></tr>
</table>

表5-30　劳动设计四：鱼类养殖实践（4）

课程板块	鱼类养殖实践
课程名称	劳动教育
劳动项目	劳动体验
主题内容	检测水质
课程目标	1．认知性目标：在老师指导下，通过上网、现场教学等方式，了解检测水质、水氧浓度、酸碱度、透明度的方法，知道鱼类对各种指标的要求，并根据实际情况采取相应的应对措施； 2．参与性目标：主动参与课程实践； 3．体验性目标：了解检测水质、水氧浓度、酸碱度、透明度的基础知识后，现场学习检测水质、水氧浓度、酸碱度、透明度的过程； 4．技能性目标：动手操作实践，初步学会检测水质、水氧浓度、酸碱度、透明度，并能初步根据鱼塘的实际情况采取相应的应对措施； 5．创造性目标：主动发现问题，利用信息检索、课堂提问、交流合作等手段创造性地解决问题
劳动安全规划	1．必须按照《劳动教育实践基地安全生产要求》正确使用劳动工具； 2．爱护劳动工具，禁止故意破坏、乱丢乱放； 3．劳动前，必须按要求规范着装； 4．劳动实践过程中，必须听从老师指挥，禁止嬉戏打闹
劳动现场相关物料、工具准备	1．老师提前准备创可贴、碘伏，以备同学们受伤时使用； 2．老师提前准备溶氧测定仪、pH试纸、测透明度的绳子、水桶、救生圈等，做好教学准备工作，布置好教学现场
劳动过程	1．课前组织教学，明确劳动实践任务内容及纪律要求； 2．课中老师讲解并带领同学们实践检测水质、水氧浓度、酸碱度、透明度的过程，讲解根据不同的实际情况采取相应的应对措施； 3．课中学生分组实践检测水质、水氧浓度、酸碱度、透明度：

续表

<table>
<tr><td rowspan="13">劳动过程</td><td rowspan="3">水温</td><td colspan="3">不同鱼类对水温的要求不同。鲢、鳙、草、鲤、团头鲂等属温水鱼类，适宜生活的水温为20～30℃。要想给鱼类创造最适宜的温度环境，就要随时掌握池水的温度变化，监测水温最常用的是水银温度计，但它只能测得表层水温。水质分析仪和溶氧测定仪均有水温测试功能，且可测定不同水层的水温。
使用溶氧测定仪测试：适宜温度为20～30℃</td></tr>
<tr><td>时间</td><td></td><td></td></tr>
<tr><td>测试人</td><td></td><td></td></tr>
<tr><td rowspan="3">酸碱度</td><td colspan="3">使用石蕊试纸测定酸碱度。测定时，将一张试纸浸入水中2～3分钟后取出，再与酸碱度色谱对照，找到其中与试纸颜色相同的一段，就能知道池水的酸碱度了。适宜值为7.5～8.5</td></tr>
<tr><td>时间</td><td></td><td></td></tr>
<tr><td>测试人</td><td></td><td></td></tr>
<tr><td rowspan="3">溶氧度</td><td colspan="3">适宜值为3 mg/L以上。当水中溶氧值小于3 mg/L时，鱼停止摄食和生长；溶氧值小于2 mg/L时，鱼就会浮头；溶氧值在0.6～0.8 mg/L时，鱼就会开始死亡。所以当水中溶氧值小于3 mg/L时，应开启增氧机</td></tr>
<tr><td>时间</td><td></td><td></td></tr>
<tr><td>测试人</td><td></td><td></td></tr>
<tr><td rowspan="3">透明度</td><td colspan="3">（阳光进入水的程度）绳子在水面处的长度标记值就是池水的透明度。如果透明度大于35 cm，说明池水太瘦了，要追肥，可多投饲料；如果透明度小于25 cm，说明池水太肥，要少投饲料，并加注新水</td></tr>
<tr><td>时间</td><td></td><td></td></tr>
<tr><td>测试人</td><td></td><td></td></tr>
<tr><td colspan="4">课后学生总结本堂课程收获及体会，老师完成对学生的劳动实践教学评价</td></tr>
</table>

表5-31　劳动设计五：鱼类养殖实践（5）

课程板块	鱼类养殖实践
课程名称	劳动教育
劳动项目	劳动体验

续表

主题内容	学习捕鱼技巧、运输销售过程中鱼类保活技术，体验销售过程
课程目标	1. 认知性目标：在老师指导下，通过上网、现场教学等方式，了解捕鱼技巧、运输销售过程中鱼类保活技术，了解渔网的使用，了解如何在运输销售过程中对鱼类进行保活，体验收获的喜悦； 2. 参与性目标：主动参与课程实践； 3. 体验性目标：了解池塘捕鱼技巧、运输销售过程中鱼类保活技术的基础知识后，现场学习捕鱼的方法，实际参与捕鱼和鱼类保活过程； 4. 技能性目标：动手操作实践，初步学会使用渔网捕鱼，学会在运输销售过程中对鱼类供氧，体验销售过程； 5. 创造性目标：主动发现问题，利用信息检索、课堂提问、交流合作等手段创造性地解决问题
劳动安全规划	1. 必须按照《劳动教育实践基地安全生产要求》正确使用劳动工具； 2. 爱护劳动工具，禁止故意破坏、乱丢乱放； 3. 劳动前，必须按要求规范着装； 4. 劳动实践过程中，必须听从老师指挥，禁止嬉戏打闹
劳动现场相关物料、工具准备	1. 老师提前准备创可贴、碘伏，以备同学们受伤时使用； 2. 老师提前准备渔网、捕捞网、水桶等，做好教学准备工作，布置好教学现场
劳动过程	1. 课前组织教学，明确劳动实践任务内容及纪律要求； 2. 课中老师讲解并带领同学们学习使用渔网捕鱼，学习在运输销售过程中对鱼类供氧的技巧，带领同学们体验销售过程，感受收获的喜悦； 3. 课中学生分组实践使用渔网捕鱼、对鱼类供氧，体验销售过程； 4. 课后学生总结本堂课程收获及体会，老师完成对学生的劳动实践教学评价

（六）推荐读物

1. 周剑. 池塘科学养鱼实用技术. 成都：四川科学技术出版社，2017.
2. 占家智，羊茜. 高效池塘养鱼. 北京：机械工业出版社，2019.
3. 全国水产技术推广总站. 稻渔综合种养技术模式. 北京：中国农业出版社，2021.
4. 占家智、羊茜. 轻轻松松稻田养鱼蛙虾蟹. 北京：化学工业出版社，2022.

（七）课后思考

1. 结合本次劳动实践课程，谈谈你对高校开展劳动教育的意见和想法。
2. 你觉得目前大学生劳动教育存在的主要问题是什么？
3. 通过本课程学习，谈谈养殖业对国民经济的影响。
4. 你认为新时代背景下，党和国家提倡开展劳动教育的意义是什么？
5. 如何理解当前劳动教育出现的价值危机？

拓展阅读

我国是世界上淡水养鱼发展最早的国家，2000多年前，范蠡著的《养鱼经》即已问世，成为世界上最早的一部养鱼文献。长期以来，我国劳动人民在养鱼实践中积累了丰富经验，总结出八字经养鱼法：水（水深水活）、种（良种体健）、饵（饵精、量足、质鲜）、密（合理密放）、混（多种混养）、轮（轮捕轮放）、防（防除病害）、管（科学管理）。

我国淡水养鱼的类型，一般可分为：池塘养鱼、稻田养鱼、水库养鱼、湖泊养鱼、网箱养鱼、工厂化养鱼等。其中以池塘养鱼最悠久，经验也最丰富。池塘包括人工挖掘、自然形成、筑坝围水或于沟渠两端以竹箔拦水而成的小水体，特点是充分利用自然条件，不占耕地面积，水体散布面广，生产灵活稳定，投资小、周转快、效益大，对保证粮食供应、改善城乡人民生活有一定作用。池塘养鱼在淡水鱼类养殖中占了绝对地位。

近代的鱼类养殖种类主要有青鱼、草鱼、鲢鱼、鳙鱼、鲤鱼、鲫鱼、鳊鱼、鲮鱼几种，以青鱼、草鱼、鲢鱼、鳙鱼为主，称作“四大家鱼”。

池塘养鱼的成败，很大程度上取决于鱼塘的水质。良好的水质，一靠天然水体中原有的营养物质，二靠在养殖过程中人为地调节和补充。我国池塘养鱼的传统经验，就是靠施肥来调节水质，弥补水中养分的不足，从而达到提高产量的目的。

七、大棚草莓种植劳动实践模块设计

草莓又名地洋莓，是多年生宿根性草本植物。其果实色泽艳丽，柔嫩多汁，馥郁芳香。浆果中含糖6%~11%，蛋白质1%，脂肪0.6%，粗纤维1.4%，酸1%~1.5%，果胶1.7%，每百克鲜果含维生素C 50~120 mg。此外还含有磷、铁等矿物盐类。

草莓的果实除生食外还可加工成果酱、果汁、果酒、糖水罐头等食品。新鲜草莓经速冻处理后，既可保持果实鲜艳，又便于运输。草莓的果实，还是冷饮和西餐菜肴中的重要装饰配料。

草莓株体小，根系浅，栽培容易，是一年中成熟最早的水果。草莓繁殖快，结果的时间短，秋季栽植，翌年春末夏初即可采收果实。草莓适合于工矿区、城市郊区大面积发展。若利用各种保护地，如塑料大棚、小拱棚、地膜覆盖等进行促成栽培或半促成栽培，还可提早和延长鲜果供应时期。

（一）教学目标

1. 知识与技能目标（低阶）

（1）了解草莓的种植周期，能分辨草莓不同时期的特征；

（2）了解草莓的生长习性、种植条件、种植技术以及应用价值；

（3）学习草莓生长过程中的病虫害防治和高效施肥技术；

（4）了解草莓的科学种植方法；

（5）了解我国草莓的发展现状，市场主流草莓的品种及其相关特性。

2. 过程与方法目标（中阶）

（1）在了解草莓品种及其特性之后进行草莓种苗的选择；

（2）通过实践操作掌握草莓种植技术要点，能够独立完成草莓定植技术，提升实践操作能力和动手能力；

（3）能够根据草莓的不同生长时期独立完成相应的管理维护工作；

（4）能够在实践过程中主动学习其他作物种植操作要点，丰富自身农业种植知识体系。

3. 情感、态度与价值观目标（思政目标）（高阶）

（1）让学生通过体验草莓种植，增强对劳动教育的兴趣，完善自身作物种植知识体系，提升劳动认知、社会责任感以及创新创业精神，培养团队协作能力，树立劳动最光荣、劳动最崇高、劳动最伟大、劳动最美丽的崇高理念；

（2）通过深度参与劳动教育，启发学生思考不同作物种植操作要点的区别，探究不同种类作物的生长要求，在实践操作中感受劳动教育中的生命之美，在作物种植过程中感受自然疗愈；

（3）通过有目的地组织学生参与日常生活劳动、生产劳动和服务性劳动，让学生在动手实践中接受锻炼，磨炼自身意志，培养正确的劳动价值观。

（二）教学重难点

1. 教学重点

（1）草莓育苗与移栽技术；

（2）草莓人工授粉技术；

（3）种子种植密度及种植技术的实际应用；

（4）草莓养护期间的病虫害防治与追肥管理。

2. 教学难点

（1）提高草莓育苗出芽率的技术；

（2）草莓人工授粉；

（3）准确掌握补水、补肥、疏果的时机，提高草莓产量；

（4）草莓病虫害防治；

（5）让学生在教学过程中感悟到劳动教育中的生命之美。

（三）教学流程（见图5-7）

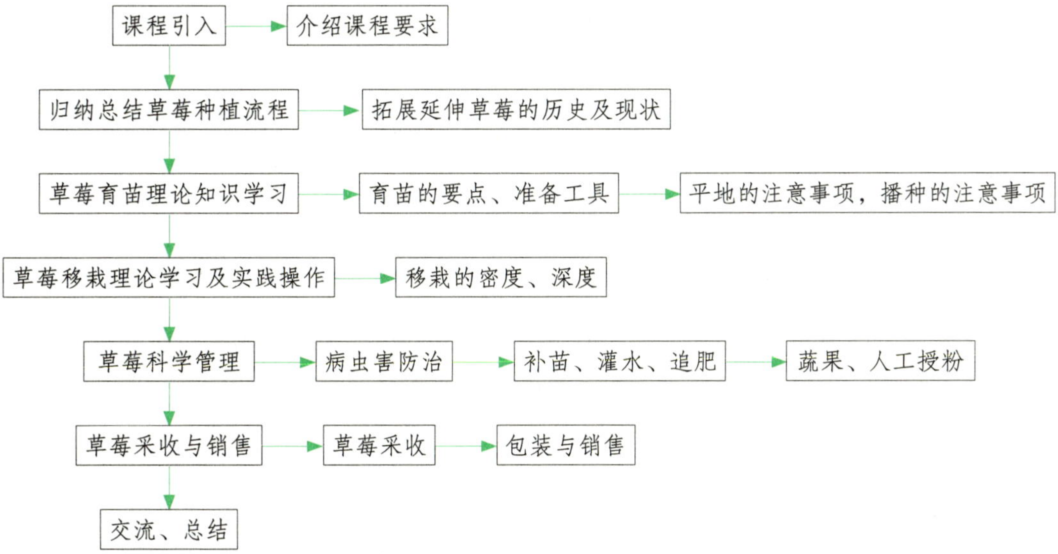

图5-7　大棚草莓种植劳动实践课教学流程

（四）课程内容（见表5-32）

表5-32　大棚草莓种植劳动实践课内容

时间	节气	特点	农事活动	劳动任务
9月份	白露～秋分	水汽凝结，送粪翻耕，草莓播种	草莓育苗	1．整理苗床，托盘铺好营养土。 2．在播种前8～12 h浸泡种子，等种子膨胀后撒播在土壤表面，再覆盖一层细泥土，能够盖住种子就可以。 3．用喷雾浇透托盘，再覆盖塑料薄膜。 4．浇水时喷洒要轻而匀，防止将孔穴内的土壤和种子冲出。 5．若天气温度高，则要在清晨和傍晚气候凉爽时及时喷洒水分。 6．若有走茎育的苗，可以在这个时间段移植（直接按照十月份草莓移植方法执行）。 7．防治虫害，种植葱蒜类作物
10月份	寒露～霜降	草莓播种结束，土地秋耕	草莓移栽	1．整理A字架，提前3天翻土，并喷低浓度多菌灵，进行基质晾晒工作。 2．挖坑准备移植。一般情况下坑与坑之间左右距离30 cm为宜。

续表

时间	节气	特点	农事活动	劳动任务
10月份	寒露～霜降	草莓播种结束，土地秋耕	草莓移栽	3．移植草莓。发芽的草莓苗长到3～5片叶子时移栽易成活，移栽时间最好选在一天的下午或者阴天。 4．用小铲子顺穴底部轻轻移出草莓苗，并采用水前移栽法，将带土的幼苗移到挖好的坑内，草莓的平均种植间距为20～25 cm，栽种深度要做到“埋根露心，形成小垄”。定植完之后及时浇定根水。移栽完成之后，做好缓苗期的避阳、土湿管理，按照见干浇水原则。在给草莓浇水时，需要打开喷淋，然后检查A字架总开关是否打开，再打开每一行的小开关（注意开关和水管呈“十”字是关闭状态）
11月份	立冬～小雪	土地秋耕，越冬管理，天气转冷，降雪开始，草莓开花	草莓维护	1．给草莓施肥，采用复合肥兑水、水溶肥和叶面肥，促进根和叶生长，一般20天为一个施肥周期。 2．草莓缓苗后新叶完全展开，按照见干浇水原则，温度控制在15～25℃。当草莓新叶长到3～5 cm时，就可以摘除枯叶和烂叶
12月份	大雪～冬至	气温骤降，大雪飞扬，防寒保温，白昼最短	草莓维护	1．草莓开花后需肥量逐渐增多，追肥以高钾复合肥、水溶肥为主，以促进果实膨大、上色和增甜，一般20天为一个施肥周期。 2．草莓逐渐开花，按照见干浇水原则，适度控水，温度控制在15～25℃。 3．人工授粉。 4．疏花、疏果。 5．拔除走茎、枯叶
次年1月	小寒～大寒	狂风暴雪，天气最冷，风雪交加，防止冻害	草莓维护	1．施肥，追肥以高钾复合肥、水溶肥为主，以促进果实膨大、上色和增甜，一般20天为一个施肥周期。 2．草莓陆续开花，按照见干浇水原则，适度控水，温度控制在15～25℃。 3．人工授粉：先用一个干净的小刷子，沿着草莓的花蕊从外向里刷，然后绕圈，绕圈一到两次之后再将笔刷到雄花蕊上面。授粉的最佳时间是花朵完全张开的时候，一般在早上或者下午进行比较好，要保证一朵花每天都有两次授粉。 4．疏花：在花完全开放之前，去除远离一级分支的花蕾，保证每个枝条留5～7个花蕾。

续表

时间	节气	特点	农事活动	劳动任务
次年1月	小寒～大寒	狂风暴雪，天气最冷，风雪交加，防止冻害	草莓维护	5．疏果：在坐果成功后去除畸形果、病虫果等，一个枝条留4～6个果，一株草莓留2～3个枝条。 6．疏叶：处于正常生长期的植株，老叶会不断变黄，要及时拔除黄叶以及含有病虫害的叶子，同时长出的侧芽也要及时去除，否则会影响主枝吸收营养
次年2月	立春～雨水	天气回暖，雨水增多，土壤解冻，松土保墒，送粪积肥	草莓维护	1．施肥，追肥以高钾复合肥、水溶肥为主，以促进果实膨大、上色和增甜，一般20天为一个施肥周期。 2．草莓陆续开花，按照见干浇水原则，适度控水，温度控制在15～25℃。 3．人工授粉、疏花、疏果、疏叶
次年3月	惊蛰～春分	温度升高，草莓追肥，抗旱保夏	草莓收获与销售	1．施肥，追肥以高钾复合肥、水溶肥为主，以促进果实膨大、上色和增甜，一般20天为一个施肥周期。 2．草莓陆续开花，按照见干浇水原则，适度控水，温度控制在20～25℃。 3．人工授粉。 4．疏花、疏果、疏叶。 5．草莓采摘在早上九点半左右进行，然后用专门的草莓包装盒进行包装。 6．将包装好的草莓送到公司销售部销售，防止虫害，挂黄板
次年4月	清明～谷雨	气暖天晴，草木返青，降水增加，草莓挂果	草莓收获与销售	1．施肥，追肥以高钾复合肥、水溶肥为主，以促进果实膨大、上色和增甜，一般20天为一个施肥周期。 2．草莓陆续开花，按照见干浇水原则，适度控水，温度控制在20～25℃。 3．人工授粉（针对部分草莓）。 4．疏花、疏果、疏叶（针对部分草莓）。 5．草莓采摘在早上九点半左右进行，然后用专门的草莓包装盒进行包装。 6．将包装好的草莓送到公司销售部销售，防止虫害，挂黄板

（五）劳动设计（见表5-33～表5-38）

表5-33　劳动设计一：草莓育苗实践

课程模块	草莓育苗实践
课程名称	劳动教育
课程项目	劳动体验
主题内容	学习草莓育苗的各个步骤，学会各种相关劳动工具的使用
课程目标	1．认知性目标：在老师指导下，以现场教学的方式了解草莓种子的特点，了解托盘的使用方式，了解草莓种植的注意事项，了解需要用到的工具的使用方法； 2．参与性目标：主动参与课程实践； 3．体验性目标：了解草莓种子基础知识后，现场学习草莓种子的种植方法和播种方式； 4．技能性目标：动手操作实践，初步学会使用小铲子、镊子、穴盘，初步学会草莓播种方式； 5．创造性目标：主动发现问题，利用信息检索、课堂提问、交流合作等手段创造性地解决问题
劳动安全规则	1．必须按照《劳动教育实践基地安全生产要求》正确使用劳动工具； 2．爱护劳动工具，禁止故意破坏、乱丢乱放； 3．劳动前，必须按要求规范着装； 4．劳动实践过程中，必须听从老师指挥，禁止嬉戏打闹
劳动现场相关物料、工具准备	1．老师提前准备创可贴、碘伏，以备同学们受伤时使用； 2．老师提前准备镰刀、穴盘、镊子、水壶、水瓢等，做好教学准备工作，布置好教学现场
劳动过程	1．课前组织教学，明确劳动实践任务内容及纪律要求； 2．课中老师讲解并带领同学们认识草莓种子，学习其播种方法及注意事项； 3．课中学生分组实践并使用水壶、水瓢、水桶、穴盘、镊子等工具； 4．课后学生总结本堂课程收获及体会，老师完成对学生的劳动实践教学评价

表5-34　劳动设计二：草莓移栽实践

课程模块	草莓移栽实践
课程名称	劳动教育
课程项目	劳动体验
主题内容	学习草莓移栽的各个步骤，学会各种相关劳动工具的使用

续表

课程目标	1．认知性目标：在老师指导下，以现场教学的方式了解草莓苗的特点、移植间距和注意事项，了解小铲子的使用方法； 2．参与性目标：主动参与课程实践； 3．体验性目标：了解草莓苗基础知识后，现场学习草莓移植方法和注意事项； 4．技能性目标：动手操作实践，初步学会使用小铲子，初步学会草莓移植方式； 5．创造性目标：主动发现问题，利用信息检索、课堂提问、交流合作等手段创造性地解决问题
劳动安全规则	1．必须按照《劳动教育实践基地安全生产要求》正确使用劳动工具； 2．爱护劳动工具，禁止故意破坏、乱丢乱放； 3．劳动前，必须按要求规范着装； 4．劳动实践过程中，必须听从老师指挥，禁止嬉戏打闹
劳动现场相关物料、工具准备	1．老师提前准备创可贴、碘伏，以备同学们受伤时使用； 2．老师提前准备小铲子、向日葵苗、水壶、水桶、水瓢等，做好教学准备工作，布置好教学现场
劳动过程	1．课前组织教学，明确劳动实践任务内容及纪律要求； 2．课中老师讲解并带领同学们学习草莓苗移植方法及注意事项； 3．课中学生分组实践并使用水壶、水瓢、水桶、小铲子等工具； 4．课后学生总结本堂课程收获及体会，老师完成对学生的劳动实践教学评价

表5-35　劳动设计三：草莓维护实践——施肥

课程模块	草莓维护实践——施肥
课程名称	劳动教育
课程项目	劳动体验
主题内容	学习草莓的各个步骤，学会各种相关劳动工具的使用
课程目标	1．认知性目标：在老师指导下，以现场教学的方式了解草莓苗的特点、施肥的方式和注意事项，了解草莓的生长习性； 2．参与性目标：主动参与课程实践； 3．体验性目标：了解草莓基础知识后，现场学习草莓除草、草莓浇水施肥方法和注意事项； 4．技能性目标：动手操作实践，初步学会使用镰刀除草，初步学会给草莓施肥和浇水； 5．创造性目标：主动发现问题，利用信息检索、课堂提问、交流合作等手段创造性地解决问题

续表

劳动安全规则	1．必须按照《劳动教育实践基地安全生产要求》正确使用劳动工具； 2．爱护劳动工具，禁止故意破坏、乱丢乱放； 3．劳动前，必须按要求规范着装； 4．劳动实践过程中，必须听从老师指挥，禁止嬉戏打闹
劳动现场相关物料、工具准备	1．老师提前准备创可贴、碘伏，以备同学们受伤时使用； 2．老师提前准备镰刀、水壶、水桶、水瓢，水桶、肥料等，做好教学准备工作，布置好教学现场
劳动过程	1．课前组织教学，明确劳动实践任务内容及纪律要求； 2．课中老师讲解并带领同学们认识肥料种类，学习肥水配比及施肥（浇水）注意事项； 3．课中学生分组实践并使用水壶、水瓢、水桶、小铲子等工具； 4．课后学生总结本堂课程收获及体会，老师完成对学生的劳动实践教学评价

表5-36　劳动设计四：草莓维护实践——人工授粉

课程模块	草莓维护实践——人工授粉
课程名称	劳动教育
课程项目	劳动体验
主题内容	学习草莓人工授粉的各个步骤，学会各种相关劳动工具的使用
课程目标	1．认知性目标：在老师指导下，以现场教学的方式了解草莓花的结构，了解人工授粉及其注意事项； 2．参与性目标：主动参与课程实践； 3．体验性目标：了解草莓花朵结构后，现场体验人工授粉； 4．技能性目标：动手操作实践，初步学会使用小刷子进行人工授粉； 5．创造性目标：主动发现问题，利用信息检索、课堂提问、交流合作等手段创造性地解决问题
劳动安全规则	1．必须按照《劳动教育实践基地安全生产要求》正确使用劳动工具； 2．爱护劳动工具，禁止故意破坏、乱丢乱放； 3．劳动前，必须按要求规范着装； 4．劳动实践过程中，必须听从老师指挥，禁止嬉戏打闹
劳动现场相关物料、工具准备	1．老师提前准备创可贴、碘伏，以备同学们受伤时使用； 2．老师提前准备小刷子，做好教学准备工作，布置好教学现场
劳动过程	1．课前组织教学，明确劳动实践任务内容及纪律要求； 2．课中老师讲解并带领同学们认识草莓花朵的结构，然后使用小刷子示范人工授粉过程（先用一个干净的小刷子，沿着草莓的花蕊从外向里刷，然后绕圈，绕圈1～2次之后再将笔刷到雄花蕊上面）； 3．课中学生分组实践并使用小刷子等工具； 4．课后学生总结本堂课程收获及体会，老师完成对学生的劳动实践教学评价

表5-37　劳动设计五：草莓维护实践——疏花、疏果、疏叶

课程模块	草莓维护实践——疏花、疏果、疏叶
课程名称	劳动教育
课程项目	劳动体验
主题内容	学习草莓疏花、疏果、疏叶的各个步骤，学会各种相关劳动工具的使用
课程目标	1．认知性目标：在老师指导下，以现场教学的方式了解草莓的结构及其相关事项； 2．参与性目标：主动参与课程实践； 3．体验性目标：了解草莓结构后，现场进行疏花、疏果、疏叶； 4．技能性目标：动手操作实践，初步学会使用剪刀疏花、疏果及疏叶； 5．创造性目标：主动发现问题，利用信息检索、课堂提问、交流合作等手段创造性地解决问题
劳动安全规则	1．必须按照《劳动教育实践基地安全生产要求》正确使用劳动工具； 2．爱护劳动工具，禁止故意破坏、乱丢乱放； 3．劳动前，必须按要求规范着装； 4．劳动实践过程中，必须听从老师指挥，禁止嬉戏打闹
劳动现场相关物料、工具准备	1．老师提前准备创可贴、碘伏，以备同学们受伤时使用； 2．老师提前准备剪刀等工具，做好教学准备工作，布置好教学现场
劳动过程	1．课前组织教学，明确劳动实践任务内容及纪律要求； 2．课中老师讲解并带领同学们认识草莓的结构，然后使用剪刀示范疏花、疏果及疏叶过程； 3．疏花：在花完全开放之前，去除远离一级分支的花蕾，保证每个枝条留5～7个花蕾。疏果：在坐果成功后去除畸形果、病虫果等，一个枝条留4～6个果，一株草莓留2～3个枝条；疏叶：拔除黄叶以及含有病虫害的叶子，同时长出的侧芽也要及时去除； 4．课中学生分组实践并使用剪刀等工具； 5．课后学生总结本堂课程的收获及体会，老师完成对学生的劳动实践教学评价

表5-38　劳动设计六：草莓采摘与销售实践

课程模块	草莓采摘与销售实践
课程名称	劳动教育
课程项日	劳动体验
主题内容	学习草莓采摘与销售的各个步骤，学会各种相关劳动工具的使用

续表

课程目标	1. 认知性目标：在老师指导下，以现场教学的方式了解草莓不同品种的采收时间，了解所需使用的草莓包装方法，了解草莓销售模式； 2. 参与性目标：主动参与课程实践； 3. 体验性目标：了解草莓采摘和销售基础知识后，现场学习草莓采摘方法和注意事项，并学会草莓包装及辨别成熟度； 4. 技能性目标：动手操作实践，初步学会采摘草莓，初步学会包装草莓； 5. 创造性目标：主动发现问题，利用信息检索、课堂提问、交流合作等手段创造性地解决问题
劳动安全规则	1. 必须按照《劳动教育实践基地安全生产要求》正确使用劳动工具； 2. 爱护劳动工具，禁止故意破坏、乱丢乱放； 3. 劳动前，必须按要求规范着装； 4. 劳动实践过程中，必须听从老师指挥，禁止嬉戏打闹
劳动现场相关物料、工具准备	1. 老师提前准备创可贴、碘伏，以备同学们受伤时使用； 2. 老师提前准备剪刀、包装盒等工具，做好教学准备工作，布置好教学现场
劳动过程	1. 课前组织教学，明确劳动实践任务内容及纪律要求； 2. 课中老师讲解并带领同学们认识不同品种的草莓的成熟度，学习采摘和包装的方法及注意事项； 3. 课中学生分组实践并使用剪刀等工具； 4. 课后学生总结本堂课程的收获及体会，老师完成对学生的劳动实践教学评价

（六）推荐读物

1. 路河. 棚室草莓高效栽培. 北京：机械工业出版社，2018.

2. 韩庆新. 大棚草莓实用栽培技术. 北京：科学出版社，2020.

3. 宗静，马欣. 设施草莓栽培与病虫害防治百问百答. 北京：中国农业出版社，2020.

4. 雷家军，薛莉. 有机草莓栽培实用技术（第二版）. 北京：化学工业出版社，2021.

5. 李刚，李亮杰，杜小亮. 草莓高效栽培技术图谱. 郑州：河南科学技术出版社，2022.

（七）课后思考

1. 草莓种植对国民生活水平有何影响？
2. 草莓种植的经济意义是什么？
3. 分析草莓种植行业规模日渐扩大的原因。
4. 分析草莓种植行业的前景。
5. 草莓衍生产品增多说明了什么？
6. 如何理解加强劳动观教育促进大学生就业？

拓展阅读

草莓种植技术

1．种苗选择

选苗首先要看它的根系，通常有裸根苗、基质苗，本课程教学大多选用基质苗，因为基质苗易成活、缓苗期短、后期管理更方便。其次，草莓植株有南北之分，教学用苗采用南方的草莓苗，种植时间较早，易抽生匍匐茎，开花坐果率相对更高。

2．移栽

草莓最佳种植季节是春季的3、4月和秋季的9、10月，可以根据种苗的情况提前或推迟种植时间。移栽时间最好选在一天的下午或者阴天，草莓的平均种植间距为20～25 cm，栽种深度要做到“埋根露心，形成小垄”。定植完之后，要及时浇定根水，做好缓苗期的避阳、土湿管理。

3．维护管理

缓苗期草莓应该避免长期阳光直射，并保持良好通风、土壤微湿。草莓缓苗后新叶完全展开，表明植株进入了正常生长期。生长期的日常维护就是土壤见干浇水，温度控制在15～25℃。生长初期需肥量较小，当草莓新叶长到3～5 cm时，就可以摘除枯叶和烂叶。草莓开花前期，进行疏花操作；草莓开花时，需要进行人工授粉；坐果成功之后进行疏果。

后期草莓徒长，解决方法是控水、少施氮肥，叶面喷施氨基酸叶面肥或腐殖酸叶面肥；在此期间会抽生大量匍匐茎，若有育苗需求，可以将匍匐茎先埋于土中，待匍匐茎新根发出之后，剪断“脐带”即可移栽，若无此需求可以直接拔除匍匐茎。

4．相关方法

人工授粉：首先用一个干净的小刷子，沿着草莓的花蕊从外向里刷，然后绕圈，绕圈1～2次之后再将小刷子刷到雄花蕊上面。进行授粉的最佳时间是要等花朵完全张开的时候，一般在早上或者是下午的时候授粉，要保证每一朵花每天都有两次授粉机会。

疏花：在花完全开放之前，去除远离一级分支的花蕾，保证每个枝条留5~7个花蕾。

疏果：在坐果成功后去除畸形果、病虫果等，一个枝条留4～6个果，一株草莓留2～3个枝条。

疏叶：处于正常生长期的植株，老叶会不断变黄，这时就需要拔除黄叶以及含有病虫害的叶子，同时长出的侧芽也要及时去除，否则会影响主枝对营养的吸收。

施肥：常用普通的复合肥促进根、叶生长，开花后需肥量逐渐增多，追肥以高钾复合肥（水溶肥）为主，以促进果实膨大、上色和增甜，一般20天为一个施肥周期。叶面肥通常采用磷酸二氢钾，配比为水：肥=3：1，进行叶面喷施，一般也是以20天为一个周期，与水溶肥配合使用。

5．常见病虫害

主要病害有白粉病、灰霉病；主要虫害有蚜虫、土壤害虫。

6. 病虫害绿色防控

病害防治：选用脱毒草莓、高温闷棚。

虫害防治：种植葱蒜类植物、使用黄板、蓝板。

八、大棚番茄种植劳动实践模块设计

番茄即西红柿，是管状花目一年生或多年生草本植物。番茄原产于南美洲的安第斯山地带，在秘鲁、厄瓜多尔、玻利维亚等地至今仍有大面积野生种的分布，栽培番茄的祖先是樱桃番茄，由墨西哥较早驯化栽培。1523年，番茄由墨西哥传到西班牙、葡萄牙，1550年前后传到意大利，1575年相继传到英国和中欧各国，由于番茄果实有特殊味道，当时作为观赏植物，18世纪中叶开始食用栽培。17世纪传入菲律宾，后传到其他亚洲国家，中国栽培的番茄从欧洲或东南亚传入。清代汪灏在《广群芳谱》的果谱附录中有“番柿”：“一名六月柿，茎似蒿。高四五尺，叶似艾，花似榴，一枝结五实或三四实……草本也，来自西番，故名。”到20世纪初，城市郊区始有栽培食用，中国栽培番茄从20世纪50年代开始初迅速发展，成为主要果菜之一。

中国南北方广泛栽培，番茄的果实营养丰富，具特殊风味，可以生食、煮食、加工番茄酱、汁或整果罐藏。同时番茄在药用方面也有很大益处，西红柿有生津止渴、健胃消食、清热消暑、补肾利尿等功能，可治热病伤津口渴、食欲不振、暑热内盛等病症。它有显著止血、降压、降低胆固醇的作用，对治疗血友病和癞皮病有特殊功效。

（一）教学目标

1. 知识与技能目标（低阶）

（1）了解无限生长番茄的种植周期，能分辨无限生长番茄不同时期的特征。

（2）了解无限生长番茄的生长习性、种植条件、种植技术以及应用价值。

（3）学习无限生长番茄生长过程中的病虫害防治和高效施肥技术。

（4）了解无限生长番茄的科学种植方法。

（5）了解我国番茄种植的发展现状、市场主流番茄的品种及其相关特性。

2. 过程与方法目标（中阶）

（1）在了解番茄品种及其特性之后进行番茄种苗的选择。

（2）通过实践操作，掌握番茄种植技术要点，能够独立完成番茄定植技术，提升实践操作能力和动手能力。

（3）能够根据番茄的不同生长时期独立完成相应的管理维护工作。

（4）在实践过程中能够主动学习其他作物种植操作要点，丰富自身农业种植知识体系。

3. 情感、态度与价值观目标（思政目标）（高阶）

（1）让学生通过体验番茄种植，增强对劳动教育的兴趣，完善自身作物种植知识体系，提升劳动认知、社会责任感以及创新创业精神，培养团队协作能力，树立劳动最光荣、劳动最崇高、劳动最伟大、劳动最美丽的崇高理念。

（2）通过深度参与劳动教育，启发学生思考不同作物种植操作要点的区别，探究不同种类作物的生长要求，在实践操作中感受劳动教育中的生命之美。

（3）通过有目的地组织学生参与日常生活劳动、生产劳动和服务性劳动，让学生在动手实践中接受锻炼，磨炼自身意志，培养正确的劳动价值观。

（4）让学生通过体验和探究，深刻理解番茄种植对民生和市场贸易的重要作用，启发独立思考能力，增强对自我实践所创造价值的信心，拓展其主动参与的意识。

（二）教学重难点

1. 教学重点

（1）番茄育苗与移栽技术；

（2）番茄人工打枝方法；

（3）种植密度及种植技术的实际应用；

（4）番茄养护期间的病虫害防治与追肥管理。

2. 教学难点

（1）提高番茄育苗出芽率的技术；

（2）番茄人工打枝；

（3）准确掌握补水、补肥、疏果的时机，提高番茄产量；

（4）番茄病虫害防治；

（5）让学生在教学过程中感悟到劳动教育中的生命之美。

（三）教学流程（见图5-8）

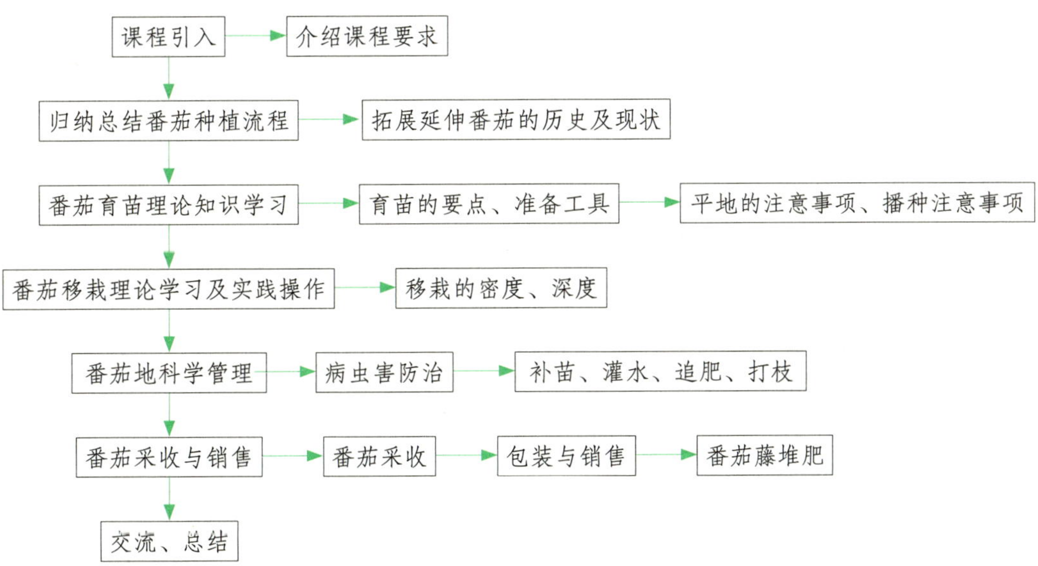

图5-8　大棚番茄种植劳动实践课程教学流程

（四）课程内容（见表5-39）

表5-39　大棚番茄种植劳动实践课程内容

时间	节气	农事活动	劳动任务
2月份	立春～雨水	番茄、育苗	1．整理苗床，穴盘铺好营养土。 2．教授学生播种注意事项：如穴盘内一孔一颗种子，每颗种子放于穴孔中部高度位置。 3．将已播种的穴盘铺放在苗床中，用清水将苗盘浇透，浇水时喷洒要轻而匀，防止将孔穴内的土壤和种子冲出。 4．营养穴盘内土壤少、空隙度大，极易发生缺水现象，若天气温度高，要在清晨和傍晚气候凉爽时及时喷洒水分
3月份	惊蛰～春分	整地、移栽番茄、管理	1．深耕细整地并施底肥。 2．整理土地，以1.5 m宽为一厢，每厢地之间间隔35 cm的沟。 3．挖坑准备移植。一般情况下每一厢地有3列坑，坑与坑之间前后距离为30 cm。 4．移植番茄，育好的番茄苗长到20～30 cm移栽易成活。 5．用小铲子顺穴底部轻轻撬出番茄苗，并采用水前移栽法，将带土的幼苗移到挖好的坑内（注意需要移植在坑的正中间），轻轻地填好泥土，再稍微用力压一下泥土（注意不要压到番茄的茎），确保番茄苗稳稳站立，最后给移栽好的番茄苗浇水（注意浇水要浇在坑内，但不能把苗打伤）。 适当给番茄地除草，用手用力将草拔出，需要连根拔起（注意不要弄伤手）。 6．给番茄地浇水。番茄喜水耐旱，遵循见干见湿的浇水原则。在给番茄浇水时，需要从根部周边均匀浇水下去，使土壤能渗透足够的水分，促使根部能吸收水分。 7．给番茄地施肥。番茄是一种喜肥的植物，需及时追肥，追肥时间以番茄现蕾前后为佳。追肥方式为复合肥兑水和颗粒肥打坑
4月份	清明～谷雨	番茄维护	1．依据番茄种植的种类不同，后续采收有所不同。 2．定植后到开花坐果前是壮秧蹲苗阶段。定植缓苗后，及时浇一次缓苗水，水量不宜过大，浇水后及时中耕
5月份	立夏～小满	番茄维护	1．打枝时，要选择45°角打枝，这样打枝后可以更好地恢复。打枝主要是将一些密集的枝条给打掉，这样才能让番茄结果更多。打枝时一般选择保留一部分的长度，但要求可以结果才行。最好在开花前打枝，以便后期开花后也可以顺利地结果。

续表

时间	节气	农事活动	劳动任务
5月份	立夏～小满	番茄维护	2．打枝后，需要合理浇水以促进番茄的生长，一般最好每天浇一次水。浇水后需要确保土壤湿润，待时机成熟后，有序展开收果。 3．番茄苗定植5～7天后、现蕾前期、第一穗果鸡蛋大小、第一穗果膨大期、膨大期等时期，都是施肥的重要时期。 4．补苗。由于天气或病虫害等多种原因，造成番茄苗死亡或情况不佳时，可以进行适当的补苗工作。 5．适当给番茄地除草，用手用力将草拔出，需要连根拔起（注意不要弄伤手）。 6．打枝下来的枝条和叶子用粉碎机粉碎，倒在堆肥区堆肥
6月份	芒种～夏至	番茄结果、收果、包装销售、堆肥	1．根据品种不同，番茄的果皮变成红色、粉红色、黄色等颜色，就可以基本判断番茄已经成熟，若番茄手感有一点软就是成熟了。采收后的番茄需要注意不要进行碰撞，以防止出现果伤。 2．采摘完毕，组织包装，安排销售。 3．当番茄采摘完后，番茄苗枯萎不再产果后，将期植株用粉碎机粉碎，倒在堆肥区进行堆肥

（五）劳动设计（见表5-40～表5-43）

表5-40　劳动设计一：番茄育苗实践

课程模块	番茄育苗实践
课程名称	劳动教育
课程项目	劳动体验
主题内容	学习番茄育苗的各个步骤，学会各种相关劳动工具的使用
课程目标	1．认知性目标：在老师指导下，以现场教学的方式了解番茄种子的特点，了解穴盘的使用方式，了解番茄种植的注意事项，了解需要用到的工具的使用方法； 2．参与性目标：主动参与课程实践； 3．体验性目标：了解番茄种子基础知识后，现场学习番茄种子的种植方法和播种方式； 4．技能性目标：动手操作实践，初步学会使用小铲子、镊子、穴盘，初步学会番茄播种方式； 5．创造性目标：主动发现问题，利用信息检索、课堂提问、交流合作等手段创造性地解决问题

续表

劳动安全规则	1．必须按照《劳动教育实践基地安全生产要求》正确使用劳动工具； 2．爱护劳动工具，禁止故意破坏、乱丢乱放； 3．劳动前，必须按要求规范着装； 4．劳动实践过程中，必须听从老师指挥，禁止嬉戏打闹
劳动现场相关物料、工具准备	1．老师提前准备创可贴、碘伏，以备同学们受伤时使用； 2．老师提前准备镰刀、穴盘、镊子、水壶、水瓢等，做好教学准备工作，布置好教学现场
劳动过程	1．课前组织教学，明确劳动实践任务内容及纪律要求； 2．课中老师讲解并带领同学们认识番茄种子，学习其播种方法及注意事项，了解底肥的使用方式和使用量，学会给番茄苗地盖膜； 3．课中学生分组实践并使用水壶、水瓢、水桶、穴盘、镊子等工具； 4．课后学生总结本堂课程的收获及体会，老师完成对学生的劳动实践教学评价

表5-41　劳动设计二：番茄移栽实践

课程模块	番茄移栽实践
课程名称	劳动教育
课程项目	劳动体验
主题内容	学习番茄移栽的各个步骤，学会各种相关劳动工具的使用
课程目标	1．认知性目标：在老师指导下，以现场教学的方式了解番茄苗的特点、移植间距和注意事项，了解小铲子的使用方法； 2．参与性目标：主动参与课程实践； 3．体验性目标：了解番茄苗基础知识后，现场学习番茄移植方法和注意事项； 4．技能性目标：动手操作实践，初步学会使用小铲子，初步学会番茄移植方式； 5．创造性目标：主动发现问题，利用信息检索、课堂提问、交流合作等手段创造性地解决问题
劳动安全规则	1．必须按照《劳动教育实践基地安全生产要求》正确使用劳动工具； 2．爱护劳动工具，禁止故意破坏、乱丢乱放； 3．劳动前，必须按要求规范着装； 4．劳动实践过程中，必须听从老师指挥，禁止嬉戏打闹
劳动现场相关物料、工具准备	1．老师提前准备创可贴、碘伏，以备同学们受伤时使用； 2．老师提前准备小铲子、向日葵苗、水壶、水桶、水瓢等，做好教学准备工作，布置好教学现场

续表

劳动过程	1．课前组织教学，明确劳动实践任务内容及纪律要求； 2．课中学生分组实践并使用水壶、水瓢、水桶、小铲子等工具； 3．课后学生总结本堂课程的收获及体会，老师完成对学生的劳动实践教学评价

表5-42 劳动设计三：番茄维护实践

课程模块	番茄维护实践
课程名称	劳动教育
课程项目	劳动体验
主题内容	学习番茄维护步骤，学会各种相关劳动工具的使用
课程目标	1．认知性目标：在老师指导下，以现场教学的方式了解番茄苗的特点、施肥的方式和注意事项，了解镰刀的使用方法，了解番茄的生长习性，了解番茄打枝的方法和注意事项； 2．参与性目标：主动参与课程实践； 3．体验性目标：了解番茄基础知识后，现场学习番茄打枝、除草、番茄浇水施肥方法和注意事项； 4．技能性目标：动手操作实践，初步学会使用镰刀除草，初步学会给番茄施肥和浇水，初步学会给番茄打枝； 5．创造性目标：主动发现问题，利用信息检索、课堂提问、交流合作等手段创造性地解决问题
劳动安全规则	1．必须按照《劳动教育实践基地安全生产要求》正确使用劳动工具； 2．爱护劳动工具，禁止故意破坏、乱丢乱放； 3．劳动前，必须按要求规范着装； 4．劳动实践过程中，必须听从老师指挥，禁止嬉戏打闹
劳动现场相关物料、工具准备	1．老师提前准备创可贴、碘伏，以备同学们受伤时使用； 2．老师提前准备镰刀、水壶、水桶、水瓢、肥料、剪刀等，做好教学准备工作，布置好教学现场。
劳动过程	1．课前组织教学，明确劳动实践任务内容及纪律要求； 2．课中学生分组实践并使用水壶、水瓢、水桶、小铲子、剪刀等工具； 3．课后学生总结本堂课程的收获及体会，老师完成对学生的劳动实践教学评价

表5-43 劳动设计四：番茄采摘与销售实践

课程模块	番茄采摘与销售实践
课程名称	劳动教育

续表

课程项目	劳动体验
主题内容	学习番茄采摘销售的步骤，学会各种相关劳动工具的使用
课程目标	1．认知性目标：在老师指导下，以现场教学的方式了解番茄的采收时间，了解所需使用的番茄包装方法，了解番茄销售模式； 2．参与性目标：主动参与课程实践； 3．体验性目标：了解番茄采摘和销售基础知识后，现场学习番茄采摘方法和注意事项，并学会番茄包装及辨别成熟度； 4．技能性目标：动手操作实践，初步学会采摘番茄，初步学会包装番茄； 5．创造性目标：主动发现问题，利用信息检索、课堂提问、交流合作等手段创造性地解决问题
劳动安全规则	1．必须按照《劳动教育实践基地安全生产要求》正确使用劳动工具； 2．爱护劳动工具，禁止故意破坏、乱丢乱放； 3．劳动前，必须按要求规范着装； 4．劳动实践过程中，必须听从老师指挥，禁止嬉戏打闹
劳动现场相关物料、工具准备	1．老师提前准备创可贴、碘伏，以备同学们受伤时使用； 2．老师提前准备剪刀、包装盒、袋子、秤、标签等工具，做好教学准备工作，布置好教学现场
劳动过程	1．课前组织教学，明确劳动实践任务内容及纪律要求； 2．课中老师讲解并带领同学们认识不同品种番茄成熟度，学习采摘和包装的方法及注意事项； 3．课中学生分组实践并使用剪刀包装盒、袋子、秤、标签等工具； 4．课后学生总结本堂课程的收获及体会，老师完成对学生的劳动实践教学评价

（六）推荐读物

1．文方芳，侯峥嵘，孙贝贝．设施番茄减肥减药高效生产技术．北京：中国农业科学技术出版社，2022.

2．赵统敏．番茄产业关键实用技术100问．北京：中国农业出版社，2021.

3．景炜明，胡想顺．棚室番茄高效栽培．北京：机械工业出版社，2019.

4．李晓丽．番茄栽培及病虫害防治技术研究．北京：科学技术文献出版社，2021.

（七）课后思考

1．番茄种植对国民生活水平的影响？

2．番茄种植的经济意义是什么？

3．分析番茄种植行业规模日渐扩大的原因？

4．分析番茄种植行业的前景。

5．分析全球番茄产业贸易格局的变化？

拓展阅读

番茄原产南美洲，在中国南北方广泛栽培。番茄的果实营养丰富，风味特殊，可以生食、煮食、加工番茄酱、番茄汁或整果罐藏等。美国、意大利和中国为番茄主要生产国，在欧洲、美洲的一些国家及中国和日本有大面积温室、塑料大棚及其他保护地设施栽培，目前其产量占蔬菜生产总量的10%左右。我国番茄栽培时间不到100年，于20世纪二三十年代从国外引种试验，四五十年代大中城市有小面积种植，70年代番茄才在全国普遍生产。

从20世纪80年代开始，中小拱棚番茄迅速发展，目前已实现中小拱棚、塑料大棚、日光温室和露地生产相结合的番茄生产格局，一年四季供应充足，经济效益比较显著。我国番茄生产量现在位居世界第二位，种植面积逐年扩大。番茄种质资源丰富，品种繁多，而且其果实营养丰富，人们十分喜爱食用。特别是硬果型番茄和加工型番茄品种的引进栽培，使我国新疆、内蒙古等地番茄产业发展迅速，极大地带动了全国番茄产业的发展壮大，使其成为增加农民收入、发展高效农业、促进农业增效的一大支柱产业。

番茄的栽培技术：

1．品种选择

应选择耐低温、耐弱光、抗病性高、高产优质的中早熟番茄品种。

2．秧苗培育

番茄育苗需在日光温室或塑料大棚内进行，最好采用营养块或穴盘育苗，播种期应当根据当地气候条件、定植期和壮苗标准而定。一般南方地区在12月中上旬播种，北方地区稍晚，可延后1个月左右。

3．定植

定植前准备工作。为提高棚内的土壤温度，定植前20~25天覆盖塑料薄膜烤棚。覆膜前将有机肥运入棚内，依据土壤肥力，每亩施入优质有机肥5000 kg以上、硫酸钾复合肥25~30 kg、过磷酸钙25~30 kg，其中2/3的肥料撒施后深翻30~40 cm，耙平。定植前7~10天整地做畦，一般畦高15~20 cm、宽1~1.2 m，然后畦中央开沟并将剩余的1/3肥料沟施后整平，同时覆地膜提高地温。

定植时期。定植期取决于苗龄和棚内的小气候条件。番茄塑料大（中）棚提前栽培的壮苗标准是：日历苗龄一般为35~45天，生理苗龄株高达15~20 cm，叶片5~6片，茎粗0.5 cm以上。当棚内10 cm地温稳定在10℃左右时，即可定植，定植期越早越好。一般南方地区多在2月中下旬定植，华北地区多在3月中下旬定植，东北地区多在4月下旬定植。

定植密度。生产中多采用大小行栽植方式，一般大行距70 cm，小行距50 cm。早熟品种株距25 cm，每亩栽5000株左右；中熟品种株距33 cm，每亩栽4000株左右。定植深度以土坨与畦面相平为好。

4．水肥管理

定植初期须控制浇水，降低空气湿度，防止番茄茎叶徒长，促进根系发育。若土壤过于干旱，可在定植后3~4天穴浇1次缓苗水。并通过连续对大行间进行中耕来保持土壤湿度，一般中耕2~3次，每次间隔5~7天。

第一花序坐果后，果实长至核桃大小时浇一次水，随水冲施一次速效肥，每亩施尿素10~15 kg、磷酸二氢钾15 kg。以后每隔8~10天浇水一次，直到拉秧前一周；浇水须在晴天上午进行，采取膜下暗灌的方法，始终保持地面湿润即可。第二、第三花序坐果后每亩再各追栽施三元复合肥25 kg左右，同时再浇水2次。盛果期时，再补充追肥2~3次，也可叶面喷施1%的过磷酸钙或0.3%的磷酸二氢钾。

5．番茄的拔尖方法

在打枝时，要选择45° 角度来打枝，这样打枝后可以更好地恢复，其他的角度不要选择。打枝主要是将一些密集的枝条给打掉，这样才能让番茄结果更多，但不要随意乱打枝。

打枝时一般选择保留一部分的长度，但要求可以结果才行，最好在开花前就打枝，以便后期开花后可以顺利地结果。打枝后，需要合理浇水以促进番茄的生长，一般最好每天浇水一次，浇水后需要确保土壤湿润。

九、立体农业种植劳动实践模块设计

立体农业是指单位面积土地或水域上，通过多个农业生物种共生、多层次利用，提高单位面积产量和经济效益的农业模式。因此，它和平面农业间作套种是有区别的。国外对立体农业还有其他两种提法：一是多层间作，指按作物疏密、高矮层次搭配的立体种植。二是农林农业，指多年生木本植物（乔木、灌木等）与农作物搭配种在同一块土地上。

（一）教学目标

1. 知识与技能目标（低阶）

（1）了解立体农业栽培的含义及特点；

（2）了解立体农业栽培在现代农业中的优势和意义；

（3）认识各类立体农业栽培方式的基本形式及方法；

（4）了解各类立体农业栽培方式的适应作物及栽培要点；

（5）了解大棚立体农业相较于传统农业形式的优势和效率推进。

2. 过程与方法目标（中阶）

（1）掌握各类立体栽培设施的组成、结构和生产管理方法；

（2）掌握土培、水培、雾培等栽培方式的操作要点；

（3）通过实操，对比立体农业与传统土壤种植技术，分析理解其耕种形式以及对农业发展的具体优势。

3. 情感、态度与价值观目标（思政目标）（高阶）

（1）立体农业是现代农业种植中的一个重要改革，以此来扩大劳动教育的知识面，引导学生提升创新能力，引发学生思考现代栽培技术对农业生产所带来的改变，了解现代化农业的发展进程；

（2）通过种植学习，实际感受现代农业与传统农耕的区别，让学生对劳动教育增强认同感，提升使命感，认识劳动教育的关键点，理解劳动耕作对于家国社会的重要性；

（3）让学生通过深度参与劳动实践，了解劳动过程，提升劳动认知、社会责任感、团队合作奋进及创新创业精神，树立劳动最光荣、劳动最崇高、劳动最伟大、劳动最美丽的观念。

（二）教学重难点

1. 教学重点

（1）立体栽培设施的组成和结构；

（2）立体栽培的生产管理方法；

（3）土培、水培、雾培等栽培方式的操作要点；

（4）各类设施设备的正常维护技能。

2. 教学难点

（1）各类立体栽培方式的种植原理，做到灵活运用；

（2）利用立体栽培方式提高作物产量；

（3）大学生在推进立体农业栽培发展过程中的作用。

（三）教学流程（见图5-9）

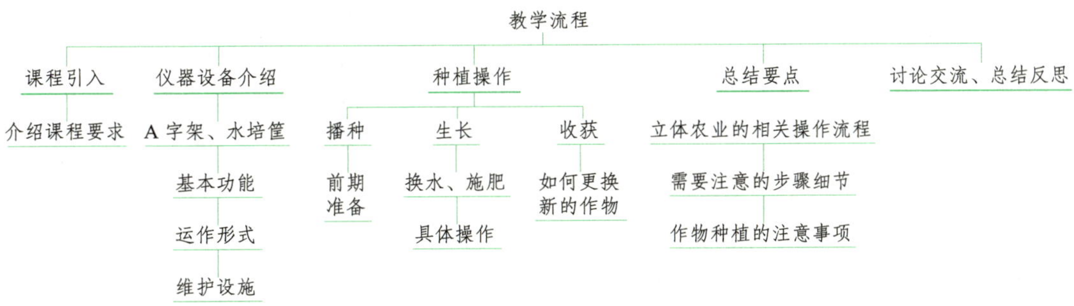

图5-9 立体农业种植劳动实践课教学流程

（四）课程内容（见表5-44）

表5-44 立体农业种植劳动实践课程内容

时间	节气	特点	农事活动	劳动任务
1月份	小寒～大寒	气温低，部分农作物停止生长	将种子等物料保管好	1．将种子保存在干燥地方； 2．修整设备； 3．了解掌握各类设施设备组成与结构

续表

时间	节气	特点	农事活动	劳动任务
2月份	立春～雨水	气温回暖，春耕准备	整理耕地，进行蔬菜春季育苗	1．对设备进行消毒杀菌处理； 2．整理苗床，穴盘内铺入营养土； 3．一穴一种，埋入土中后浇足水
3月份	惊蛰～春分	温度持续升高，但南方温度不稳定，需做好保暖措施	维护种苗状态	1．维护种苗持续生长，注意水分控制； 2．加入一定肥料到立体栽培设施中； 3．认识各类设备功能和管理方法
4月份	清明～谷雨	气温增高，植物快速生长期	准备移苗，做好后期管理措施	1．移苗定植到立体栽培设施； 2．若是移入土培设施，需浇定根水
5月份	立夏～小满	水热充足，万物生长，注意病虫害管理	持续追肥，加强病虫害防治管理	1．利用现有设施设备条件对作物定量追肥； 2．通过黄板等物理防虫方式进行病虫害防治
6月份	芒种～夏至	天气转热，蔬菜成熟	蔬菜成熟，采摘、包装售卖	1．天气炎热，需及时用设施设备调整环境温度； 2．蔬菜采摘，整理设备； 3．蔬菜包装售卖； 4．清园； 5．对比立体设施栽培与传统种植的区别
9月份	白露～秋分	气温降低，可开始秋季播种	整理耕地，进行蔬菜秋季育苗	1．对设备进行消毒杀菌处理； 2．整理苗床，穴盘内铺入营养土； 3．一穴一种，埋入土中后浇足水； 4．了解掌握各类设施设备组成与结构
10月份	寒露～霜降	气温迅速降低，室外不适合作物种植，大棚种植需注意气温调控	做好苗期管理并移苗	1．维护种苗持续生长，注意水分控制； 2．加入一定肥料到立体栽培设施中； 3．移苗定植到立体栽培设施； 4．若是移入土培设施，需浇定根水； 5．认识各类设备功能和管理方法
11月份	立冬～小雪	温度低，室外进入休园期，大棚种植需注意气温调控	做好后期管理措施，注意病虫害防治	1．追加水肥； 2．通过黄板等物理防虫方式进行病虫害防治
12月份	大雪～冬至	温度低，棚内气温逐渐难调控	蔬菜成熟采摘，包装售卖	1．蔬菜采摘，整理设备； 2．蔬菜包装售卖； 3．清园； 4．对比立体设施栽培与传统种植的区别

（五）劳动设计（见表5-45～表5-47）

表5-45　劳动设计一：立体栽培设施农业（1）

课程板块	立体栽培设施农业
课程名称	劳动教育
劳动项目	立体栽培设施的认识
主题内容	了解立体栽培设施农业的意义，认识各类设施设备
课程目标	1．认知性目标：在老师指导下，采用上网、现场教学等方式，了解立体栽培设施农业的意义，认识水培、土培、雾培等栽培设施设备； 2．参与性目标：主动参与课程实践； 3．体验性目标：了解立体栽培设施农业基础知识后，现场学习A字架、水培管、苗床等的使用方法及功能； 4．技能性目标：动手操作实践，初步学会各类设备的开关、施肥浇水的方法步骤； 5．创造性目标：主动发现问题，利用信息检索、课堂提问、交流合作等手段创造性地解决问题
劳动安全规划	1．必须按照《劳动教育实践基地安全生产要求》正确使用劳动工具； 2．爱护劳动工具，禁止故意破坏、乱丢乱放； 3．劳动前，必须按要求规范着装； 4．劳动实践过程中，必须听从老师指挥，禁止嬉戏打闹
劳动现场相关物料、工具准备	1．老师提前准备创可贴、碘伏，以备同学们受伤时使用； 2．老师提前准备教学用具，布置好教学现场
劳动过程	1．课前组织教学，明确劳动实践任务内容及纪律要求； 2．课中老师讲解并带领同学们认识、学习A字架、水培管、苗床及其功能和使用方法； 3．学习各类设备的开关、追肥浇水的方式； 4．课后学生总结本堂课程的收获及体会，老师完成对学生的劳动实践教学评价

表5-46　劳动设计二：立体栽培设施农业（2）

课程板块	立体栽培设施农业
课程名称	劳动教育
劳动项目	立体栽培设施的灵活使用
主题内容	掌握各类设施设备的管理方式，可以灵活使用

续表

课程目标	1．认知性目标：在老师指导下，采用上网、现场教学的方式掌握各类设施设备的管理方式，认识水培、土培、雾培设施设备的栽培特点； 2．参与性目标：主动参与课程实践； 3．体验性目标：掌握各类设施设备的管理方式，认识水培、土培、雾培设施设备的栽培特点； 4．技能性目标：动手操作实践，能够初步根据作物特性选择栽培方式； 5．创造性目标：主动发现问题，利用信息检索、课堂提问、交流合作等手段创造性地解决问题
劳动安全规划	1．必须按照《劳动教育实践基地安全生产要求》正确使用劳动工具； 2．爱护劳动工具，禁止故意破坏、乱丢乱放； 3．劳动前，必须按要求规范着装； 4．劳动实践过程中，必须听从老师指挥，禁止嬉戏打闹
劳动现场相关物料、工具准备	1．老师提前准备创可贴、碘伏，以备同学们受伤时使用； 2．老师提前准备教学用具，布置好教学现场
劳动过程	1．课前组织教学，明确劳动实践任务内容及纪律要求； 2．课中老师讲解并带领同学们认识，初步了解不同作物的种植特点； 3．学习各类植物的适应特点，能够正确选择栽培设施； 4．课后学生总结本堂课程的收获及体会，老师完成对学生的劳动实践教学评价

表5-47　劳动设计三：立体设施栽培农业（3）

课程板块	立体设施栽培农业
课程名称	劳动教育
劳动项目	立体设施栽培与传统农耕的区别
主题内容	掌握立体栽培设施的特点与前景，了解与传统农耕的区别
课程目标	1．认知性目标：在老师指导下，采用上网、现场教学的方式了解现代农业发展进程，掌握立体栽培设施农业的特点与前景； 2．参与性目标：主动参与课程实践； 3．体验性目标：统计相同种植面积的立体设施栽培和传统农耕的产量及质量特征，发现区别； 4．创造性目标：主动发现问题，利用信息检索、课堂提问、交流合作等手段创造性地解决问题
劳动安全规划	1．必须按照《劳动教育实践基地安全生产要求》正确使用劳动工具； 2．爱护劳动工具，禁止故意破坏、乱丢乱放； 3．劳动前，必须按要求规范着装； 4．劳动实践过程中，必须听从老师指挥，禁止嬉戏打闹

续表

劳动现场相关物料、工具准备	1．老师提前准备创可贴、碘伏，以备同学们受伤时使用； 2．老师提前准备教学用具，布置好教学现场
劳动过程	1．课前组织教学，明确劳动实践任务内容及纪律要求； 2．了解现代农业发展进程，掌握立体栽培设施农业的特点与前景； 3．通过劳动体验，发现立体种植栽培与传统农业的区别与价值； 4．课后学生总结本堂课程的收获及体会，老师完成对学生的劳动实践教学评价

（六）推荐读物

1．李建明．设施农业概论（第2版）．北京：化学工业出版社，2020．
2．宋士清，王久兴．设施蔬菜栽培．北京：科学出版社，2020．
3．高丁石．设施蔬菜生产关键技术一本通．北京：中国农业出版社，2022．
4．彭世勇．蔬菜无土栽培实用技术．北京：化学工业出版社，2021．

（七）课后思考

1．立体设施农业栽培与传统农业栽培的区别是什么？
2．立体设施农业对于现代农业发展的意义是什么？
3．大学生可以在新时代农业发展中起到什么作用？
4．立体设施农业栽培对生态环境稳定的意义？
5．立体农业栽培是否会逐渐取代传统农业种植模式？

拓展阅读

农业发展初期和中期，主要是一度农业和二度农业，两者都属平面农业。农业发展到后期，特别是地少人多的国家和地区，开始注重立体农业。目前，日本研究的第四代农业就是一年种20茬的立体农业模式。立体农业的特点是通过“两多”（多个生物种共生和多层次利用），产生很高的产量和效益，可见它和平面农业（单一生物种、单层次利用）是不同的。发展立体农业并不是排斥平面农业，因为两者都有各自适宜的社会经济环境。平面农业省力省工，有利机械化，但在人多地少、地形气候复杂的地区，发展立体农业有利于提高生产力和经济效益。

一、立体农业“三性”

1．综合性

立体农业将生物群落间互利互惠的作用，作了充分地、高效地、成功地利用，尤其是引入了腐生食物链（食用菌、甲烷菌、蚯蚓等）将种植业、养殖业、加工业熔于一炉，形成多物种、多层次、多梯级、多流向、多功能的统一综合体。

2．密集性

立体农业体现了劳动密集、技术密集、资金密集这三大特点，大有现代企业的派头。单拿技术密集这一项说，立体农业不仅表现为多种技术形态的交汇；更表现为传统方法与现代技术的结合，生物措施与工程技术的结合，有机技术与无机技术的结合；还特别汇集了秸秆废渣转化技术、禽畜粪便发酵技术和沼气生产技术。所以，技术密集程度是相当高的。

3．高产性

高产性表现在两方面：第一，初级生产力显著提高，这就是增大了绿叶面积，增加了光能和物质的输入和产出；第二，初级产品的多级利用，形成了高效的物质流、能量流、经济流，提高了输出，呈现出林茂、粮丰、果盈、鱼肥、猪壮的生态景观。

二、立体农业“三效益”

1．生态效益

立体农业，有利于建立稳定、协调的生态体系，有利于资源的保护与合理利用。试验证明，立体种植与立体养殖能显著减少农业对化肥、农药的依赖。在稻—萍—鱼立体农业结构中，病虫害显著减少，施药次数比常规稻田少1～2次，所用化肥（硫酸铵）也减少10 kg/亩左右。少用化肥、农药，既能节约能源，又能减少污染。畜禽粪便和有机废物的再循环，则化害为利，有利于改变农村卫生面貌，净化环境。

2．经济效益

立体农业，可以快速提高生产率和商品率，其产出的丰盛和产值的宏大，远远超过平面农业的单一经营。科学试验证实，亩产500 kg稻谷的地块，副产品稻草也近500 kg。这500 kg稻草，可用来生产凤尾菇，产菇可达490 kg，产值可达人民币1000元，其菇床残渣400 kg可养蚯蚓28 kg，用这些蚯蚓喂鸡可产鸡蛋9 kg，产值约合人民币42元。这几项产值加起来，是一亩水田产值的几倍。由此看来，立体农业经济效益高，前景广阔。

3．社会效益

立体农业，将果、茶、药、豆、瓜、菜、糖、麻、虫、螺、菌、鱼、禽、畜等组织在一个大生态体系的不同层次中，变单一经营为多种经营，这同时也就增加了经济作物在种植业中的比重，以及林、牧、渔在农业中的比重，从而促进食品加工业和饲料加工业等的发展，生产更多的鱼、肉、蛋、奶、果、蔬和食用菌等食品。这一来改善了人们的食物构成，二来也增加了外贸出口，三来也扩大了农村劳动力的就业门路，剩余劳力逐步得到缓解。部分劳动力由田间劳作转为工、副业生产，农村的劳力结构也随之发生改变。

十、果树栽种劳动实践模块设计

果树是指果实可食的树木，能提供可供食用的果实、种子的多年生植物及其砧木的总称。

果树是我国农业的重要组成部分，随着农村产业结构的调整和农产品市场的放开，特别是在丘陵、山地、沙荒地等处，因地制宜发展果树生产，能给农民带来可观的效益，我国具有丰富的果树资源，果树生产在国际市场具有很强的竞争力，是农产品出口创汇的重要来源。

（一）教学目标

1. 知识与技能目标（低阶）

（1）了解果树的定义与分类。

（2）了解果树品种选育。

（3）了解果树抗寒生理及其防寒基本原理。

（4）了解植物生长调节剂在果树生产中的应用。

（5）了解果树日常管理方法及其施肥原理。

（6）了解果树生长过程中的病虫害防治。

2. 过程与方法目标（中阶）

（1）让学生实操果树幼苗移栽、拉枝、追肥、修枝、疏果、嫁接、浇水、包装销售全过程，讲求理论与实践操作相结合的教学方式，训练与培养学生从事一定劳动所必须具备的知识、技术、技巧及综合运用这些知识、技术、技巧的能力，培养学生提高生活质量所必备的生活劳动技能，使学生学到分析解决劳动问题的本领。

（2）通过果树移栽维护劳动实践，培养学生把劳动知识和实践学习与实际生活中的亲身体验结合起来，培养学生思考与实践相结合的思维方法。提升学生综合运用劳动技能解决复杂问题的能力，培养学生不断反思、不断发展与完善自我的能力。

3. 情感、态度与价值观目标（思政目标）（高阶）

（1）通过长期深度参与果树种植维护全过程，提升和培养学生综合运用劳动知识与技能解决复杂问题的能力，形成热爱劳动的思想感情，养成负责、守纪的劳动品质和劳动习惯。

（2）让学生通过亲历果树移栽维护全过程，提升劳动认知、社会责任感、创新创业精神及团队协作精神，树立劳动最光荣、劳动最崇高、劳动最伟大、劳动最美丽的崇高理念。

（3）通过不断的劳动检验，让学生不仅从身体上锻炼自己，同时从意志上锤炼自己，不断提升学生独立自主和团队协作的能力。

（二）教学重难点

1. 教学重点

（1）果树的分类、生长习性、生长周期、经济和环境效益；

（2）相应的劳动工具的使用；

（3）幼苗移植，果树拉枝，疏果修枝，嫁接追肥，防寒防虫。

2. 教学难点

（1）深入了解传承农耕文化所面临的挑战；

（2）利用所学专业知识弘扬中华农耕文化优良传统；

（3）理解劳动光荣的深层次含义，明白收获来之不易，珍惜劳动成果。

（三）教学流程（见图5-10）

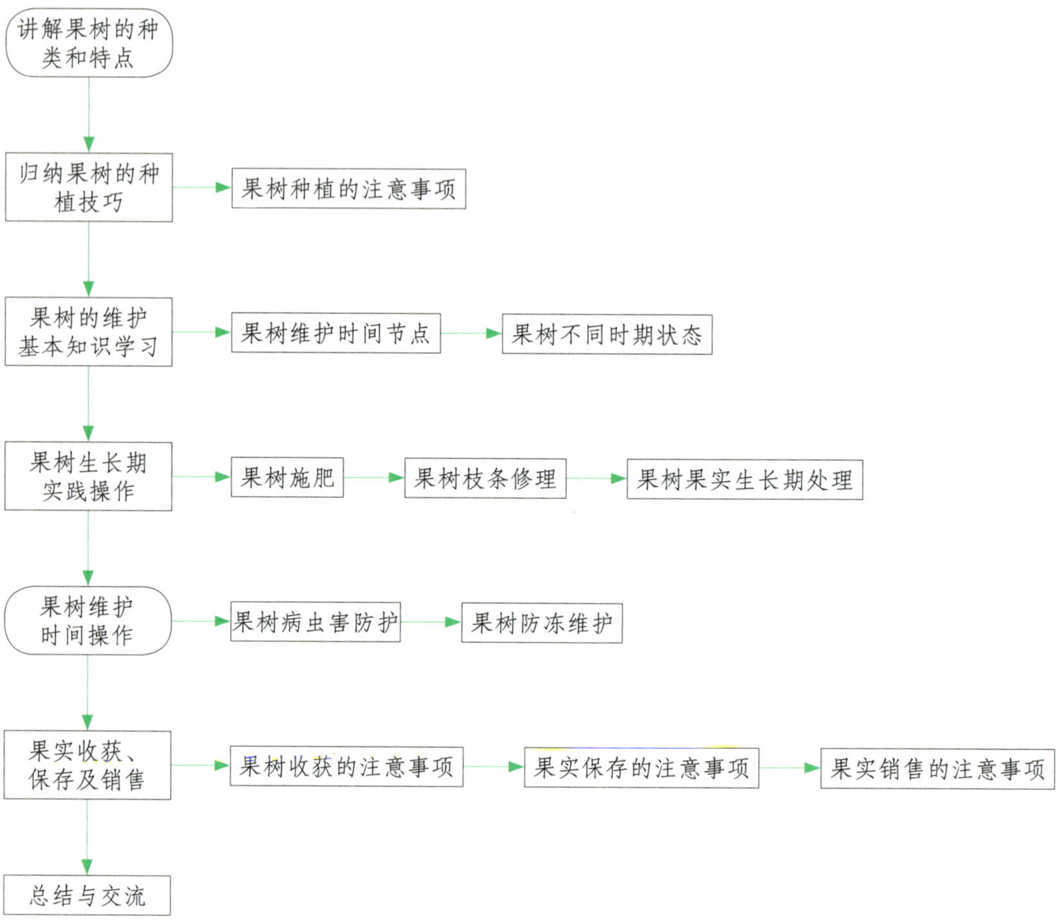

图5-10　果树栽种劳动实践教学流程

（四）课程内容（见表5-48）

表5-48　果树栽种劳动实践课程内容

时间	节气	农事活动	劳动任务
1月份	小寒～大寒	温度低，注意果树保暖	果树涂白，无花果树、柿树、猕猴桃树、樱桃树、李子树、梨树、桃树、苹果树修枝
2月份	立春～雨水	果树休眠期	给柿树、李子树、苹果树施肥
3月份	惊蛰～春分	桃树开花	给枇杷树、桃树施肥

续表

时间	节气	农事活动	劳动任务
4月份	清明～谷雨	苹果树、李子树、樱桃树开花	给无花果树、梅树、枇杷树修枝
5月份	立夏～小满	桃树、苹果树、李子树挂果；梅树、樱桃树结果	给苹果树、桃树套袋，收获樱桃树和梅树果实
6月份	芒种～夏至	梨树挂果	给梨树果实套袋，给无花果树和桃树修枝
7月份	小暑～大暑	无花果树、桃树、李子树果树成熟	收获无花果、李子和桃子，并做好包装和销售工作；给枇杷树疏芽
8月份	立秋～处暑	柿树、柑橘树挂果	给柿树和柑橘树果实套袋；销售无花果、李子和桃子
9月份	白露～秋分	梨树和苹果树果实成熟	收获李子和桃，并做好包装和销售工作
10月份	寒露～霜降	柿树果实成熟	收获柿树果实并做好包装和销售工作；给无花果树和苹果树施肥
11月份	立冬～小雪	柠檬果实成熟	收获柠檬，并做好包装和销售工作
12月份	大雪～冬至	清园	给果树涂白；给无花果树、梅树、柑橘、李子树修枝；做好病虫害防护工作

（五）劳动设计（见表5-49～表5-51）

表5-49　劳动设计一：果树移栽实践

课程模块一	果树移栽实践
课程名称	劳动教育
课程项目	劳动体验
主题内容	学习果树移栽的各个步骤，学会各种相关劳动工具的使用
课程目标	1．认知性目标：在老师指导下，采用上网、现场教学的方式了解各种果树移栽的特点，了解果树移栽的注意事项，了解需要用到的工具的使用方法； 2．参与性目标：主动参与课程实践； 3．体验性目标：了解果树移栽基础知识后，现场学习果树移栽方法、播种方式； 4．技能性目标：动手操作实践，初步学会铲子、锄头、水桶、肥料的使用方法； 5．创造性目标：主动发现问题，利用信息检索、课堂提问、交流合作等手段创造性地解决问题

续表

劳动安全规则	1．必须按照《劳动教育实践基地安全生产要求》正确使用劳动工具； 2．爱护劳动工具，禁止故意破坏、乱丢乱放； 3．劳动前，必须按要求规范着装； 4．劳动实践过程中，必须听从老师指挥，禁止嬉戏打闹
劳动现场相关物料、工具准备	1．老师提前准备创可贴、碘伏，以备同学们受伤时使用； 2．老师提前准备铲子、锄头、水桶、肥料等，做好教学准备工作，布置好教学现场
劳动过程	1．课前组织教学，明确劳动实践任务内容及纪律要求； 2．课中老师讲解并带领同学们认识果树，学习其移栽方法及注意事项； 3．课中学生分组实践并使用铲子、锄头、水壶、水瓢、水桶等工具； 4．课后学生总结本堂课程的收获及体会，老师完成对学生的劳动实践教学评价

表5-50　劳动设计二：果树维护实践

课程模块二	果树维护实践
课程名称	劳动教育
课程项目	劳动体验
主题内容	学习果树维护的各个步骤，学会各种相关劳动工具的使用
课程目标	1．认知性目标：在老师指导下，采用上网、现场教学的方式了解果树维护的特点，了解果树维护的注意事项，了解施肥的方法，了解果树维护需要用到的工具的使用方法； 2．参与性目标：主动参与课程实践； 3．体验性目标：了解种植果树维护知识后，现场学习果树维护方法、施肥的方式； 4．技能性目标：动手操作实践，初步学会使用铲子、锄头； 5．创造性目标：主动发现问题，利用信息检索、课堂提问、交流合作等手段创造性地解决问题
劳动安全规则	1．必须按照《劳动教育实践基地安全生产要求》正确使用劳动工具； 2．爱护劳动工具，禁止故意破坏、乱丢乱放； 3．劳动前，必须按要求规范着装； 4．劳动实践过程中，必须听从老师指挥，禁止嬉戏打闹
劳动现场相关物料、工具准备	1．老师提前准备创可贴、碘伏，以备同学们受伤时使用； 2．老师提前准备锄头、铲子、水壶、水桶等，做好教学准备工作，布置好教学现场

续表

劳动过程	1．课前组织教学，明确劳动实践任务内容及纪律要求； 2．课中老师讲解并带领同学们认识果树，学习其维护方法及注意事项； 3．课中学生分组实践并使用锄头、铲子、水壶、水瓢、水桶等工具； 4．课后学生总结本堂课程的收获及体会，老师完成对学生的劳动实践教学评价

表5-51　劳动设计三：果实采摘及销售实践

课程模块三	果实采摘及销售实践
课程名称	劳动教育
课程项目	劳动体验
主题内容	学习果树采摘及销售的步骤，学会各种相关劳动工具的使用
课程目标	1．认知性目标：在老师指导下，采用上网、现场教学的方式了解果实采摘及销售的特点，了解果实采摘的方式，了解果实销售的注意事项； 2．参与性目标：主动参与课程实践； 3．体验性目标：了解果实采摘及销售基础知识后，现场学习果实采摘及销售方式； 4．技能性目标：动手操作实践； 5．创造性目标：主动发现问题，利用信息检索、课堂提问、交流合作等手段创造性地解决问题
劳动安全规则	1．必须按照《劳动教育实践基地安全生产要求》正确使用劳动工具； 2．爱护劳动工具，禁止故意破坏、乱丢乱放； 3．劳动前，必须按要求规范着装； 4．劳动实践过程中，必须听从老师指挥，禁止嬉戏打闹
劳动现场相关物料、工具准备	1．老师提前准备创可贴、碘伏，以备同学们受伤时使用； 2．老师提前准备包装盒，做好教学准备工作，布置好教学现场
劳动过程	1．课前组织教学，明确劳动实践任务内容及纪律要求； 2．课中老师讲解并带领同学们进行采摘和销售； 3．课中学生分组实践并使用包装盒、标签等工具； 4．课后学生总结本堂课程的收获及体会，老师完成对学生的劳动实践教学评价

（六）推荐读物

1．唐仲明．果树修剪与管理．济南：山东科学技术出版社，2015.

2．张绍升，刘国坤，肖顺．果树病害速诊快治．福州：福建科学技术出版社，2016.

3．田红莲．设施果树生产技术．石家庄：河北科学技术出版社，2014.

4．童德中，周焕经．果树育苗．太原：山西人民出版社，1986.

5．丁少华，沈仲翔．果树栽培．北京：中国青年出版社，1996.

（七）课后思考

1．果树栽培对农业生产的重要意义。

2．近年来我国果树产业发展现状。

3．果树生产在各个国家的发展趋势。

4．果树栽培对我国生态环境稳定的意义。

5．果树栽培实践过程对自我人生观的启发。

拓展阅读

果树主要指能生产人类食用的果实、种子及其衍生物的木本或多年生草本植物。我国地域辽阔，跨寒、温、热三带，复杂的地理环境以及气候条件使我国拥有丰富的果树资源，是世界最大的果树原生中心，拥有绝大多数栽培果树。

一、果树的分类

1．根据冬季叶幕特性分类

落叶果树：秋末落叶，次年春天又萌芽的果树，能耐冬季低温，适应性强，分布较广。如葡萄、苹果、梨、核桃等。

常绿果树：叶片寿命较长，一般当年不落叶的果树。如柑橘树、荔枝树、龙眼树、枇杷树、杨梅树等。

2．根据植株形态特征分类

乔木果树：树体较高大，有明显主干的果树。如荔枝树、龙眼树、梨树、银杏树、板栗树等。

灌木果树：一般树体较矮小，主干不明显，常在基部萌发出多个枝干的果树，如树莓等。

藤本果树：茎长而不能直立，靠依附他物而向上攀升的果树。如葡萄、猕猴桃、罗汉果、西番莲等。

草本果树：茎木质化程度低，全株或地上部分容易萎蔫或枯死的果树，如草莓、菠萝、香蕉、番木瓜等。

二、果树栽培方法

1．果园规划

果园建立应遵循“适地适树”的原则，使果树与园地的立地条件相适应，以充分发挥果树品种的生产潜力，最终达到优质、丰产、增收的目的。同时园地选择应从气候、土壤、交通和地理位置等方面综合考虑，充分发挥其经济效益。

2．苗木培育

果树苗木是发展果树生产的基本材料。果树具有多年生特性，苗木质量不仅直接影响果树栽植成活率、果园整齐度、幼树生长状况，还关系到果树树形栽培、栽培模式建立等技术措施的实施，是果园优质、丰产和经济高效的重要条件之一。果树育苗方式通常有实生苗培育、自根苗培育、嫁接苗培育。

1）实生苗培育

由种子萌发而形成的苗木称为实生苗。实生苗根系发达、适应性强、繁殖方式简单、便于大量繁殖，但大多数果树又为异花授粉植物，其后代不易保持母树的优良性状，所以主要将其用于果树苗嫁接的砧木。

种子的采集。作为繁殖实生苗果苗或砧木苗的种子，均应以品种纯正、砧木类型一致、生产健壮且无严重病虫害的植株作为采种母树进行采集。采集种子需待充分成熟后采集。多根据果实颜色转变为成熟色泽、果肉变软、种皮颜色变深且具光泽、种子含水量减少等确定。但银杏等少数果树，在形态成熟后还需较长时间后熟，种胚才能逐渐发育完全。

种子采收后要妥善保存。大多数落叶果树种子在充分阴干后储藏，但板栗、银杏、甜樱桃和绝大多数常绿果树的种子在采后要立即播种或者湿藏，才能保持种子的活力。

播种。根据不同的气候、土壤条件以及不同树种的种子特性，适宜的播种时间有春播、秋播、采后立即播种。

2）自根苗培育

自根繁殖方法主要是利用果树营养器官的再生能力，发出新根或新芽而长成一个独立的植株，主要采用扦插、压条、分株、组织培育的方式培育。

3）嫁接苗培育

嫁接繁殖是广泛应用于生产的果树苗木繁殖方法。嫁接苗由砧木和接穗两部分组成，其中用作嫁接繁殖的枝段和芽称为接穗，承受接穗的部分称为砧木。嫁接苗可以综合砧木和接穗的品种优势，有利于扩大栽培范围和适应不同的栽培模式。

影响嫁接苗是否成功的主要因素是砧木和接穗的亲和力、质量、嫁接技术和环境条件。嫁接的主要方式有芽接法和枝接法。15天后接芽新鲜、叶柄一触即落则表明已经成活。

3．肥水管理

根据果树不同施肥时期以及施肥特点，一般在秋季采果后施用基肥，可以较长时期供给果树多种养分。基肥主要包括人畜粪尿、堆肥、杂草枝叶还田、绿肥、泥炭、腐殖酸类肥料等。同时每年有三次追肥时机。

1）花前追肥

花前一周追施速效氮。果树萌芽开花前需要消耗大量营养物质，但早春土温较低，根吸收能力较差，主要消耗树体储藏养分。若此时氮肥供应不足则容易大量落花落果，影响营养生长，对树体生长不利。

2）花后追肥

在落花坐果的时期适当施用氮磷肥。幼果和新梢迅速生长都需要大量氮素营养，配以施用磷肥可促进幼果和新梢迅速生长，减少落果的情况。一般花前肥和花后肥相互补充，酌情使用。

3）壮果肥

在果实膨大期施用磷钾肥。此时第二年的花芽开始分化，施入磷钾既能保证当年产量，又能为来年结果打下基础。

果树生长期间，对水有不同程度的需求。一般在生长季中，果树发育前半期应供应充足水分，以保证果树正常生长与结果；而在后半期，尤其在果实成熟期则要适当控制水分，以提高果实品质，保证新梢及时停止生长，使果树进入休眠期。

4．整形修剪

整形修剪是果树栽培管理中的一项重要技术措施，它对调节果树生长发育、提早结果、增加产量、提高果实品质等均有重要作用。

在我国果树生产中，仁果类多采用疏散分层形及其相似树形，核果类常采用各种形式的开心形，蔓形果树则以棚架或者篱架形为主，常绿果树主要是各种形式的圆头形。果树基本修剪方法包括短截、疏剪、长放、曲枝、刻伤、除萌、疏梢、摘心、剪梢、扭梢、拿枝、环剥等多种方式。

三、典型案例：桃树栽培管理

桃属于蔷薇科桃属，原产于我国陕西、甘肃、西藏高原地带，在我国种植历史悠久。其营养丰富，果肉含糖、有机酸，还含有少量蛋白质、脂肪、粗纤维、无机盐、维生素C等。

桃果实除供鲜食外，还可制桃肉罐头、桃干、桃脯、果汁、果酒和果酱等。此外桃树还可作观赏；桃仁可供药用，有的还可食用；桃胶经提炼可代替阿拉伯树胶用于颜料、塑料、医药等工业。桃适应性强，栽培容易，但果实不耐储运，根忌积水，树喜光怕阴，叶对农药特别敏感。

1．桃的分类

根据桃果实的性状分类，可以依果皮茸毛的有无分为毛桃和油桃；依果实形状分为圆桃和蟠桃；依肉色分为白肉桃、黄肉桃和深红肉桃（如天津水蜜桃和南方某些硬桃）；依核的粘离分为粘核桃与离核桃；依仁的甜、苦分为甜仁桃和苦仁桃。

2．栽培技术

桃树常用嫁接育苗，我国砧木品种主要采用毛桃和山毛桃。目前桃砧木研究主要集中于矮化、抗病、抗虫、抗寒以及亲和力等方面。

生产中常采用春季桃芽萌发前枝接和秋季芽接。南方春季多阴雨，而秋季天气多晴朗、温度较稳定，所以南方以秋接为主。

资料链接

表5-52　成都锦城学院劳动教育实践基地农作物种植时间表

序号	时间 农作物	春季						夏季						秋季						冬季					
		立春	雨水	惊蛰	春分	清明	谷雨	立夏	小满	芒种	夏至	小暑	大暑	立秋	处暑	白露	秋分	寒露	霜降	立冬	小雪	大雪	冬至	小寒	大寒
		2月	2月	3月	3月	4月	4月	5月	5月	6月	6月	7月	7月	8月	8月	9月	9月	10月	10月	11月	11月	12月	12月	1月	1月
1	春土豆	↓					○	○	○	○														↓	↓
2	冬土豆	○														↓	↓				○	○	○	○	○
3	西红柿	↓	↓	↓	→	→	→		○	○	○	○	○												
4	佛手瓜	↓														○	○	○	○	○	↓	↓	↓	↓	↓
5	红辣椒		↓	↓	↓	→	→	→				○	○	○	○	○									
6	青辣椒		↓	↓	↓	→	→	→		○	○	○	○	○	○	○	○								
7	扁豆		↓	↓	↓→	↓→			○	○															
8	豇豆		↓	↓	↓→	↓→			○	○	○	○	○	○	○	○									
9	四季豆		↓	↓	↓→	↓→		○	○	○	○	○	○	○											
10	青黄瓜		↓	↓→	↓→	↓→	↓→	↓→	↓→	○	○	○	○	↓○	↓○		○	○							
11	茄子		↓	↓	↓		→	→	→	○	○	○	○	○	○										
12	苦瓜		↓	↓	↓	→	→	→		○	○	○	○	○	○										
13	甜玉米、糯玉米			↓	↓	↓	↓			○	○	○	○	○	○										

续表

序号	时间/农作物	春季						夏季						秋季						冬季					
		立春	雨水	惊蛰	春分	清明	谷雨	立夏	小满	芒种	夏至	小暑	大暑	立秋	处暑	白露	秋分	寒露	霜降	立冬	小雪	大雪	冬至	小寒	大寒
		2月	2月	3月	3月	4月	4月	5月	5月	6月	6月	7月	7月	8月	8月	9月	9月	10月	10月	11月	11月	12月	12月	1月	1月
14	冬瓜			↓	↓	↓	→	→	→		○	○	○	○	○										
15	芋头	↓	↓	↓	↓	↓	↓									○	○	○	○	○	○	○	○	○	○
16	西葫芦				↓	↓	→	→	○	○	○														
17	毛豆、菜豆				↓	↓	↓	↓	↓○	↓○	↓○	↓○	○	○	○	○	○								
18	空心菜				↓			→		○	○	○	○	○	○	○	○								
19	西瓜				↓	↓	↓	→	→		○	○	○	○	○										
20	嫩南瓜				↓	↓	→	→	→	○	○	○	○	○											
21	老南瓜				↓	↓	→	→	→					○	○	○	○	○	○						
22	红薯、紫薯				↓	↓				→	→					○	○	○	○						
23	秋葵				↓	↓		→					○	○	○	○	○	○							
24	丝瓜			↓	↓	↓	↓			○	○	○	○	○	○	○	○								
25	水稻				↓	↓	↓		→	→						○	○								
26	绿豆									↓	↓		○	○	○										
27	黄豆（九月黄）									↓	↓	↓				○	○	○	○						
28	韭菜	→	→	→	→				○	○	○	○	○	○	○	○	○	○	○	○					

续表

序号	时间/农作物	春季						夏季						秋季						冬季					
		立春	雨水	惊蛰	春分	清明	谷雨	立夏	小满	芒种	夏至	小暑	大暑	立秋	处暑	白露	秋分	寒露	霜降	立冬	小雪	大雪	冬至	小寒	大寒
		2月	2月	3月	3月	4月	4月	5月	5月	6月	6月	7月	7月	8月	8月	9月	9月	10月	10月	11月	11月	12月	12月	1月	1月
29	草莓	→	→	→	→			○	○	○	○											→	→	→	→
30	冬草莓														→	→				○	○	○	○	○	○
31	红皮萝卜	○	○							↓	↓	↓	↓	↓○	↓○	↓○	↓○	↓○	○	○	○	○	○	○	○
32	胡萝卜	○	○	○								↓	↓	↓	↓	↓	↓	↓	↓○	○	○	○	○	○	○
33	花菜	○	○									↓	↓	↓	→	→	→			○	○	○	○	○	○
34	大白菜	○	○	○									↓	↓	↓→	↓→	→	→	→		○	○	○	○	○
35	青蒜苗	○	○											↓	↓	↓	↓	↓	○	○	○	○	○	○	○
36	棒菜	○	○	○										↓	↓		→	→	→		○	○	○	○	○
37	儿菜	○	○	○										↓	↓		→	→	→		○	○	○	○	○
38	厚皮菜	○	○	○										↓	↓		→	→	→		○	○	○	○	○
39	紫叶甜菜	○	○	○										↓	↓		→	→	→		○	○	○	○	○
40	冬莲白	○	○											↓	↓	↓	→	→	→		○	○	○	○	○
41	蒜头					○	○							↓	↓	↓	↓	↓							
42	蒜薹			○	○									↓	↓	↓	↓	↓							
43	红油菜苔														↓		→			○	○	○	○	○	○
44	绿油菜苔														↓		→			○	○	○	○	○	○
45	油菜						○	○							↓	↓	↓	→	→	→					

续表

序号	时间 农作物	春季						夏季						秋季						冬季					
		立春	雨水	惊蛰	春分	清明	谷雨	立夏	小满	芒种	夏至	小暑	大暑	立秋	处暑	白露	秋分	寒露	霜降	立冬	小雪	大雪	冬至	小寒	大寒
		2月	2月	3月	3月	4月	4月	5月	5月	6月	6月	7月	7月	8月	8月	9月	9月	10月	10月	11月	11月	12月	12月	1月	1月
46	茼蒿	○	○												↓	↓	→	→	→○	→○	○	○	○	○	○
47	菠菜	○	○													↓	↓	↓	↓	↓	↓	○	○	○	○
48	白萝卜																↓	↓			○	○	○	○	○
49	豌豆尖	○	○														↓	↓	↓	○	○	○	○	○	○
50	嫩豌豆				○	○	○											↓	↓						
51	小麦								○	○									↓	↓	↓	↓			
52	小白菜	○	○	↓	↓	↓○	↓○	↓○	↓○	↓○	↓○	↓○	↓○	↓○	↓○	↓○	↓○	↓○	↓○	↓○	○	○	○	○	○
53	下锅耙	○	○	↓	↓	↓○	↓○	↓○	↓○	↓○	↓○	↓○	↓○	↓○	↓○	↓○	↓○	↓○	↓○	↓○	○	○	○	○	○
54	瓢儿菜	○	○	↓	↓	↓○	↓○	↓○	↓○	↓○	↓○	↓○	↓○	↓○	↓○	↓○	↓○	↓○	↓○	↓○	○	○	○	○	○
55	上海青	○	○	↓	↓	↓○	↓○	↓○	↓○	↓○	↓○	↓○	↓○	↓○	↓○	↓○	↓○	↓○	↓○	↓○	○	○	○	○	○
56	菜心	○	○	↓	↓	↓○	↓○	↓○	↓○	↓○	↓○	↓○	↓○	↓○	↓○	↓○	↓○	↓○	↓○	↓○	○	○	○	○	○
57	芹菜	○	○											↓	↓	↓	↓○	↓○	↓○	↓○	↓○	↓○	↓○	○	○
58	莴笋	↓○	↓○	↓○	↓○	↓○	↓○	↓○	↓○	↓○	↓○	↓○	↓○	↓○	↓○	↓○	↓○	↓○	↓○	↓○	↓○	↓○	↓○	↓○	↓○
59	生菜	↓○	↓○	↓○	↓○	↓○	↓○	↓○	↓○	↓○	↓○	↓○	↓○	↓○	↓○	↓○	↓○	↓○	↓○	↓○	↓○	↓○	↓○	↓○	↓○
60	韩国萝卜	↓○	↓○	↓○	↓○	↓○	↓○	↓○	↓○	↓○	↓○	↓○	↓○	↓○	↓○	↓○	↓○	↓○	↓○	↓○	↓○	↓○	↓○	↓○	↓○
61	大葱	↓○	↓○	↓○	↓○	↓○	↓○	↓○	↓○	↓○	↓○	↓○	↓○	↓○	↓○	↓○	↓○	↓○	↓○	↓○	↓○	↓○	↓○	↓○	↓○
62	四季葱	↓○	↓○	↓○	↓○	↓○	↓○	↓○	↓○	↓○	↓○	↓○	↓○	↓○	↓○	↓○	↓○	↓○	↓○	↓○	↓○	↓○	↓○	↓○	↓○

注：↓—播种；→—移栽；○—采收。

附　录

第一部分　劳动教育相关政策

附件1：中共中央 国务院关于全面加强新时代大中小学劳动教育的意见

中共中央 国务院
关于全面加强新时代大中小学劳动教育的意见

（2020年3月20日）

为构建德智体美劳全面培养的教育体系，现就加强新时代大中小学劳动教育提出如下意见。

一、充分认识新时代培养社会主义建设者和接班人对加强劳动教育的新要求

（一）重大意义。劳动教育是中国特色社会主义教育制度的重要内容，直接决定社会主义建设者和接班人的劳动精神面貌、劳动价值取向和劳动技能水平。长期以来，各地区和学校坚持教育与生产劳动相结合，在实践育人方面取得了一定成效。同时也要看到，近年来一些青少年中出现了不珍惜劳动成果、不想劳动、不会劳动的现象，劳动的独特育人价值在一定程度上被忽视，劳动教育正被淡化、弱化。对此，全党全社会必须高度重视，采取有效措施切实加强劳动教育。

（二）指导思想。以习近平新时代中国特色社会主义思想为指导，全面贯彻党的教育方针，落实全国教育大会精神，坚持立德树人，坚持培育和践行社会主义核心价值观，把劳动教育纳入人才培养全过程，贯通大中小学各学段，贯穿家庭、学校、社会各方面，与德育、智育、体育、美育相融合，紧密结合经济社会发展变化和学生生活实际，积极探索具有中国特色的劳动教育模式，创新体制机制，注重教育实效，实现知行合一，促进学生形成正确的世界观、人生观、价值观。

（三）基本原则

——把握育人导向。坚持党的领导，围绕培养担当民族复兴大任的时代新人，着力提升学生综合素质，促进学生全面发展、健康成长。把准劳动教育价值取向，引导学生树立正确的劳动观，崇尚劳动、尊重劳动，增强对劳动人民的感情，报效国家，奉献社会。

——遵循教育规律。符合学生年龄特点，以体力劳动为主，注意手脑并用、安全适度，强化实践体验，让学生亲历劳动过程，提升育人实效性。

——体现时代特征。适应科技发展和产业变革，针对劳动新形态，注重新兴技术支撑和社会服务新变化。深化产教融合，改进劳动教育方式。强化诚实合法劳动意识，培养科学精神，提高创造性劳动能力。

——强化综合实施。加强政府统筹，拓宽劳动教育途径，整合家庭、学校、社会各方面力量。家庭劳动教育要日常化，学校劳动教育要规范化，社会劳动教育要多样化，形成协同育人格局。

——坚持因地制宜。根据各地区和学校实际，结合当地在自然、经济、文化等方面条件，充分挖掘行业企业、职业院校等可利用资源，宜工则工、宜农则农，采取多种方式开展劳动教育，避免“一刀切”。

二、全面构建体现时代特征的劳动教育体系

（四）把握劳动教育基本内涵。劳动教育是国民教育体系的重要内容，是学生成长的必要途径，具有树德、增智、强体、育美的综合育人价值。实施劳动教育重点是在系统的文化知识学习之外，有目的、有计划地组织学生参加日常生活劳动、生产劳动和服务性劳动，让学生动手实践、出力流汗，接受锻炼、磨炼意志，培养学生正确劳动价值观和良好劳动品质。

（五）明确劳动教育总体目标。通过劳动教育，使学生能够理解和形成马克思主义劳动观，牢固树立劳动最光荣、劳动最崇高、劳动最伟大、劳动最美丽的观念；体会劳动创造美好生活，体认劳动不分贵贱，热爱劳动，尊重普通劳动者，培养勤俭、奋斗、创新、奉献的劳动精神；具备满足生存发展需要的基本劳动能力，形成良好劳动习惯。

（六）设置劳动教育课程。整体优化学校课程设置，将劳动教育纳入中小学国家课程方案和职业院校、普通高等学校人才培养方案，形成具有综合性、实践性、开放性、针对性的劳动教育课程体系。

根据各学段特点，在大中小学设立劳动教育必修课程，系统加强劳动教育。中小学劳动教育课每周不少于1课时，学校要对学生每天课外校外劳动时间作出规定。职业院校以实习实训课为主要载体开展劳动教育，其中劳动精神、劳模精神、工匠精神专题教育不少于16学时。普通高等学校要明确劳动教育主要依托课程，其中本科阶段不少于32学时。除劳动教育必修课程外，其他课程结合学科、专业特点，有机融入劳动教育内容。大中小学每学年设立劳动周，可在学年内或寒暑假自主安排，以集体劳动为主。高等学校也可安排劳动月，集中落实各学年劳动周要求。

根据需要编写劳动实践指导手册，明确教学目标、活动设计、工具使用、考核评价、安全保护等劳动教育要求。

（七）确定劳动教育内容要求。根据教育目标，针对不同学段、类型学生特点，以日常生活劳动、生产劳动和服务性劳动为主要内容开展劳动教育。结合产业新业态、劳动新形态，注重选择新型服务性劳动的内容。

小学低年级要注重围绕劳动意识的启蒙，让学生学习日常生活自理，感知劳动乐趣，知道人人都要劳动。小学中高年级要注重围绕卫生、劳动习惯养成，让学生做好个人清洁卫生，主动分担家务，适当参加校内外公益劳动，学会与他人合作劳动，体会到劳动光荣。初中要注重围绕增加劳动知识、技能，加强家政学习，开展社区服务，适当参加生产劳动，使学生初步养成认真负责、吃苦耐劳的品质和职业意识。普通高中要注重围绕丰富职业体验，开展服务性劳动、参加生产劳动，使学生熟练掌握一定劳动技能，理解劳动创造价值，具有劳动自立意识和主动服务他人、服务社会的情怀。中等职业学校重点是结合专业人才培养，增强学生职业荣誉感，提高职业技能水平，培育学生精益求精的工匠精神和爱岗敬业的劳动态度。高等学校要注重围绕创新创业，结合学科和专业积极开展实习实训、专业服务、社会实践、勤工助学等，重视新知识、新技术、新工艺、新方法应用，创造性地解决实际问题，使学生增强诚实劳动意识，积累职业经验，提升就业创业能力，树立正确择业观，具有到艰苦地区和行业工作的奋斗精神，懂得空谈误国、实干兴邦的深刻道理；注重培育公共服务意识，使学生具有面对重大疫情、灾害等危机主动作为的奉献精神。

（八）健全劳动素养评价制度。将劳动素养纳入学生综合素质评价体系，制定评价标准，建立激励机制，组织开展劳动技能和劳动成果展示、劳动竞赛等活动，全面客观记录课内外劳动过程和结果，加强实际劳动技能和价值体认情况的考核。建立公示、审核制度，确保记录真实可靠。把劳动素养评价结果作为衡量学生全面发展情况的重要内容，作为评优评先的重要参考和毕业依据，作为高一级学校录取的重要参考或依据。

三、广泛开展劳动教育实践活动

（九）家庭要发挥在劳动教育中的基础作用。注重抓住衣食住行等日常生活中的劳动实践机会，鼓励孩子自觉参与、自己动手，随时随地、坚持不懈进行劳动，掌握洗衣做饭等必要的家务劳动技能，每年有针对性地学会1至2项生活技能。鼓励学校（家委会）和社区等组织开展学生生活技能展示活动。学生参加家务劳动和掌握生活技能的情况要按年度记入学生综合素质档案。鼓励孩子利用节假日参加各种社会劳动。家庭要树立崇尚劳动的良好家风，家长要通过日常生活的言传身教、潜移默化，让孩子养成从小爱劳动的好习惯。

（十）学校要发挥在劳动教育中的主导作用。学校要切实承担劳动教育主体责任，明确实施机构和人员，开齐开足劳动教育课程，不得挤占、挪用劳动实践时间。明确学校劳动教育要求，着重引导学生形成马克思主义劳动观，系统学习掌握必要的劳动技能。根据学生身体发育情况，科学设计课内外劳动项目，采取灵活多样形式，激发学生劳动的内在需求和动力。统筹安排课内外时间，可采用集中与分散相结合的方式。组织实施好劳动周，小学低中年级以校园劳动为主，小学高年级和中学可适当走向社会、参与集中劳动，高等学校要组织学生走向社会、以校外劳动锻炼为主。

（十一）社会要发挥在劳动教育中的支持作用。充分利用社会各方面资源，为劳动教育提供必要保障。各级政府部门要积极协调和引导企业公司、工厂农场等组织履行社会责任，开放实践场所，支持学校组织学生参加力所能及的生产劳动、参与新型服务性劳动，使学生与普通劳动者一起经历劳动过程。鼓励高新企业为学生体验现代科技条件下劳动实践新形态、新方式提供支持。工会、共青团、妇联等群团组织以及各类公益基金会、社会福利组织要组织动员相关力量、搭建活动平台，共同支持学生深入城乡社区、福利院和公共场所等参加志愿服务，开展公益劳动，参与社区治理。

四、着力提升劳动教育支撑保障能力

（十二）多渠道拓展实践场所。大力拓展实践场所，满足各级各类学校多样化劳动实践需求。充分利用现有综合实践基地、青少年校外活动场所、职业院校和普通高等学校劳动实践场所，建立健全开放共享机制。农村地区可安排相应土地、山林、草场等作为学农实践基地，城镇地区可确认一批企事业单位和社会机构，作为学生参加生产劳动、服务性劳动的实践场所。建立以县为主、政府统筹规划配置中小学（含中等职业学校）劳动教育资源的机制。进一步完善学校建设标准，学校逐步建好配齐劳动实践教室、实训基地。高等学校要充分发挥自身专业优势和服务社会功能，建立相对稳定的实习和劳动实践基地。

（十三）多举措加强人才队伍建设。采取多种措施，建立专兼职相结合的劳动教育师资队伍。根据学校劳动教育需要，为学校配备必要的专任教师。高等学校要加强劳动教育师资培养，有条件的师范院校开设劳动教育相关专业。设立劳模工作室、技能大师工作室、荣誉教师岗位等，聘请相关行业专业人士担任劳动实践指导教师。把劳动教育纳入教师培训内容，开展全员培训，强化每位教师的劳动意识、劳动观念，提升实施劳动教育的自觉性，对承担劳动教育课程的教师进行专项培训，提高劳动教育专业化水平。建立健全劳动教育教师工作考核体系，分类完善评价标准。

（十四）健全经费投入机制。各地区要统筹中央补助资金和自有财力，多种形式筹措资金，加快建设校内劳动教育场所和校外劳动教育实践基地，加强学校劳动教育设施标准化建设，建立学校劳动教育器材、耗材补充机制。学校可按照规定统筹安排公用经费等资金开展劳动教育。可采取政府购买服务方式，吸引社会力量提供劳动教育服务。

（十五）多方面强化安全保障。各地区要建立政府负责、社会协同、有关部门共同参与的安全管控机制。建立政府、学校、家庭、社会共同参与的劳动教育风险分散机制，鼓励购买劳动教育相关保险，保障劳动教育正常开展。各学校要加强对师生的劳动安全教育，强化劳动风险意识，建立健全安全教育与管理并重的劳动安全保障体系。科学评估劳动实践活动的安全风险，认真排查、清除学生劳动实践中的各种隐患特别是辐射、疾病传染等，在场所设施选择、材料选用、工具设备和防护用品使用、活动流程等方面制定安全、科学的操作规范，强化对劳动过程每个岗位的管理，明确各方责任，防患于未然。制定劳动实践活动风险防控预案，完善应急与事故处理机制。

五、切实加强劳动教育的组织实施

（十六）加强组织领导。在党委统一领导下，各级政府要把劳动教育摆上重要议事日程，出台相关政策措施，切实解决劳动教育实施过程中的重大问题，做好督促落实。省级政府要加强劳动教育工作的统筹协调，明确市地级、县级政府及有关部门加强劳动教育的职责，推动建立全面实施劳动教育的长效机制。

（十七）强化督导检查。把劳动教育纳入教育督导体系，完善督导办法。对地方各级政府和有关部门保障劳动教育情况以及学校组织实施劳动教育情况进行督导，督导结果向社会公开，同时作为衡量区域教育质量和水平的重要指标，作为对被督导部门和学校及其主要负责人考核奖惩的依据。开展劳动教育质量监测，强化反馈和指导。

（十八）加强宣传引导。引导家长树立正确劳动观念，支持配合学校开展劳动教育。加强劳动教育科学研究，宣传推广劳动教育典型经验。积极宣传企事业单位和社会机构提供劳动教育服务的先进事迹。注重挖掘在抗疫救灾等重大事件中涌现出来的典型人物和事迹，大力宣传不畏艰难、百折不挠、敢于担当的高尚品格。鼓励和支持创作更多以歌颂普通劳动者为主题的优秀作品，大力宣传辛勤劳动、诚实劳动、创造性劳动的典型人物和事迹，弘扬劳动光荣、创造伟大的主旋律，旗帜鲜明地反对一切不劳而获、贪图享乐、崇尚暴富的错误观念，营造全社会关心和支持劳动教育的良好氛围。

附件2：大中小学劳动教育指导纲要（试行）

大中小学劳动教育指导纲要（试行）

（2020年）

为深入贯彻习近平总书记关于教育的重要论述，全面贯彻党的教育方针，落实《中共中央 国务院关于全面加强新时代大中小学劳动教育的意见》，加快构建德智体美劳全面培养的教育体系，制定本指导纲要。

一、劳动教育性质和基本理念

（一）劳动教育性质

劳动是创造物质财富和精神财富的过程，是人类特有的基本社会实践活动。劳动教育是发挥劳动的育人功能，对学生进行热爱劳动、热爱劳动人民的教育活动。当前实施劳动教育的重点是在系统的文化知识学习之外，有目的、有计划地组织学生参加日常生活劳动、生产劳动和服务性劳动，让学生动手实践、出力流汗，接受锻炼、磨炼意志，培养学生正确劳动价值观和良好劳动品质。

劳动教育是新时代党对教育的新要求，是中国特色社会主义教育制度的重要内容，是全面发展教育体系的重要组成部分，是大中小学必须开展的教育活动。它具有鲜明的思想性，必须将马克思主义劳动观贯彻始终，强调劳动是一切财富、价值的源泉，劳动者是国家的主人，一切劳动和劳动者都应该得到鼓励和尊重；倡导通过诚实劳动创造美好生活、实现人生梦想，反对一切不劳而获、崇尚暴富、贪图享乐的错误思想。具有突出的社会性，必须加强学校教育与社会生活、生产实践的直接联系，发挥劳动在个人与社会之间的纽带作用，引导学生认识社会，增强社会责任感；同时注重让学生学会分工合作，体会社会主义社会平等、和谐的新型劳动关系。具有显著的实践性，必须面向真实的生活世界和职业世界，引导学生以动手实践为主要方式，在认识世界的基础上，获得有积极意义的价值体验，学会建设世界，塑造自己，实现树德、增智、强体、育美的目的。

（二）劳动教育基本理念

1. 强化劳动观念，弘扬劳动精神。将劳动观念和劳动精神教育贯穿人才培养全过程，贯穿家庭、学校、社会各方面。注重让学生在学习和掌握基本劳动知识技能的过程中，领悟劳动的意义价值，形成勤俭、奋斗、创新、奉献的劳动精神。

2. 强调身心参与，注重手脑并用。把握劳动教育的根本特征，让学生面对真实的个人生活、生产和社会性服务任务情境，亲历实际的劳动过程，善于观察思考，注重运用所学知识解决实际问题，提高劳动质量和效率。

3. 继承优良传统，彰显时代特征。在充分发挥传统劳动、传统工艺项目育人功能的同时，紧跟科技发展和产业变革，准确把握新时代劳动工具、劳动技术、劳动形态的新变化，创新劳动教育内容、途径、方式，增强劳动教育的时代性。

4. 发挥主体作用，激发创新创造。关注学生劳动过程中的体验和感悟，引导学生感受劳动的艰辛和收获的快乐，增强获得感、成就感、荣誉感。鼓励学生在学习和借鉴他人丰富经验、技艺的基础上，尝试新方法、探索新技术，打破僵化思维方式，推陈出新。

二、劳动教育目标和内容

（一）总体目标

准确把握社会主义建设者和接班人的劳动精神面貌、劳动价值取向和劳动技能水平的培养要求，全面提高学生劳动素养，使学生：

树立正确的劳动观念。正确理解劳动是人类发展和社会进步的根本力量，认识劳动创造人、劳动创造价值、创造财富、创造美好生活的道理，尊重劳动，尊重普通劳动者，牢固树立劳动最光荣、劳动最崇高、劳动最伟大、劳动最美丽的思想观念。

具有必备的劳动能力。掌握基本的劳动知识和技能，正确使用常见劳动工具，增强体力、智力和创造力，具备完成一定劳动任务所需要的设计、操作能力及团队合作能力。

培育积极的劳动精神。领会“幸福是奋斗出来的”内涵与意义，继承中华民族勤俭节约、敬业奉献的优良传统，弘扬开拓创新、砥砺奋进的时代精神。

养成良好的劳动习惯和品质。能够自觉自愿、认真负责、安全规范、坚持不懈地参与劳动，形成诚实守信、吃苦耐劳的品质。珍惜劳动成果，养成良好的消费习惯，杜绝浪费。

（二）主要内容

主要包括日常生活劳动、生产劳动和服务性劳动中的知识、技能与价值观。日常生活劳动教育立足个人生活事务处理，结合开展新时代校园爱国卫生运动，注重生活能力和良好卫生习惯培养，树立自立自强意识。生产劳动教育要让学生在工农业生产过程中直接经历物质财富的创造过程，体验从简单劳动、原始劳动向复杂劳动、创造性劳动的发展过程，学会使用工具，掌握相关技术，感受劳动创造价值，增强产品质量意识，体会平凡劳动中的伟大。服务性劳动教育让学生利用知识、技能等为他人和社会提供服务，在服务性岗位上见习实习，树立服务意识，实践服务技能；在公益劳动、志愿服务中强化社会责任感。

（三）学段要求

1. 小学

低年级：以个人生活起居为主要内容，开展劳动教育，注重培养劳动意识和劳动安全意识，使学生懂得人人都要劳动，感知劳动乐趣，爱惜劳动成果。指导学生：（1）完成个人物品整理、清洗，进行简单的家庭清扫和垃圾分类等，树立自己的事情自己做的意识，提高生活自理能力；（2）参与适当的班级集体劳动，主动维护教室内外环境卫生等，培养集体荣誉感；（3）进行简单手工制作，照顾身边的动植物，关爱生命，热爱自然。

中高年级：以校园劳动和家庭劳动为主要内容开展劳动教育，体会劳动光荣，尊重普通劳动者，初步养成热爱劳动、热爱生活的态度。指导学生：（1）参与家居清洁、收纳整理，制作简单的家常餐等，每年学会1—2项生活技能，增强生活自理能力和勤俭节约意识，培养家庭责任感；（2）参加校园卫生保洁、垃圾分类处理、绿化美化等，适当参加社区环保、公共卫生等力所能及的公益劳动，增强公共服务意识；（3）初步体验种植、养殖、手工制作等简单的生产劳动，初步学会与他人合作劳动，懂得生活用品、食品来之不易，珍惜劳动成果。

2. 初中

兼顾家政学习、校内外生产劳动、服务性劳动，安排劳动教育内容，开展职业启蒙教育，体会劳动创造美好生活，养成认真负责、吃苦耐劳的劳动品质和安全意识，增强公共服务意识和担当精神。让学生：（1）承担一定的家庭日常清洁、烹饪、家居美化等劳动，进一步培养生活自理能力和习惯，增强家庭责任意识；（2）定期开展校园包干区域保洁和美化，以及助残、敬老、扶弱等服务性劳动，初步形成对学校、社区负责任的态度和社会公德意识；（3）适当体验包括金工、木工、电工、陶艺、布艺等项目在内的劳动及传统工艺制作过程，尝试家用器具、家具、电器的简单修理，参与种植、养殖等生产活动，学习相关技术，获得初步的职业体验，形成初步的生涯规划意识。

3. 普通高中

注重围绕丰富职业体验，开展服务性劳动和生产劳动，理解劳动创造价值，接受锻炼、磨炼意志，具有劳动自立意识和主动服务他人、服务社会的情怀。指导学生：（1）持续开展日常生活劳动，增强生活自理能力，固化良好劳动习惯；（2）选择服务性岗位，经历真实的岗位工作过程，获得真切的职业体验，培养职业兴趣；积极参加大型赛事、社区建设、环境保护等公益活动、志愿服务，强化社会责任意识和奉献精神；（3）统筹劳动教育与通用技术课程相关内容，从工业、农业、现代服务业以及中华优秀传统文化特色项目中，自主选择1—2项生产劳动，经历完整的实践过程，提高创意物化能力，养成吃苦耐劳、精益求精的品质，增强生涯规划的意识和能力。

4. 职业院校

重点结合专业特点，增强职业荣誉感和责任感，提高职业劳动技能水平，培育积极向上的劳动精神和认真负责的劳动态度。组织学生：（1）持续开展日常生活劳动，自我管理生活，提高劳动自立自强的意识和能力；（2）定期开展校内外公益服务性劳动，做好校园环境秩序维护，运用专业技能为社会、为他人提供相关公益服务，培育社会公德，厚植爱国爱民的情怀；（3）依托实习实训，参与真实的生产劳动和服务性劳动，增强职业认同感和劳动自豪感，提升创意物化能力，培育不断探索、精益求精、追求卓越的工匠精神和爱岗敬业的劳动态度，坚信“三百六十行，行行出状元”，体认劳动不分贵贱，任何职业都很光荣，都能出彩。

5. 普通高等学校

强化马克思主义劳动观教育，注重围绕创新创业，结合学科专业开展生产劳动和服务性劳动，积累职业经验，培育创造性劳动能力和诚实守信的合法劳动意识。使学生：（1）掌握通用劳动科学知识，深刻理解马克思主义劳动观和社会主义劳动关系，树立正确的择业就业创业观，具有到艰苦地区和行业工作的奋斗精神；（2）巩固良好日常生活劳动习惯，自觉做好宿舍卫生保洁，独立处理个人生活事务，积极参加勤工助学活动，提高劳动自立自强能力；（3）强化服务性劳动，自觉参与教室、食堂、校园场所的卫生保洁、绿化美化和管理服务等，结合“三支一扶”、大学生志愿服务西部计划、“青年红色筑梦之旅”“三下乡”等社会实践活动开展服务性劳动，强化公共服务意识和面对重大疫情、灾害等危机主动作为的奉献精神；（4）重视生产劳动锻炼，积极参加实习实训、专业服务和创新创业活动，重视新知识、新技术、新工艺、新方法的运用，提高在生产实践中发现问题和创造性解决问题的能力，在动手实践的过程中创造有价值的物化劳动成果。

三、劳动教育途径、关键环节和评价

（一）劳动教育途径

将劳动教育纳入人才培养全过程，丰富、拓展劳动教育实施途径。

1. 独立开设劳动教育必修课

在大中小学设立劳动教育必修课程。中小学劳动教育课平均每周不少于1课时，用于活动策划、技能指导、练习实践、总结交流等，与通用技术和地方课程、校本课程等有关内容进行必要统筹。职业院校开设劳动专题教育必修课，不少于16学时；主要围绕劳动精神、劳模精神、工匠精神、劳动组织、劳动安全和劳动法规等方面设计。普通高等学校要将劳动教育纳入专业人才培养方案，明确主要依托的课程，可在已有课程中专设劳动教育模块，也可专门开设劳动专题教育必修课，本科阶段不少于32学时；课程内容应加强马克思主义劳动观教育，普及与学生职业发展密切相关的通用劳动科学知识，并经历必要的实践体验。

2. 在学科专业中有机渗透劳动教育

中小学道德与法治（思想政治）、语文、历史、艺术等学科要有重点地纳入劳动创造人本身、劳动创造历史、劳动创造世界、劳动不分贵贱等马克思主义劳动观，纳入歌颂劳模、歌颂普通劳动者的选文选材，纳入阐释勤劳、节俭、艰苦奋斗等中华民族优良传统的内容，加强对学生辛勤劳动、诚实劳动、合法劳动等方面的教育。数学、科学、地理、技术、体育与健康等学科要注重培养学生劳动的科学态度、规范意识、效率观念和创新精神。

职业院校要将劳动教育全面融入公共基础课，要强化马克思主义劳动观、劳动安全、劳动法规教育。专业课在进行职业劳动知识技能教学的同时，注重培养“干一行爱一行”的敬业精神，吃苦耐劳、团结合作、严谨细致的工作态度。

普通高等学校要将劳动教育有机纳入专业教育、创新创业教育，不断深化产教融合，强化劳动锻炼要求，加强高等学校与行业骨干企业、高新企业、中小微企业紧密协同，推动人才培养模式改革。专业类课程主要与服务学习、实习实训、科学实验、社会实践、毕业设计等相结合开展各类劳动实践，注重分析相关劳动形态发展趋势，强化劳动品质培养。在公共必修课中，要进一步强化马克思主义劳动观教育、劳动相关法律法规与政策教育。

3. 在课外校外活动中安排劳动实践

将劳动教育与学生的个人生活、校园生活和社会生活有机结合起来，丰富劳动体验，提高劳动能力，深化对劳动价值的理解。

中小学每周课外活动和家庭生活中劳动时间，小学1至2年级不少于2小时，其他年级不少于3小时；职业院校和普通高等学校要明确生活中的劳动事项和时间，纳入学生日常管理工作。

大中小学每学年设立劳动周，采用专题讲座、主题演讲、劳动技能竞赛、劳动成果展示、劳动项目实践等形式进行。小学以校内为主，小学高年级可适当安排部分校外劳动；

普通中学、职业院校和普通高等学校兼顾校内外，可在学年内或寒暑假安排，以集体劳动为主，由学校组织实施。高等学校也可安排劳动月，集中落实各学年劳动周要求。

4．在校园文化建设中强化劳动文化

学校要将劳动习惯、劳动品质的养成教育融入校园文化建设之中。要通过制定劳动公约、每日劳动常规、学期劳动任务单，采取与劳动教育有关的兴趣小组、社团等组织形式，结合植树节、学雷锋纪念日、五一劳动节、农民丰收节、志愿者日等，开展丰富的劳动主题教育活动，营造劳动光荣、创造伟大的校园文化。

要举办“劳模大讲堂”“大国工匠进校园”、优秀毕业生报告会等劳动榜样人物进校园活动，组织劳动技能和劳动成果展示，综合运用讲座、宣传栏、新媒体等，广泛宣传劳动榜样人物事迹，特别是身边的普通劳动者事迹，让师生在校园里近距离接触劳动模范，聆听劳模故事，观摩精湛技艺，感受并领悟勤勉敬业的劳动精神，争做新时代的奋斗者。

（二）劳动教育关键环节

各地和学校要注重围绕劳动教育的目标和内容要求，从提高劳动教育的效果出发，把握劳动教育任务的特点，抓住关键环节，选择适宜的劳动教育方式。

1．讲解说明。围绕劳动为什么、是什么问题，有重点地进行讲解，让学生懂得劳动的意义和价值。加强劳动观念、劳动纪律、劳动相关法律法规的正面引导，指明轻视劳动特别是轻视普通劳动的危害，让学生明辨是非。加强劳动知识技能的讲解，让学生认清事理，掌握实践操作的基本原理、程序、规则，正确使用工具的方法和技术。讲解要与启发思考、示范、练习等结合起来。

2．淬炼操作。围绕如何做的问题，注重示范与练习，让学生会劳动。强化规范意识，注重从最基本的程序学起，严守规则，避免主观随意。强化质量意识，注重引导学生关注细节，每个步骤、环节都要精准到位。强化专注品质，注重引导学生对操作行为的评估与监控，做到眼到手到心到，有始有终。

3．项目实践。围绕劳动能力的培养，让学生完成真实、综合任务，经历完整劳动过程。注重劳动价值体认，引导学生从现实生活中发现需求，选择和确定劳动项目。强化规划设计意识，充分发挥学生的主动性、积极性、创造性，引导学生对项目实践进行整体构思，综合运用所学知识、技术，不断优化行动方案。强化身体力行，锤炼意志品质，敢于在困难与挑战中完成行动任务。

4．反思交流。围绕劳动价值意义的建构，引导学生总结、交流，促进学生形成反思交流习惯。指导学生思考劳动过程和结果与社会进步、个体成长的关联，避免停留在简单的苦乐体验上。组织学生交流分享劳动的体验和收获，肯定具有积极意义的认识，纠正观念上的偏差。将反思交流与改进结合起来，使学生在劳动中获得成长。

5．榜样激励。围绕劳动的精神追求，树立典型，激发劳动热情。注意遴选、树立多类型榜样，不仅要有大国工匠、劳动模范，还要有身边劳动表现优异的普通劳动者和同学。指导学生从榜样的具体事迹中领悟他们的高尚精神和优良品质。明确要求学生在日常劳动实践中努力向榜样看齐。

（三）劳动教育评价

将劳动素养纳入学生综合素质评价体系。以劳动教育目标、内容要求为依据，将过程性评价和结果性评价结合起来，健全和完善学生劳动素养评价标准、程序和方法，鼓励、支持各地利用大数据、云平台、物联网等现代信息技术手段，开展劳动教育过程监测与即时评价，发挥评价的育人导向和反馈改进功能。

1. 平时表现评价

要在平时劳动教育实践活动中及时进行评价，以评价促进学生发展。要覆盖各类型劳动教育活动，明确学年劳动实践类型、次数、时间等考核要求。关注学生在劳动教育活动中的实际表现，注重从行为表现中分析把握劳动观念形成情况。以自我评价为主，辅以教师、同伴、家长、服务对象、用人单位等他评方式，指导学生进行反思改进。要指导学生如实记录劳动教育活动情况，收集整理相关制品、作品等，选择代表性的写实记录，纳入综合素质档案，作为学生学年评优评先的重要参考。

2. 学段综合评价

学段结束时，要依据学段目标和内容，结合综合素质档案分析，兼顾必修课学习和课外劳动实践，对劳动观念、劳动能力、劳动精神、劳动习惯和品质等劳动素养发展状况进行综合评定。建立诚信机制，实行写实记录抽查制度，对弄虚作假者在评优评先方面一票否决，性质严重的应依法依规严肃处理。在高中和大学开展志愿者星级认证。高中学校和高等学校要将考核结果作为毕业依据之一。推动将学段综合评价结果作为学生升学、就业的重要参考。

3. 开展学生劳动素养监测

将学生劳动素养监测纳入基础教育质量监测、职业院校教学质量评估和普通高等学校本科教学质量评估。可委托有关专业机构，定期组织开展关于学生劳动素养状况调查，注重学生劳动观念、劳动能力、劳动精神、劳动习惯和品质等的监测。发挥监测结果的示范引导、反馈改进等功能。

四、学校劳动教育的规划与实施

（一）整体规划劳动教育

学校是劳动教育的实施主体，应根据国家相关规定，结合当地和本校实际情况，对劳动教育进行整体设计、系统规划，形成劳动教育总体实施方案。方案要明确劳动教育目标内容、课时安排、主要劳动实践活动安排、劳动教育过程组织与指导及考核评价办法等。同时要基于学生的年段特征、阶段性教育要求，研究制定“学校学年（或学期）劳动教育计划”，对学年、学期劳动教育实践活动作出具体安排，特别是规划好劳动周等集中劳动，细化有关要求。使总体实施方案和学年（或学期）活动计划相互配套、衔接，形成可持续开展的劳动教育实施方案。

学校在劳动教育规划时要注意处理以下几个方面的关系：

1. 理论学习和实践锻炼的关系

理论学习和实践锻炼都是劳动教育的必要内容。理论学习重在让学生理解和掌握“劳动创造了人本身”“劳动创造世界”等历史唯物主义基本理论主张以及劳动相关法律、法规、政策，作为行动的指南。实践锻炼重在将所学知识转化为真正有用的实际本领，形成良好的劳动习惯，弘扬劳动精神。规划劳动教育时，要两者兼顾，坚持以实践锻炼为主，切实保证每一个学生都有必要的劳动实践经历，不能只是口头上喊劳动、课堂上讲劳动。要通过学生实践前的计划构想、实践中的观察思考和实践后的反思交流，加深对有关思想理论、法规政策的理解，实现理论学习和实践锻炼的统一。

2. 劳动教育与其他教育活动的关系

在开足专门劳动教育必修课的同时，中小学劳动教育必修课实践环节中与综合实践活动的社会服务、设计制作、职业体验重叠部分，可整合实施。职业院校、普通高等学校劳动教育中学生生产劳动和服务性劳动可以通过专业实习、实训、创新创业等实践环节完成，日常生活劳动可以通过学生管理落实。

3. 劳动的传统形态与新形态的关系

将日常生活劳动教育贯穿大中小学始终。在安排生产劳动和服务性劳动项目时，中小学要以使用传统工具、传统工艺的劳动为主，引导学生体会劳动人民的艰辛与智慧，传承中华优秀传统文化，兼顾使用新知识、新技术、新工艺、新方法的劳动。职业院校、普通高等学校要注重结合产业新业态、劳动新形态，选择现代农业、工业、服务业项目，提升创造性劳动能力。

（二）劳动教育的组织实施

1. 实施机构和人员

学校要建立健全劳动教育组织实施的工作机制。明确主管校领导，设置机构或明确相关部门负责劳动教育的规划设计、组织协调、资源整合、师资培训、过程管理、总结评价等。

要建立专兼职相结合的劳动教育教师队伍。根据学校劳动教育需要，明确劳动教育责任人，进行劳动教育规划、组织实施、评价等，配齐劳动教育必修课教师，保持教师队伍的相对稳定性。要充分发挥教职员工特别是班主任、辅导员、导师的作用，利用少先队、共青团、党组织以及学生社团等各方面的力量，合力开展劳动教育实践活动。充分利用家长及当地人力资源，聘请相关行业专业人士担任劳动实践指导教师。

2. 劳动安全风险防范与管理

学校要把劳动安全教育与管理作为组织实施的必要内容，强化劳动安全意识，建立健全安全教育与管理并重的劳动安全保障体系。

要依据学生身心发育情况，适度安排劳动强度、时长，切实关注劳动任务及场所设施的适宜性。科学评估劳动实践活动的安全风险，认真排查、清除学生劳动实践中的各种隐患。在场所设施选择、材料选用、工具设备和防护用品使用、活动流程等方面制定安全、科学操作规范，强化劳动过程每个岗位的管理，明确各方责任，防患于未然。制定劳动实践活动风险防控预案，完善应急与事故处理机制。要特别关注劳动过程中的卫生隐患，按照疾控、卫生健康部门及行业有关规定，采取相应措施，切实保护学生的身心健康。鼓励购买劳动教育相关保险。

3. 建立协同实施机制

中小学要推动建立以学校为主导、家庭为基础、社区为依托的协同实施机制，形成共育合力。学校要通过家长会、家长学校、社区宣讲、网络媒体等途径，引导家长树立正确的劳动观；明确家长的劳动教育责任，让家长主动指导和督促孩子完成家庭、社区劳动任务；学校要与相关社会实践基地共同开发并实施劳动教育课程。

职业院校、普通高等学校要建立学校负责规划设计，行业企业社会机构主要负责业务指导，双方共同管理的劳动教育实施机制。通过建立劳模工作室、技能大师工作室，设置荣誉教师、实务导师岗位等，多渠道引入社会力量参与学校劳动教育。要联合社会力量，共建共享稳定的劳动实践基地、校外实习实训基地、各类型创新创业孵化平台，多渠道拓展劳动实践场所。

五、劳动教育条件保障与专业支持

地方教育行政部门要切实加强对劳动教育工作的组织领导，明确机构和人员承担区域推进劳动教育的职责任务，切实加强条件保障、专业支持和督导评估，整体提高大中小学劳动教育质量和水平。

（一）条件建设

1. 丰富和拓展劳动实践场所

地方教育行政部门要统筹规划和配置劳动教育实践资源，满足学校多样化劳动实践需求。充分利用现有综合实践基地、青少年校外活动场所、职业院校和普通高等学校劳动实践场所，建立健全开放共享机制，特别是充分利用职业院校实训实习场所、设施设备，为普通中小学和普通高等学校提供所需要的服务。可安排一批土地、山林、草场等作为学农实践基地，确认一批厂矿企业作为学工实践基地，认定一批城乡社区、福利院、医院、博物馆、科技馆、图书馆等事业单位、社会机构、公共场所作为服务性劳动基地。推动学校充分利用校内学习、生活有关场所，逐步建好配齐劳动技术实践教室、实训基地，丰富劳动教育资源。

2. 加强师资队伍建设

要明确劳动课教师管理要求，保障劳动课教师在绩效考核、职称评聘、评先评优、专业发展等方面与其他专任教师享受同等待遇。推动中小学、职业院校与普通高等学校建立师资交流共享机制，发挥职业院校教师的专业优势，承担普通学校劳动教育教学任务。建立劳动课教师特聘制度，为学校聘请具有实践经验的社会专业技术人员、劳动模范等担任兼职教师创造条件。

高等学校要加强劳动教育师资培养，有条件的院校开设劳动教育相关专业。把劳动教育纳入教育行政干部、校长、教师、辅导员培训内容，开展全员培训，强化劳动意识、劳动观念，提升劳动教育的自觉性。对承担劳动教育课程的教师进行专项培训，提高劳动育人意识和专业化水平。

3. 健全经费投入机制

各地要统筹中央补助资金和自有财力，多种形式筹措资金，加快建设校内劳动教育场所和校外劳动教育实践基地，加强学校劳动教育设施建设，建立学校劳动教育器材、耗材补充机制。学校可按照规定统筹安排公用经费等资金开展劳动教育，可采取政府购买服务方式，吸引社会力量提供劳动教育服务。

（二）加强专业研究和指导

1. 加强劳动教育研究与指导

在全国教育科学规划、教育部人文社会科学研究项目中支持劳动教育研究。地方教育行政部门鼓励和支持相关机构设立劳动教育研究项目。设立一批试验区或试验学校，注重开展跟踪研究、行动研究。举办论坛讲座，营造良好学术氛围。

各级中小学教研机构要配备劳动教育教研员，组织开展专题教研、区域教研、网络教研，通过协同创新、校际联动、区域推进，提高劳动教育整体实施水平。鼓励高等学校依托有关专业机构开展劳动教育教学研究。

2. 组织开展劳动教育课程资源研发

基于劳动教育教学的实际需要，省级教育行政部门明确中小学劳动实践指导手册编写要求，体现“一纲多本”，满足不同地区学校的多样化需求，负责组织审查。职业院校可组织编写劳动精神、劳模精神、工匠精神专题读本，由编写院校或委托专业机构进行审查。鼓励学校、学术团体、专业机构等收集整理反映劳动先进人物事迹和精神的影视资料，组织研发展示劳动过程、劳动安全要求的数字资源，梳理遴选来自教学一线的典型案例和鲜活经验，形成分学段、分专题的劳动教育课程资源包，促进优质资源的共享与使用。

（三）督导评估与激励

1. 加强对学校劳动教育实施情况的督查

把劳动教育纳入教育督导体系，完善督导办法。对地方各级人民政府和有关部门保障劳动教育情况进行督导。对学校劳动教育开课率、学生劳动实践组织的有序性，教学指导的针对性，保障措施的有效性等进行督查和指导。督导结果要向社会公开，作为衡量区域教育质量和水平的重要指标，作为对被督导部门和学校及其主要负责人考核奖惩的依据。

2. 建立健全劳动教育激励机制

在国家级、省级教学成果奖励中，将劳动教育教学成果纳入评奖范围，对优秀成果予以奖励。依托有关专业组织、教科研机构等开展劳动教育经验交流和成果展示活动，激发广大教师实践创新的潜能和动力。积极协调新闻媒体传播劳动光荣、创造伟大思想，大力宣传劳动教育先进学校、先进个人。

第二部分　劳动教育管理办法

附件1：四川大学锦城学院关于将参加劳动作为必修课的通知（2006年）

四川大学锦城学院
关于将参加劳动作为必修课的通知

川大锦院教务〔2006〕110号

各部、系：

为了深入贯彻邓小平同志“严格训练”的教导和胡锦涛同志“八荣八耻”社会主义荣辱观的要求，贯彻学院提出的“三练三创实践教育”理念和特色，实现我院应用型人才培养目标，促进我院学生综合素质的提高，特决定将公益劳动作为我院学生的必修课。

现将相关事项通知如下：

一、劳动课范围与分类

1．农场劳动；
2．工厂劳动；
3．其他社会公益劳动。

二、学分安排

劳动作为必修课，安排2个学分，8个工作日（原则上平均每年2个工作日），共64个学时。

三、学分认定

劳动完成后由学生填写劳动学分申请表，提交参加劳动的总结及劳动登记认定附件，办理学分认定。参加社会义务劳动的学生，由各个组织的劳动辅导员签字确认该名学生的劳动内容和时间，交教务管理审核认定。

参加工厂或农场劳动的学生，由该工厂或农场总经理签字，确认该生参加的劳动内容和劳动时间，交教务管理审核认定。

教务部对上报的学生劳动学分申请表采取抽查的方式审查，对存在弄虚作假和谎报的学生、辅导员及农场经理进行通报批评。

通过教务管理审查的学生，教务部将进行公示。公示期结束后，对没有异议的学生，统一发布学生劳动学分认定通知书（留存档案），同时登录学生成绩。

2006年11月10日

附件2：四川大学锦城学院劳动教育实施细则（2020年）

四川大学锦城学院劳动教育实施细则

川大锦院教务〔2020〕

为贯彻学校提出的“三练三创实践教育”理念和特色，实现应用型人才培养目标，促进学生综合素质的提高，我校自2006年起就在全国高校中率先开始推行劳动教育，将劳动教育纳入整个人才培养体系中，把劳动列为全体学生的必修课，并于2007年制订了《四川大学锦城学院劳动教育实施细则（试行）》，明确了劳动教育课程的学分标准和考核办法，保证了劳动教育的质量。

2020年3月20日，为构建德智体美劳全面培养的教育体系，中共中央、国务院出台了《关于全面加强新时代大中小学劳动教育的意见》。锦城学院将继续以习近平新时代中国特色社会主义思想为指导，全面贯彻党的教育方针，进一步持续深化劳动教育，为培养复合化、经世致用的应用型、未来型人才不懈奋斗。在当前新形势下，为促进锦城学院多年来劳动实践教育的不断发展和提高，特修订《四川大学锦城学院劳动教育实施细则》如下：

一、劳动课范围与分类

1．农场劳动；
2．志愿服务；
3．工厂劳动与社会实践。

二、学分安排

劳动作为必修课，安排2个学分，8个工作日，共64个劳动学时，原则上在前四个学期完成。

劳动学时分农场劳动学时和非农场劳动学时，其中参与农场劳动获取农场劳动学时，参与志愿服务、工厂劳动、社会实践获取非农场劳动学时。学生农场是我校劳动教育的有效载体、特色板块，农场劳动学时不低于32学时。

三、劳动课程管理

1．劳动学院负责全校劳动教育的组织实施和学生农场总公司的运行管理。

2．劳动学院下设劳动学时管理办公室，负责劳动课程教学管理，劳动学时统计、审核、发布以及劳动学分认定等。

3．劳动课程安排由劳动学时管理办公室按规定在教务系统中完成，劳动课程不能与学生其他课程发生冲突，课程设计应充分调动学生劳动积极性、合理安排学生劳动强度。

4．各学院、学生班级根据劳动课程安排，组织学生参与农场劳动。

四、农场劳动学时管理

1．学生每次劳动完成后，由劳动学时管理办公室指定专人按要求填写“农场劳动学时登记表”。

2．劳动学时管理办公室负责农场劳动学时的统计、审核、发布。

五、非农场劳动学时管理

1．非农场劳动学时的使用与申报，遵循“谁安排，谁申报”的原则。首先，由劳动活动的组织单位向劳动学时管理办公室申报立项，立项通过后，再按立项方案组织实施，最后按要求在规定时间内报送学时。

2．各组织单位负责对所使用的非农场劳动学时进行记载、统计、审核、确认，学时数量认定原则上应与学生参加劳动的实际时间一致。

3．各单位于每年6月、12月按要求将《非农场劳动学时认定函》按项目集中报劳动学时管理办公室，由劳动学时管理办公室负责数据分析、录入。

4．劳动学时管理办公室每学期定期向全校学生公布立项通过的非农场劳动学时项目，引导学生正确参与非农场劳动获得学时认定；劳动学时管理办公室定期对非农场劳动学时项目进行考评和审核，对不合格项目提出整改意见或者予以取缔。

5．应对重大事件需要紧急召集志愿者的服务项目，可根据实际情况，简化流程，加快实施。

六、劳动学时公布

劳动学时管理办公室定期对学生所取得的劳动学时进行公布，可登录四川大学锦城学院学生管理系统http://xggl.scujcc.cn进行查看。

七、学分认定

1．农场劳动由劳动学院统一安排和组织，志愿服务、工厂劳动和社会实践由各单位组织实施。

2．劳动学时和劳动内容由相关组织单位负责人签字认定。

3．学生完成劳动后，提交劳动教育实践报告，劳动学时管理办公室根据学生劳动学时记录和劳动教育实践报告评定劳动课成绩。劳动课成绩按优、良、中、及格、不及格记分。劳动学时管理办公室将劳动成绩报劳动学院领导审核认定，最后以专业为单位造册报教务处。

八、本细则由教务处负责解释。

九、本细则自发布之日起生效。此前其他有关文件规定与本细则不一致的，以本细则为准。

2020年7月13日

第三部分　学生劳动教育心得感悟

人生在勤

（建筑学院　2018级工程造价2班　叶思琪）

良田千顷，不过一日三餐。

《增广贤文》明确表达了即使家财万贯也不过一日三餐的道理。而一日三餐生于土地，得益于人们的辛勤劳作。这些都告诫人们劳动的重要性。

学校开展劳动教育，旨在让我们通过参与劳动，在平凡的劳动中感受中华传统农耕文化的魅力，弘扬劳动精神，让我们在最基础的生存之道上悟出人生的道理：劳动最光荣。劳动没有高低贵贱之分，任何一份职业都很光荣，只要是凭借自己的努力得到的成果都是最美好的，以后无论从事什么职业，都要干一行、爱一行。

我现在依然记得第一次下地劳动的感受，第一次与土地亲密的接触，感受到了来自泥土的芬芳，真正体会到了生活不止眼前的苟且，还有诗和远方的田野。在快节奏的城市生活中，偶尔下地劳动，是对心灵的洗涤，是对压抑情绪的缓解。虽然劳动很辛苦，会弄脏双手和衣服，但是在劳动的过程中，我们能感受到来自大自然的馈赠，体会人生的真谛：民生在勤，勤则不匮。

劳动是人类生存最基本的生活方式，也是人类最光荣的生存之道，一切文明都基于劳动，若没有劳动成果的助力，社会就不会进步。所以劳动对社会、个人的意义都非常重要，它使社会进步，使人们过上更美好的生活。

虽然现在我们过着不愁吃穿的生活，但我们依然不能忘却劳动的伟大，反而更应该热爱土地，对土地充满敬畏之情，并以更好的劳作方式使土地与人相辅相成。

学校的劳动教育让我们更好地树立了人生观、价值观。只有在劳动中，才能不断地认识自己的本质，才能领略到另一个自己，从而不断地磨炼自己，超越自己。

勤为无价宝，劳动是最神圣的。

拥抱劳动　拥抱永恒的光荣

（文学与传媒学院　2018级汉语言3班　陈晓倩）

大学，是独立或者相对独立的人生的开始，当代大学生作为社会主义现代化建设事业的接班人，在学习理论知识的同时，更应该走出课堂，走出教室，走出书本，参与到劳动实践中去，感受劳动过程的辛苦与丰收时的喜悦，去体验最原始、最淳朴、最真实的劳动生活。

或许会有人称我们大学生为“象牙塔中的天之骄子”，但迟早有一天，我们也要走出学校的大门，走上工作岗位，独立地面对社会，独立地面对困难，独立地去迎接生活带给我们的每一次挑战。而那种“两耳不闻窗外事，一心只读圣贤书”的生活，不仅仅无法全面地提升自我的综合素质，更无法丰富我们的生活经验与人生阅历，这样的大学生活是不完整的。因为，没有生活经历与劳动实践的经验，一切的理论创想都是空谈！我们不能做说话的巨人、行动的矮子。因此，参与大学劳动实践教育，很有必要。

人们常说，劳动是伟大的，是光荣的，没有劳动就没有如今这个丰富多彩的世界。诚如所言，只要是劳动，不论是脑力劳动还是体力劳动，都是光荣的，都是伟大的。

每周两节农场劳动实践课，让我们的大学生活变得更充实。劳动课以小组为单位，让我们在集体劳动中接受教育，了解劳动的价值并从中有所感悟。在农场劳动实践中，同学们都不嫌脏、不嫌累，认真仔细地在农场地里除草、浇水。最后，大家通过积极努力配合，都在规定的时间内完成了所有的劳动任务。劳动课不仅锻炼了我们的劳动能力、动手能力和实践能力，而且增强了同学们的团队协作能力，使得同学们之间的配合度与默契度也达到了一个更高、更好的水准，从而进一步增进了同学们彼此之间的友谊与感情。

农场劳动实践活动不仅提高了我们的社会实践能力，引导我们接触、了解社会，增强我们的社会责任感和社会适应能力，而且还让我们明白了学会独立的重要性。当今社会发展日新月异，如何适应社会也是我们即将面临的挑战。对大学生而言，越早接触社会，就意味着越容易适应它。在我看来，劳动课不仅是单纯的劳动而已，更是一场道德的反思。

劳动实践，让我深刻地认识到辛勤劳动光荣、好逸恶劳可耻，这也让我更加热爱劳动。拥抱劳动，就是拥抱永恒的光荣！

青玉案·锦农

（文学与传媒学院　2018级网络与新媒体4班　唐新鹏）

锦城一隅花千树，耕田垄，麦野中。竹栏雕叶香如故，犁铧声动，淋漓汗落，却有悯农处。

嗟乎惜余系锦农，为谁风餐为谁休。直道翛然露华浓。未妨惆怅，思恩如流，了了已方休。

最高楼·锦城卧龙隐

（计算机与软件学院　2018级大数据1班　廖雅琪）

锦城畔，躬耕人影忙。翩翩白蝶舞。稻浪波翻绿涛起，桂花风澹暗香凝。韶华贵，须高歌，且欢饮。

下田垄汗洒黄泥手，登学堂心付青云志。精犁铧，饱诗书。荷笠临风斜倚锄，信手扫清八荒雾。清水侧，山不名，卧龙隐。

聆听自然的声音

（金融学院　2018级金融学2班　李蕊）

曾看过稻田里农民伯伯辛苦地劳作
曾听过奶奶讲她们农村生活的轶事
我憧憬着同时也向往着
我盼望着拥有自己的一块土地
播种自己的幼苗
给它浇水　给它施肥
无论刮风还是下雨
细心呵护它
让它茁壮成长

来到锦城　劳动课是一门必修课
从几个星期的体验中
明白了什么才是真正的劳动
劳动是给予
劳动是创造
劳动孕育了生活
劳动教会我们成长

踏遍一寸寸的土地
抡起一把把锄刀
提起水桶灌溉
自觉拾起地上的垃圾
仿佛也成了我们劳动课的日常
不明觉厉我们也成为了一个个劳动人儿
在欢闹中笑语
在劳累中坚持

也许锦城的油菜籽不是长得最好的
但它一定是最用心的劳动成果

我们享受着自己的劳作
也感悟着生命的执著

每一份辛勤播撒的是希望
每一滴汗水收获的是喜悦

劳动最光荣
是说给自己听的
是说给每一个认真对待劳作的人听的

因为热爱　所以纯粹
放慢脚步　聆听自然的声音

劳动之美

（文学与传媒学院　2018级汉语言3班　饶洪瑜）

深秋的锦城散发着美丽的光芒，
深秋的农场飘扬着瓜果的鲜香。
在这一片片开阔的农场土地上，
在这一朵朵携着洁白云彩的蓝天下，
锦城学子将自己内心的满腔热血付诸行动
最终化为无数小水滴
一滴又一滴，
深深灌溉入农场土地中，
浇灌着土地里不断出现的新幼苗。

在这一大片宽阔的农场土地上，
学生们尽情地挥洒着汗水，
点点汗滴闪烁着珍珠般的光芒
与湖天交相辉映。
在这一次又一次的劳动体验中，
其中体会便更加深入，
仿佛我便是农场中的那一株草
仿佛我便是农场中的那一棵树
仿佛我便是农场中的一切又一切……
劳动的美丽，
更是如此不言而喻。

雨中农场

（文学与传媒学院　2018级新闻1班　余鹏）

初冬的寒凉，雾霭中透着泥土的芬芳
又一次来到这个熟悉的地方
雨敲打着沉默的池塘
涟漪轻溅在飞鸟的翅膀
雨声回响
飞鸟的翎羽微扬
抖落的水珠，被雨幕隐藏
抑或是它们一起
落在那一行，一行
吐露新绿的希望
我呆呆地凝望
忽然想到以往
泥泞的土地又怎能将坚定的步履阻挡
繁乱的杂草又怎能缠绕拓荒者的臂膀
一次次耕锄的重落又轻扬
一次次水桶的摇晃与摆荡
一次次镰刀碰撞的清响
那田埂中央，似有一条脊梁
那沟渠之下，田垄之上
似乎蕴含着一股力量
那是锦城人的脊梁，锦城人用汗水凝结的力量
雨落之后，又见初阳
就像锦城学子将农场由阴霾变得布满阳光
我想
此后的农场依旧会被学子的步伐所度量
因为农场伴着学校成长
我们伴着锦城成长

锦城农场铭

（金融学院　2018级CFA1班　潘脩然）

不似落日瑰丽
难比流云飘逸

却有如水晶般的清纯与美好
不似大山巍峨
难比湖水轻柔
却有如岩石般的坚毅与稳重
不似大海浩瀚
难比瀑布宏美
却有独属泥土般的朴素与随和
泥土，你是万物之源
农场，你是锦城景光
面朝黄土背朝天
滴滴汗水润心田
我辈少年
常因暖饱而气昏志惰
而农场，却教会我们
饥寒方能神紧骨坚

锦城劳动铭

（建筑学院　2018级工程造价6班　余惊滔）

戊戌之秋，九月之初
吾方入校，与锦共荣
劳动必修，史前无一
理念创新，事实造人
外以淬体，内以炼心
心体皆休，半事倍功
劳动挥汗，身心俱疲
收时丰盈，心愉情欢
以劳换收，以苦博甜
此后余生，亦应如此

参考文献

[1] 中共中央马克思恩格斯列宁斯大林著作编译局．马克思恩格斯文集（第1卷）．北京：人民出版社，2009年．

[2] 中共中央马克思恩格斯列宁斯大林著作编译局．马克思恩格斯文集（第5卷）．北京：人民出版社，2009年．

[3] 熊来平．马克思的劳动概念及其当代价值．北京：中国社会科学出版社，2019年．

[4] 陈征．论现代科学劳动：马克思劳动价值论的新发展．福州：福建人民出版社，2017年．

[5] 苏霍姆林斯基．苏霍姆林斯基论劳动教育．萧勇，杜殿坤，译．北京：教育科学出版社，2019年．

[6] 苏霍姆林斯基．苏霍姆林斯基选集（第1、2、3、4、5卷）．北京：教育科学出版社，2001年．

[7] 顾明远，边守正．陶行知选集（第1、2、3卷）．北京：教育科学出版社，2011年．

[8] 东篱子．二十四节气全鉴．北京：中国纺织出版社，2018年．

[9] 中国农业博物馆．五千年农耕的智慧：中国古代农业科技知识．北京：中国农业出版社，2018年．

[10] 王龙俊，郭文善．图说二十四节气：躬耕田园．南京：江苏凤凰科学技术出版社，2020年．